मुंशी प्रेमचंद
की उत्कृष्ट कहानियाँ

(खण्ड-1)

संकलन एवं संपादन

डॉ. सुशीलकुमार फुल्ल

(पूर्व आचार्य एवं अध्यक्ष, भाषा विभाग, कृषि विश्वविद्यालय, पालमपुर)

डॉ. आशु फुल्ल

(प्रवक्ता हिन्दी, राजकीय स्नातकोत्तर महाविद्यालय, धर्मशाला, हिमाचल)

यूनीकॉर्न बुक्स

प्रकाशक
यूनीकॉर्न बुक्स

F-2/16, अंसारी रोड, दरियागंज, नई दिल्ली-110002
☎ 011- 23262683, 23250704, 23275434
ई-मेल: info@unicornbooks.in • वेबसाइट: www.unicornbooks.in

ISBN: 978-81-7806-586-1

नवीन संस्करण

मुद्रकः परम ऑफसेटर्स, ओखला, नई दिल्ली-110020

विषय-सूची

कहानी का श्रेष्ठ होना

'कहानी' साहित्य की श्रेष्ठतम विधा बनी हुई है और भविष्य में भी बनी रहेगी, ऐसी संभावना है। वैसे तो साहित्य की सभी विधाएं अपने-अपने ढंग से पाठक जगत में अपनी उपयोगिता एवं प्रासंगिकता के अनुरूप लोकप्रिय होती हैं परंतु, कथा इसलिए अधिक एवं निरंतर लोकप्रिय बनी हुई है क्योंकि, कहानी में भावनाओं का ज्वार निहित होता है। इसमें अनावश्यक विस्तार नहीं होता अपितु, संकेतों के माध्यम से अभिव्यक्त करने की क्षमता होती है। जो भावनाएं सहज-स्वाभाविक ढंग से अन्य विधाओं में प्रकट नहीं की जा सकती, वे कथा के माध्यम से प्रभावशाली ढंग से पात्रों के व्यवहार में उद्घाटित हो जाती है। जो कहानियां अपनी सम्प्रेष्य विषय वस्तु एवं कलात्मक विधान से पाठक को बांध लेती है, वे ही श्रेष्ठ के अलंकरण से विभूषित होती हैं।

हिन्दी साहित्य में कहानी की परंपरा पर्याप्त समृद्ध है, और अनेक कहानीकारों ने इसे अपने-अपने ढंग से अपनी रचनाओं को उत्कृष्टता, कालजयी होने की संभावना से सम्पृक्त किया है। कोई भी रचनाकार जब सृजनरत होता है, तो यह सोचकर नहीं लिखता कि वह जो भी लिख रहा है, वह श्रेष्ठ है। वस्तुत: किसी रचना को श्रेष्ठ बनाना या श्रेष्ठ होना काल सापेक्ष बात तो है ही, साथ ही यह पाठक वर्ग की स्वीकृति-अस्वीकृति पर भी निर्भर करता है। पाठकों के साथ-साथ आलोचक भी किसी रचना के श्रेष्ठ सिद्ध होने या उसे श्रेष्ठ सिद्ध करने में सहायक होते हैं, परंतु इतना तो निश्चित है कि कोई भी रचना ऐसे ही श्रेष्ठ नहीं हो जाती। वास्तव में उसमें लेखक की आत्मा का वास होने पर ही वह श्रेष्ठ बन पाती है।

चंद्रधर शर्मा गुलेरी की कहानी 'बुद्धू का कांटा' हमें श्रेष्ठ लगती है क्योंकि इस कहानी की नायिका भागवन्ती चंचल-चपल कन्या है तथा नर-नारी के व्यवहार का मनोवैज्ञानिक चित्रण मनोरंजक शैली में प्रस्तुत करती है। भागवंती का यह कथन-'अनाड़ी के सामने भी कोई लहंगा पसारेगी?' कहानी के कथ्य को एकाएक प्रखरता के साथ उभार देता है। 'रघुनाथ की झेंप' कहानी में और भी अधिक आकर्षण उत्पन्न करती है। यशपाल की कहानी 'न्याय और दण्ड' धक्कू डूमने के माध्यम से समाज में व्याप्त ऊंच-नीच के वैषम्य को क्रूरता से रेखांकित करती है। धक्कू पर उच्च वर्ग के लोगों का प्रहार उसके प्रति पाठक के मन में सहानुभूति उपजाता है और उसे संवेदना के धरातल पर झकझोरता है। यही कहानी की श्रेष्ठता है। भले ही यशपाल सुनियोजित ढंग से अपने विचार को पात्रों के माध्यम से कहानी का रूप प्रदान करते हैं परंतु, कहानी में जो कचोटता दंश विद्यमान है, वह इसे श्रेष्ठ या महान बना देता है। जैनेन्द्र, अज्ञेय, उपेन्द्रनाथ अश्क, मोहन राकेश, कमलेश्वर, राजेन्द्र यादव आदि कहानीकारों की कहानियों में कलात्मकता एवं कथ्य की विशिष्टता ही उन्हें श्रेष्ठ होने का श्रेय प्रदान करती है। यही बात विश्व के हिन्दी साहित्य पर चरितार्थ होती है और हिन्दी कथा साहित्य पर भी !

कथा सम्राट मुंशी प्रेमचंद का कथा साहित्य उनके विविधतापूर्ण, बहुरंगी अन्तस को अभिव्यक्त करता है। पात्रों की धड़कन उनकी समस्याओं एवं व्यवहार में चमत्कृत मिलती है! लगभग तीन सौ कहानियां। अनेकों घटनाएं अनेकों पात्र। प्रेमचंद ने अपनी कहानियों में घटनाओं, चरित्रों का संयोजन इस कुशलता से किया है कि समाज की सही यथार्थपरक झलक पाठक को बांध लेती है। प्रेमचंद की भाषा-शैली, समस्याओं का चयन इतना सहज एवं आकर्षक है कि वह श्रेष्ठ हो उठता है। उनके पात्र इसी धरती के पात्र हैं। इसी धरती पर विचरण करने वाले हाड़-मांस के पुतले हैं और वे सब सामान्य दुर्भावनाओं, सद्भावनाओं, चतुराई, शालीनता, उच्छृंखलता, स्वार्थ-परमार्थ आदि गुणों से ओत-प्रोत हैं। प्रेमचंद की कोई कहानी निरर्थक नहीं। हर कहानी अर्थपूर्ण है। हर रचना पाठक से सीधा संवाद करती है और इतने सधे हुए ढंग से कि वह श्रेष्ठ हो उठती है।

प्रेमचंद की सभी कहानियां विशिष्ट हैं। उनमें भारतीय समाज की झांकी पूरी प्रभाविष्णुता के साथ झलकती है। पानी की आवश्यकता, पानी पर स्वामित्व एवं विवाद, भविष्य में स्वच्छ जल की स्थिति आदि समस्याओं का चित्रण लेखक ने 'ठाकुर का कुंआ' में बहुत पहले कर दिया था। यहां चयनित इकतीस श्रेष्ठ कहानियों में कोई न कोई गुण ऐसा अवश्य है, जो इन्हें श्रेष्ठ बना देता है। छोटी सी कहानी 'मैकू' मदिरा पान की समस्या को अपने ढंग से उजागर करती है। 'दूध का दाम' भारतीय समाज में व्याप्त जाति-पातिवाद पर स्वार्थ के हावी होने की कहानी है। जो जिस को अपने अनुकूल लगता है, उसे वैसा ही बर्ताव करना न्यायोचित लगता है। 'सद्गति' में भी मार्मिक ढंग से निरीह, गरीब, दलित व्यक्ति के शोषण की कहानी दर्शाई गई है। इसी प्रकार अन्य कहानियों में भी भरपूर विलक्षणताएं हैं, जो इन्हें श्रेष्ठ बनाती हैं। कहानियों में सूक्त वाक्य थोड़े में बहुत कुछ कह जाते हैं।

प्रत्येक कहानी परिशिष्ट में प्रेमचंद की कहानी कला, उनकी पांच कहानियों का समीक्षात्मक विश्लेषण भी प्रस्तुत किया गया है।

प्रेमचंद की रचनाओं की प्रासंगिकता कालातीत है। इस महान कथाकार पर विपुल सामग्री उपलब्ध है परंतु, हर चयन संकलन की अलग दृष्टि होती है, इसलिए उसकी उपादेयता भी अलग होती है। प्रस्तुत संकलन भी पाठकों, अध्येताओं को अलग प्रकार का आस्वाद प्रदान करेगा, इसी विश्वास के साथ प्रेमचंद की श्रेष्ठ कहानियां यहां प्रस्तुत हैं।

आकर्षक साज-सज्जा के साथ यूनीकॉर्न बुक्स द्वारा प्रकाशित किये जाने के लिए डॉ. अशोक गुप्ता जी के प्रति आभार... !

डॉ. सुशीलकुमार 'फुल्ल'

डॉ. आशु 'फुल्ल'

प्रेमचंद की प्रासंगिकता

उदात्त भावनाओं की समाज सापेक्ष अभिव्यंजना साहित्य का प्रयोजन रहा है। इस आशय में समाज की विविध अन्तरधाराएं स्वाभाविकत: समाहित रहती हैं, जिसके परिणामस्वरूप व्यक्ति एवं समाज के अनेक आयाम उद्धाटित होते हैं। विश्व साहित्य में समान प्रवृत्तियों की उपस्थिति इस बात का साक्ष्य प्रस्तुत करती हैं कि मनुष्य की संवेदना सार्वभौमिक है। भाषागत एवं भौगोलिक भिन्नता होने पर भी अनुभूति एवं विचार का साम्य मनुष्य की आधारभूत प्रकृति को परिलक्षित करता है।

साहित्य भले ही इतिहास नहीं होता परन्तु यह निश्चित रूप से अपने समय का प्रामाणिक दस्तावेज होता है। इसमें भले ही आंकड़े न हों परन्तु सम्बद्ध काल की धड़कन प्रवहमान रहती है। समकालीन समीक्षक एवं इतिहासवेत्ता साहित्य का मूल्यांकन अपने-अपने प्रचलित मानदण्डों से करते हैं। उनकी दृष्टि में आग्रह-पूर्वाग्रह की संभावना बनी रहती है। आचार्य रामचंद्र शुक्ल ने चंद्रधर शर्मा गुलेरी का मूल्यांकन करते हुए उन्हें 'उसने कहा था' कहानी के आधार पर 'अमर कथा शिल्पी' तो कहा परन्तु गुलेरी के निबन्धों के विषय में मुक्त कंठ से अपने उद्गार या टिप्पणी व्यक्त नहीं की। गुलेरी की जन्म शताब्दी वर्ष 1983 में जो उनका अप्रकाशित साहित्य प्रकाश में आया, उससे पता चला कि उन्होंने प्रभूत मात्रा में साहित्य रचना की... कहानी, आलोचना, कविता, निबन्ध आदि सभी विधाओं में भरपूर लिखा। इसी प्रकार और भी बहुत से लेखकों को आलोचकों की उपेक्षा का शिकार होना पड़ता है, प्रेमचन्द के समकालीनों में भी बहुत से ऐसे लेखक हैं, जिन्हें न्याय नहीं मिला। इस संदर्भ में प्रेमचन्द सौभाग्यशाली रहे हैं।

बीसवीं शताब्दी के प्रथम चरण में प्रेमचन्द ने अपनी कथा-साधना से हलचल मचा दी। जन-जन की व्यथा को वाणी दी और उन्हें अपने ही जीवन-काल में सम्मान एवं मान्यता मिली। वह साहित्य के युग पुरुष हो गए। फिर जब सन् 1986 में उनकी पुस्तकों का कॉपीराइट मुक्त हुआ, तो बाजार में प्रेमचन्द साहित्य के पुन: प्रकाशन की बाढ़ आ गई। जिस प्रेमचन्द को जीवन में अभावों एवं आर्थिक कठिनाइयों से जूझना पड़ा, उसी महामना के साहित्य ने प्रकाशकों एवं सम्पादकों को रातों-रात सम्पन्नता प्रदान की। मूल्यांकन, पुनर्मूल्यांकन की होड़ लग गई। उल्लेखनीय है कि प्रेमचन्द की रचनाएं भारत के सर्वाधिक विश्वविद्यालयों के पाठ्यक्रम में निर्धारित हैं। यह अलग विषय है कि पाठ्यक्रम में यदि 'गोदान' का पठन-पाठन पांचवे दशक में शुरू हुआ,तो इक्कीसवीं शताब्दी के दूसरे दशक में भी पाठ्यक्रम निर्माताओं की दृष्टि उसी पर अटकी रही। यही बात उनकी कहानियों के संदर्भ में भी सही है। ऐसा करने से जहां उनकी अन्य रचनाएं पार्श्व में चली गयीं, वहीं एक लाभ यह हुआ कि उनकी विशिष्ट रचनाओं की व्याख्या, पुनर्व्याख्या ने कतिपय निष्कर्षों को रूढ़ कर दिया।

अब प्रेमचन्द की एक सौ पच्चीसवीं वर्षगांठ के अवसर पर किन्हीं विद्वानों, आलोचकों द्वारा उनकी प्रासंगिकता पर प्रश्न-चिह्न लगाये जा रहे हैं। कहा जा रहा है कि उनकी रचनाओं में

परम्परागत सामन्त प्रवृत्ति विद्यमान हैं, जो यथास्थितिवाद की परिचायक है। उन्होंने पिछड़े वर्ग के प्रति अन्याय किया है। वह सवर्ण थे, अत: उनकी सहानुभूति उच्च वर्ग के प्रति थी। वह शोषक-शोषित की बात दबे स्वर में करते हैं और उनके अधिकांश दलित या पिछड़े हुए पात्र अजीब सी मन:स्थिति में जीते हैं, बल्कि सिसकते हैं। ऐसी स्थिति में प्रेमचन्द का होना, न होना कोई मायने नहीं रखता।

कथा-सम्राट की रचनाओं को एकाएक खारिज कर देना न तो तर्कपूर्ण है और न ही न्यायसंगत। उनकी रचनाओं में कालजयी तत्व विद्यमान हैं, तभी तो आज भी उनकी रचनाओं को आस्था एवं विश्वास से पढ़ा जाता है। विवाद तो कहीं से भी उठाए जा सकते हैं लेकिन केवल विवाद के लिए ढोल-नगाड़े बजाना साहित्य की अस्मिता, एवं गरिमा को ठेस पहुंचाना है। शेक्सपीयर सोलहवीं शताब्दी में हुआ, उसकी विचारधारा पर अब भी तर्क-वितर्क होता है। अर्नेस्ट हेमिंग्वे की रचनाओं पर भी निरंतर नई टिप्पणियां आती हैं। गोर्की, चेखव, टॉलस्टाय, मोपांसा पर भी बहस चलती रहती है। प्रेमचन्द पर भी अलग-अलग दृष्टिकोण से अनुसंधान चल रहा है। स्वाभाविक है कि लेखक की सृजनशक्ति इतनी बलवान रही है कि वह आज भी हमें आलोड़ित करती है। फिर प्रेमचन्द आज अप्रासंगिक कैसे हो गये?

जन-जन के कथाकार

कथा-सम्राट मुंशी प्रेमचन्द का अवतरण भारतीय इतिहास के ऐसे सन्धिकाल में हुआ, जब पूरा देश राजनीतिक, सामाजिक एवं आर्थिक अव्यवस्था से त्रस्त था। समसामयिक स्थितियों की भयावहता तत्कालीन साहित्य में भी निश्चित रूप से प्रतिबिम्बित होती है क्योंकि साहित्य वस्तुत: समाज की धड़कनों को पकड़ने का ही प्रयास है। देशभक्ति से आप्लावित प्रेमचन्द का कहानी संग्रह 'सोज़ेवतन' सन् 1905 में ज़ब्त कर लिया गया। कहानियों में व्यक्त आक्रोश से साम्राज्यवादी सरकार आतंकित हो उठी थी। यह घटना वस्तुत: यशस्वी लेखक प्रेमचन्द की अदम्य रचनात्मकता का पूर्वाभास था। ओजस्वी विचारधारा का लावा फूटने को लालायित था।

प्रेमचंद ने दस हजार पृष्ठों में साहित्य सृजन किया। दो सौ से अधिक कहानियां तथा दस उपन्यास रचे। नाटक एवं निबन्ध भी लिखे। वह जादुई यथार्थवाद के लेखक नहीं थे बल्कि धरती के आदमी थे। हिन्दी कथा साहित्य अभी दिशा तलाश रहा था। कोई पौराणिक कथाओं को लेकर सृजन में रत था, तो कोई अय्यारी एवं तिलिस्म की दुनिया से अपनी रचनाओं में रंग भर रहा था। ऐसे समय में प्रेमचन्द ने अपनी दृष्टि, अनुभवों की परिपक्वता एवं प्रस्तुति की व्यापकता से ऐसी कथाधारा का मार्ग प्रशस्त किया, जो समाज के समग्र रूप को इसके अन्तर्विरोधों, विसंगतियों, न्याय-अन्याय, आर्थिक शोषण, सामन्तशाही, साम्राज्यवादी प्रवृतियों के संन्दर्भ में चित्रित करने में सक्षम हुई। वह जन-जन के कथाकार थे। कमलेश्वर ने 'सारिका' पत्रिका के माध्यम से जो आम आदमी की पीड़ा के चित्रण का बीड़ा उठाया, उसका जयघोष तो प्रेमचन्द ने बीसवीं शताब्दी के प्रारम्भ में ही कर दिया था। महाजनी सभ्यता के कारण जर्जर होते समाज की दुर्दशा को कथा सम्राट ने अपने उपन्यासों एवं कहानियों में मार्मिकता के साथ प्रस्तुत किया। 'पूस की रात' कहानी का हल्कू इसका जीवन्त उदाहरण है। यह कहानी आज भी उतनी ही प्रासंगिक है, जितनी उस

समय थी, जब यह लिखी गयी। साहूकार और किसान, शोषक और शोषित। जमींदार और निर्धन किसान। हल्कू मेहनत करने पर भी न तो भरपेट भोजन जुटा पाता है, और न ही ब्याज की बाकी उतार पाता है।

हल्कू की पत्नी का कथन सच्चाई का उदघाटन करता है 'मर-मर कर काम करो, उपज हो तो बाकी दे दो, चलो छुट्टी हुई।' 'बाकी' चुकाने के लिए तो हमारा जन्म हुआ है।'

समकालीन सन्दर्भ में उक्त कहानी को देखें, तो किसान आज भी ऋण के बोझ तले दबे हैं। अब बैंक साहूकार हो गए हैं तथा दबदबे के साथ 'बाकी' वसूलते हैं। आज की तथाकथित प्रगतिशील योजनाएं किसान को उधार का प्रलोभन देकर उसे मकड़जाल में फंसा देती हैं। पैदावार ठीक-ठाक हो जाये तो बिचौलिए शोषण करते हैं क्योंकि विपणन की व्यवस्था सही नहीं होती। किसान को तो मानो प्रताड़ित एवं शोषित रहना ही है। यही कारण है कि देशभर में किसान ऋण न उतार पाने के कारण आत्महत्या करने लगे हैं। कहीं-कहीं तो पूरा परिवार ही सामूहिक आत्महत्या कर लेता है।

अपने लेख महाजनी सभ्यता में प्रेमचन्द लिखते हैं – 'जिसके पास पैसा है, वह देवता तुल्य है, उसका अन्त:करण कितना भी काला क्यों न हो, साहित्य, संगीत, कला सभी धन की देहली पर माथा टेकते हैं। हवा इतनी जहरीली हो गयी है कि सांस लेना दूभर हो गया है।' प्रेमचन्द ने यह स्पष्ट अनुभव किया है कि सामाजिक समस्याओं का मूल कारण दूषित आर्थिक व्यवस्था है, जिसके अन्तर्गत पूंजीवाद व औद्येगिकीकरण की शक्ति धन के अ-समान वितरण को बढ़ावा देती है, विषमता को जन्म देती है।

प्रेमचन्द के सम्पूर्ण कहानी साहित्य पर आर्थिक समस्याओं का प्रभुत्व कायम रहा पर अर्थ-वैषम्य जीवन की ग्रन्थि नहीं बना। वह एक समस्या है, जिसका समाधान भी उपस्थित है। पात्र यद्यपि अर्थजगत के दबावों से पीड़ित हैं पर बाहरी संघर्ष द्वारा समस्याओं पर विजय पाने का प्रयास करते हैं। मानसिक कुंठाओं का शिकार बन कर नहीं रह जाते, जैसा कि 'कफन' कहानी में कुशल सृजन शक्ति एवं भोगे अनुभवों से लेखक साथियों के भंवर में फंसे मानव एवं जीवन मूल्यों के टूटने की व्यथा-कथा को अत्यंत प्रभावी ढंग से मनोविज्ञान के धरातल पर उभारता है। गरीबी और भूख और ग्रामीण परिवेश की नग्न सच्चाइयां हैं, जिसको कफन में उघाड़ कर प्रेमचन्द दूषित व्यवस्था, रूढ़ियों तथा धार्मिक मूल्यों को नकार कर सशक्त भावबोध जगाते हैं। इसी क्रम में 'पूस की रात, सवा सेर गेहूं, नमक का दारोगा, ठाकुर का कुंआ और सद्गति' जैसी कहानियां सम्मिलित हैं। ये कालजयी रचनाएं अनुभव की प्रौढ़ता, आत्मविश्वास एवं सहज सौंदर्य से विकसित हुई हैं।

मुंशी प्रेमचन्द की विचारधारा में निरन्तर विकास के सोपान परिलक्षित हैं। उनके अनुसार 'सूखी रोटियां' सोने की थालों में परोस देने से पूरियां नहीं बन जातीं। जीवन में जो कुछ सत्य, शिव, सुन्दर है, उसी को दर्शाना मेरा उद्देश्य है। पर यथार्थ चित्रण हेतु प्रेमचन्द ने साहित्य की उपयोगिता को तिरस्कृत नहीं किया। सदा, सत्य और न्याय की विजय चाही। यदि यथार्थ से यह परिणति असंभव लगती तो वहां आदर्श से समझौता कर सुधारवाद एवं हृदय परिवर्तन द्वारा विजय दिलाने की प्रवृति को आलोचकों ने आदर्शोन्मुखी यर्थाथवाद का नाम दिया। आलोचकों की दृष्टि

में गलत उपायों एवं कल्पनाश्रित समाज सुधार की परिकल्पना हुई। कहानियों में समस्यायें उकेरीं, कारण दूषित व्यवस्था में खोजा तथा निदान आदर्शवाद में ढूंढ़ा।

दूसरी ओर समीक्षकों को यह तथ्य विस्मृत नहीं करना चाहिए कि प्रेमचन्द का आदर्शवाद मानवतावाद से परिचालित था, ताकि पीड़ित सामान्यजन जीवनगत जटिलताओं के प्रति आकर्षित हों एवं कटुता को मिटाने का प्रयास करें अर्थात जो काम समाज द्वारा संभव नहीं, वह कहानियों द्वारा संभव हो पाए। प्रेमचन्द का दृढ़ विश्वास था, 'मनुष्य के लिए कुछ भी असंभव नहीं, यदि मानव पतन के गर्त में गिर सकता है, तो आकाशगंगा में भी नहा सकता है।' प्रेमचन्द के आदर्श की यह विजय इतनी भी शक्तिशाली नहीं कि वह जीवन के यथार्थ को कहानियों के पृष्ठों से धुंधला सका हो क्योंकि जहां कहीं असहज सिद्धान्तों का प्रतिपादन करने हेतु यथार्थ का दामन छोड़ा, वहीं कृत्रिमता आई एवं मनोविज्ञान हाथ से फिसल गया।

धीरे-धीरे स्थितिगत बदलावों से टूटती हुई मान्यताओं, जिन्दगी की ठोकरों, संघर्षरत कटु अनुभवों एवं प्रौढ़ता ने जीवन के अंतिम पर्व में आदर्शवाद को सर्वथा असंगत घोषित कर दिया, प्रेमचन्द इससे दामन छुड़ाने को व्यग्र हो उठे। वास्तव में 'कफन' कहानी इसी मोहभंग की पराकाष्ठा को रेखांकित करती है। प्रेमचन्द ने महसूस किया कि 'बुराइयां' आदर्शों के कृत्रिम आवरण में ढक दी जाती हैं, पर समाप्त होने की बजाये नीचे बराबर पलती रहती हैं और पहले से भी ज्यादा भयंकर रूप धारण कर लेती हैं। उन्होंने यह भी जाना कि 'समाज के बनाये सिद्धांत अटल नही अपितु अर्थगत दबावों से बनते-बिगड़ते, टूटते हैं।'

कहा जा सकता है कि कटु अनुभवों एवं कठोर यथार्थपूर्ण घटनाओं के झटकों ने प्रेमचन्द के आदर्शवाद में दरारें ही नहीं बल्कि गड्ढे डाल दिए। इस पेड़ की सूखती टहनियों के पत्ते 'पूस की रात' में नीलगायों द्वारा खेत चरने पर हल्कू के होठों पर उभरती विद्रूप हंसी से झर चुके थे। गाढ़ी कमाई के पैसों से सदियों की अतृप्त भूख को शांत न कर पाए, मदमस्त हो नाच रहे घीसू, 'कफन' के पैसों में तृप्ति ढूंढ़ रहे थे।

प्रेमचन्द की मान्यता अन्ततः इस निष्कर्ष पर स्थिर हुई कि 'साहित्य की सृष्टि मानव समुदाय को आगे बढ़ाने के वास्ते होती है। साहित्यकार स्वभावतः प्रगतिशील होता है। आदर्श अवश्य यथार्थ एवं सहजता के अनुकूल हो, वैसे ही अगर यथार्थवाद भी आदर्श को न भूले तो श्रेष्ठ हैं। प्रत्येक लेखक की रचनात्मक यात्रा विकासोन्मुखी होती है। प्रारंभिक सोपान में अदम्य उत्साह, भावोद्रेक एवं आस्थावादी स्वप्निल उद्गार प्रस्फुटित होते हैं। तदुपरांत वास्तविकता, अनुभूति की सम्पृक्ति एवं विचार की परिपक्वता हावी होती है और उत्कर्ष काल में समन्वयात्मक दर्शन की झलक मिलती है। प्रेमचन्द जी इसका अपवाद नहीं हैं। उन्होंने भरपूर लेखन किया। 'रानी-सारंधा' जैसी साधारण कहानी भी लिखी, 'ईदगाह', 'बूढ़ी काकी' जैसी समस्यापरक मनोवैज्ञानिक कहानियां भी लिखीं और 'दूध का दाम', 'कफन, 'पूस की रात', 'ठाकुर का कुंआ' जैसी संश्लिष्ट कहानियों की रचना भी की। प्रेमचन्द के होने का अर्थ है जनमानस का लेखक होना। यही कारण है कि जनसाधारण की समस्याएं, आकांक्षाएं, उलझनें व पारिवारिक गुत्थियों की विस्तृत झांकी, संयुक्त परिवार का विघटन, अलगाव, विधवा विवाह, दहेज प्रथा, बाल विवाह, राष्ट्र-द्रोह,

घूसखोरी, अंधविश्वास, ग्रामीण शोषण, आर्थिक शोषण, अनमेल विवाह, वेश्यावृति, राष्ट्र जागरण, धर्म पर टिकी राजनीति व महाजनी सभ्यता की अमानवीय वृत्ति आदि विषय उनकी रचनाओं में चित्रित हैं। डॉ. नगेन्द्र ने प्रेमचन्द की विषयवस्तु की व्यापकता की भूरि-भूरि प्रशंसा की है। आश्चर्य है रांगेय राघव को प्रेमचन्द में मानवीयता का अभाव खटकता है। उन्हीं के शब्दों में– 'जनजीवन का कौन सा रूप है, जो आज हमें खींचता है। समस्या का हल या यथार्थ का चित्रण। मैं इन दोनों को युगपूरक सत्य मानता हूं, परन्तु इन्हें साहित्य का सब कुछ नहीं मानता, क्योंकि साहित्य का सृजन एक और व्यापक तत्व चाहता है। वह तत्व है भाव-चित्रण—प्राचीन शास्त्रियों के शब्दों में, और मेरी व्याख्या में मानवीयता का व्यापक रूप, इस तत्व को मैंने निरन्तर विकसित किया है। प्रेमचन्द में इसका अभाव था, परन्तु उतना नहीं जितना वृन्दावनलाल वर्मा में।'

प्रेमचन्द की रचनाओं में से यदि मानवीयता एवं जन-जन की मंगल कामना को निरस्त कर दिया जाए, तो जो शेष बचेगा वह स्पन्दहीन, भाव-विहीन घटनाओं का पिटारा। साहित्य मात्र घटनाओं का पिटारा नहीं होता। अपने पात्रों एवं कथा-नायक में लेखक की आसक्ति ही उसे सृजनात्मक आयाम प्रदान करती है और इसी तथ्य के आधार पर किसी भी रचनात्मक कृति की प्रासंगिकता अपनी उपस्थिति दर्ज करवाती है। प्रेमचन्द ने 'पंच परमेश्वर' कहानी लिखी, तो इसी शीर्षक से रांगेय राघव ने भी कहानी लिखी लेकिन दोनों दृष्टि एवं प्रस्तुति में भिन्न है।

रांगेय राघव की 'पंच परमेश्वर' और प्रेमचन्द की 'पंच परमेश्वर'।

प्रेमचन्द के मानववाद एवं मानवीयता की गहनता एवं गंभीरता के प्रसंग में रांगेय राघव की कहानी 'पंच परमेश्वर' का कथानक देखना समीचीन होगा।

चंदा और कन्हाई एक ही बाप के दो बेटे थे परन्तु, अलग-अलग औरतों से। बाप ने कन्हाई की मां को छोड़ दिया और अपनी भाभी से शादी कर ली। रम्पा ने चन्दा को जन्म दिया। दोनों अलग-अलग रहते। बीधों के छोरे थे, गधे पाल रखे थे। कन्हाई अपेक्षाकृत सम्पन्न था। रम्पा स्वर्ग सिधारी तो चन्दा अपने भाई के दरवाजे पर जा खड़ा हुआ। पंच चौधरी मुरली ने बीच-बचाव किया तो दोनों भाइयों ने मां का दाह संस्कार किया।

'रम्पी फुक गई।' कन्हाई ने अपने हाथ से ही आग दी। उसके पेट का जाया न सही, बाप का बड़ा बेटा तो वही था। बिरादरी के लोगों के मुंह से वाह-वाह की आवाज निकली। कारज ऐसा किया कि कुम्हारों में काहे को होता होगा। स्वयं चन्दा को भेजकर फूल गंगा में डलवा दिए। पाप कौन नहीं करता। मगर हम तो उसकी गत सुधार दें। बारह बामन हो गये और जब कन्हाई लौटकर तेरहवें दिन अपने घर आया तो ऐसा लगा जैसे अब कुछ नहीं रहा।'

कन्हाई की सदाशयता जाग उठी। उसने प्रयत्न करके चन्दा का ब्याह फूलो से धूमधाम से करवा दिया। फिर धीरे-धीरे ईर्ष्या जागृत हुई। चन्दा दिनभर बाहर रहता—फूलो कन्हाई के घर कभी लीद उठाने, कभी नहाने चली जाती। आर्थिक विपन्नता ने फूलो को कन्हाई के प्रति आकर्षित किया और कन्हाई भी उस पर मुग्ध हो गया। एक दिन उसने प्रस्ताव रख ही दिया कि फूलो उसके घर में ही आ जाए और छोड़ दे चन्दा को, जो उसे कोई सुख नहीं दे पाता था।

फूलो ने अविश्वास से पूछा—दगा तो नहीं दोगे? मैं कहीं की भी नहीं रहूंगी?

कन्हाई ने हाथ पकड़ कर कहा – सौगन्ध है गंगाजली की। प्रजापति का बेटा हूं तो धोखा नहीं दूंगा। आज से तू मेरी है। यह घर अब तेरा है। उस भिखारी से तेरा कोई नाता नहीं रहा। यहां हुकूमत कर। मैं चन्दा नहीं हूं जो मिट्टी डालने पर बात-बात पर बाबू लोगों के जूते-चाटे और मैं हंस के चुप रह जाऊं... लौटके तो नहीं भागेगी?

'सौगन्ध है, मेरे एक बालक न हो तो जो तुम्हें छोड़ जाऊं।'

और फूलो कन्हाई के घर बैठ गई। चन्दा घर आया तो सिर पटक कर रह गया। फूलो को बुलाने गया, तो उसने स्पष्ट इंकार कर दिया। हार कर चन्दा ने पंचायत में अर्जी दी। और पंच मुरली चौधरी ने कन्हाई का साथ दिया क्योंकि कन्हाई ने उसे ठर्रा पिलाया था, और खूब खातिर की थी। चन्दा का कोई भी तर्क सिर नहीं चढ़ने दिया गया। उसने चिल्ला-चिल्ला कर कहा था कि विधान तो यह है कि यदि बड़े भाई की मृत्यु हो जाए, तो उसकी विधवा छोटे के घर बैठ जाती है, यहां तो बड़े भाई ने छोटे भाई की ब्याहता को अपने घर बिठा लिया जबकि भाई अभी जिन्दा है।

'चौधरी ने रोककर कहा—सो हम में भेद नहीं है चन्दा । बड़ी जातों में बड़े की बहू मां समान होती है, हमारे तो यह कायदा नहीं। यह बामन-खत्री जात की बात है। हम तो नीच कहे गये हैं। और सुना।'

चन्दा और क्या सुनाता। न्याय देने की बजाये उस पर दण्ड लगा दिया गया।

प्रेमचन्द के 'पंच परमेश्वर' जुम्मन शेख खालाजान, अलगू चौधरी और समझू साहू के द्वन्द्वों परे न्याय की जीत की कहानी है। रांगेय राघव की कहानी में जहां घोर यथार्थवाद एवं स्वार्थवाद हावी है, वहीं प्रेमचन्द पंच में परमेशवर का वास की स्थापना मानवीय व्यवहार की अवतारणा से करते हैं। कितना ही कुटिल एवं जटिल पुरुष क्यों न हो कभी न कभी उसके अन्तस में सत्य की कौंध चमत्कृत होती है। पंच मुरली चौधरी पक्षपात पूर्ण व्यवहार से पाठक की घृणा का पात्र बनता है, जबकि जुम्मन शेख और अलगू चौधरी अपने उदात्त एवं न्यायोचित व्यवहार से प्रभावित करते हैं। यही प्रेमचन्द की बृहद् मानवीयता है, अनुभूति की सार्थकता है और है मंगल की कामना।

दलितों/दीन-हीनों के प्रति सहानुभूति

उत्कृष्ट मानवीय संवेदना में सराबोर प्रेमचन्द की कहानियां इस बात की साक्षी हैं कि वह दीन-हीनों एवं दलितों के प्रति सहानुभूति रखते थे। उन्होंने आर्थिक विषमता एवं अस्पृश्यता की समस्या का जिक्र एवं चित्रण बार-बार किया है। कहीं उनके पात्र स्थिति को सहज भाव से स्वीकार कर लेते हैं, तो कहीं उनमें विद्रोह की ज्वाला धधकती दिखाई देती है। यदि कहीं ज्वाला मंद दिखाई देती है तो इसका कारण प्रेमचन्द की विचारधारा का दोष नहीं, बल्कि तत्कालीन परिस्थितियों एवं परंपरागत मानसिकता का दोष है। 'सद्गति' 'ठाकुर का कुंआ' आदि ऐसी ही कहानियां हैं।'दूध का दाम' कहानी में तो मंगल का विद्रोह कुलबुलाता है, भले ही आर्थिक विपन्नता अन्ततः उसे फिर महेशनाथ के द्वार पर ला खड़ा करती है।

महेशनाथ का बेटा सुरेश एक साल तक भूंगी भंगिन का दूध पी कर पलता है। छुआछूत में विश्वास रखने वाले महेशनाथ और उनकी पत्नी अपने बच्चे की जान बचाने के लिए भूंगी-भंगिन से समझौता करते हैं। उसका आदर-सत्कार करते हैं। परन्तु बालक के एक वर्ष का हो जाने पर फिर छुआछूत से ग्रस्त हो जाते हैं। मोटेराम शास्त्री प्रायश्चित करने को कहते हैं, परन्तु महाशय इसे टाल जाते हैं। सुरेश में भी अपने मां-बाप के संस्कार झलकते हैं परन्तु, मंगल उसे ललकारता है। सुरेश और उसके साथी सवार-सवार खेलने की योजना बनाते हैं और मंगल से बढ़िया घोड़ा कहां मिल सकता था।

'मंगल ने शंका की – मैं बराबर घोड़ा ही रहूंगा, कि सवारी भी करूंगा। यह बता दो।'

सुरेश ने एक क्षण विचार करके कहा – तुझे कौन अपनी पीठ पर बिठाएगा, सोच? आखिर तू भंगी है कि नहीं।

मंगल भी बड़ा हो गया। बोला – 'मैं कब कहता हूं कि मैं भंगी नहीं हूं लेकिन तुम्हें मेरी मां ने ही दूध पिला कर पाला था। जब तक मुझे भी सवारी करने को नहीं मिलेगी, मैं घोड़ा न बनूंगा। तुम लोग बड़े चघड़ हो। आप मजे से सवारी करोगे और मैं घोड़ा ही बना रहूं।'

प्रेमचन्द मंगल की ललकार के माध्यम से वर्ग चेतना की आवाज को वाणी दे रहे थे। क्या होना चाहिए, क्या हो सकता है? विचार स्वातन्त्र्य एवं जागृति का यह सटीक उदाहरण है। साहित्य सोये हुए समाज को जगाता है, एक कौंध पैदा करता है, कोई अंकुश आरोपित नहीं करता। तभी तो प्रेमचन्द मानते हैं कि सृजनकर्मी समाज के आगे चलने वाला मशालची है जोर मार्ग को आलोकित कर प्रशस्त करता है। मुंशी प्रेमचन्द की सहानुभूति निम्नवर्ग के पात्रों के साथ है। सुरेश भंगिन का दूध पी सकता है परन्तु स्पर्श हो जाने पर सब गड़बड़ा जाता है। इस विषय पर प्रेमचन्द की विद्रूप हंसी उच्च वर्ग में व्याप्त विरोधाभासों को व्यंग्य के स्तर पर चित्रित करता है। सुरेश एवं उसके साथी अन्तत: मंगल को पकड़कर उस पर सवारी करते हैं परन्तु वह भी तैयार है। सुरेश के नीचे से निकल जाता है और धम्म से गिर पड़ता है। सुरेश का मंगल रूपी घोड़े पर से धम्म से गिरना वास्तव में प्रेमचन्द की प्रगतिशील विचारधारा का प्रतीक है, वह मानववाद एवं मानवीयता की शाब्दिक दुहाई नहीं देते बल्कि पात्रों के व्यवहार के माध्यम से चेतना एवं जागृति की चमत्कृति को प्रस्तुत करते हैं।

प्रताड़ित एवं पीड़ित हिंसात्मक विद्रोह क्यों नहीं करते?

प्राय: यह प्रश्न उछाला जाता है कि प्रेमचन्द के पात्र हिंसात्मक विद्रोह नहीं करते। इतना अवश्य है कि दबी आवाज़ में अन्याय के प्रति मंथन जरूर करते हैं। वस्तुत: स्वतंत्रतापूर्व हिन्दी कहानी में ऐसे ही परिवेश का चित्रण हुआ है, जिसमें विद्रोह के अस्फुट स्वर तो उभरते हैं परन्तु जाति-पाति के विरोध में विस्फोट नहीं होता। संभवत: उस काल की मानसिकता ही इस सबके लिए दोषी है। इस स्थापना को यशस्वी साहित्यकार यशपाल की एक कहानी के माध्यम से भी समझा जा सकता है।

वैसे तो यशपाल ने विविधतापूर्ण कहानियां लिखी हैं परन्तु एक कहानी 'न्याय और दण्ड' इस संदर्भ में प्रासंगिक है। धक्कू नाम का डूमना यह इच्छा पाले हुए है कि कभी वह कांसे की थाली में खाना खायेगा। और वह अवसर आ भी जाता है। वह दो महीने मेहनत करके कुछ धन इकट्ठा करता है और मेले में साढ़े चार रुपये में कांसे की थाली खरीद लाता है। शहर से आया हुआ उसका मित्र अपने मामा को यह घटना सुनाता है। मामा-मामी भड़क उठते हैं। एक नीच ब्राह्मणों-राजपूतों की बराबरी करेगा... तो कल बेगार कौन करेगा। मामा पंच-सरपंच तक यह खबर पहुंचा देते हैं और अगले दिन सब राजपूत-ब्राह्मण लाठियां लेकर धक्कू के घर धावा बोलते हैं। वह उसकी कांसे की थाली को उठाकर फेंक देते हैं। उसका खाना बिखर जाता है। उसकी झोंपड़ी उखाड़ दी जाती है। उसके मां-बाप को पीटा जाता है। और डूमना समुदाय चुपचाप सब सहन कर लेता है। धक्कू की अपेक्षा उसके मित्र के मन में अन्याय, संघर्ष और एकाकीपन के अनेक प्रश्न उठते हैं। कथावाचक (जो वस्तुत: लेखक ही है) मार-पीट के इस अन्याय के विरुद्ध थाने में रिपोर्ट लिखवाने का मन बनाता है परन्तु फिर विचार पलट जाता है...

'दूध का दाम' में निम्न वर्ग का जैसा चित्रण है, वैसा ही लगभग यशपाल की उक्त कहानी में है। एक दो उक्तियों में यह स्पष्ट हो जायेगा।

'कांटों में धंसने का काम धक्कू करता है और बेर या फल हम तीन भाग करके बांट लेते थे। दो हिस्से मेरे और एक हिस्सा धक्कू का होता। धक्कू ने इस पर कभी आपत्ति न की थी। यह मेरा परम्परागत अधिकार है।'

मामा ने कहा—'सरसुती और लछमी का निवास नीच के यहां निषिद्ध है। नीच दब कर नहीं रहेगा तो नीच क्यों रहेगा?'

फिर ख्याल आया—धक्कू का सत्याग्रह मामा, मुखिया और ठाकुरों की दृष्टि में पाप का आग्रह होता। धक्कू का सत्याग्रह द्विजों के स्वार्थ, परम्परागत विश्वास और धर्म ग्रंथों की दृष्टि से पाप होता है। लड़ सकने के सामर्थ्य के बिना धक्कू की मानव अधिकार की इच्छा को न्याय कैसे माना जा सकता है?

प्रेमचन्द के पास कोई सांचा-खांचा न था।

अर्नेस्ट मिल्लर हेमिंग्वे ने लिखा है— *'लेखन सदा कष्टप्रद एवं श्रमसाध्य होता है।'* भले ही लेखक कारखानेदार न हो, जो सांचे-खांचे की सहायता से माल तैयार करता है परन्तु वह सजग चिन्तक तो होता ही है तभी समाज के विविध वर्गों एवं प्राणियों की समस्याओं को आत्मसात करके रचना को जन्म देता है। अत: वह स्वभाव से प्रगतिशील होता है, सब का भला चाहता है, मंगल की कामना से प्रेरित होता है।

कहानी को जूते बनाने की प्रक्रिया से नहीं जोड़ा जा सकता। कहानी केवल घटनाओं, पात्रों की प्रस्तुति नहीं, वह तो सामाजिक अनुभूति की कौंध है, जो लेखक की आत्मा में तपकर जन्म लेती है। यही कारण है कि महान लेखकों ने जन-जन की समस्याओं को विराटता एवं विविधता से चित्रित कर ऐसे सृजन संसार का निर्माण किया, जो हमें अपना लगता है। प्रेमचंद की कहानियां

जन-जन की मानसिकता को मुखरित करने का प्रयास हैं, इसी कारण आप उनकी किसी भी कहानी 'शतरंज के खिलाड़ी' हो, 'ठाकुर का कुआँ' हो, 'दूध का दाम' 'कफन', 'नशा', 'सद्गति', 'पूस की रात', 'पंच-परमेश्वर', 'बूढ़ी काकी'... अभिप्राय कोई भी रचना हो उसे बार-बार पढ़ने पर अर्थों के नए क्षितिज खुलते हैं। यही बात समकालीनों, विशेषकर यशपाल के बारे में कही जा सकती है। धर्मरक्षा, धर्म युद्ध, न्याय और दण्ड, उत्तराधिकारी, प्रतिष्ठा का बोझ, चित्र का शीर्षक, उत्तमी की मां, तुमने क्यों कहा था कि मैं सुंदर हूं, फूलों का कुर्ता... आदि बहुत सी कहानियां, विविधरंगी होने पर भी बार-बार आकर्षित करती हैं, क्योंकि उनमें हमें अपनी तस्वीर दिखाई देती है। 'रांगेय राघव' की कहानी 'पंच-परमेश्वर', 'गदल', 'धर्म संकट' भी समस्यापरक होने के कारण आकर्षित करती हैं।

स्व. उपेन्द्रनाथ अश्क का मानना था कि हम जो लिखते हैं वे विषय एवं समस्याएं किसी न किसी रूप में पहले भी विद्यमान रही हैं परन्तु हर लेखक अपने समय एवं समाज की सच्चाइयों के परिप्रेक्ष्य में अपने निजी दृष्टिकोण के अनुसार उसी बात को प्रस्तुत करता है... एक नई ताज़गी के साथ। प्रेमचन्द ने भी प्रभूत मात्रा में लिखा और अपनी रचनाओं में तत्कालीन समाज की बृहद छवि उकेर दी। आज उन्हें अप्रासंगिक कहना अपने आप को छोटा करना होगा। प्रेमचन्द के साहित्य में जिन समस्याओं का चित्रण हुआ, वे समस्याएं आज भी किसी न किसी रूप में मुंह बाएँ खड़ी हैं। भूमण्डलीकरण के कारण आर्थिक वैषम्य की पीड़ा बढ़ती जा रही है। शोषक नये रूपों में अवतरित हो रहे हैं। गरीब फिर पिस रहा है। वोट बैंक के लिए जातिवाद का आश्रय लेना क्या पुरानी मानसिकता को भुनाने का ही प्रयत्न नहीं है? राजनीति अपना हित देखती है, चाहे मण्डल-कमण्डल को ही क्यों न अपनाना पड़े।

अस्तु, मुंशी प्रेमचंद का कथा साहित्य आज और भी प्रासंगिक हो गया है। समस्याओं की प्रस्तुति इस प्रकार की गई है, कि पाठक स्वयं निर्णय करे कि क्या सही है क्या गलत। कुछ थोपा नहीं गया है। प्रेमचंद के स्वर को दबा हुआ कहना भी सरासर अन्याय होगा। यशपाल, जैनेन्द्र, रांगेय राघव आदि ने भी उसी भंगिमा में कहानियां लिखीं।

❖ कालजयी कथाकार प्रेमचन्द को नमन।

❒

प्रेमचन्द की 125 वीं वर्षगांठ के अवसर पर केरल विश्वविद्यालय, त्रिवेन्द्रम में हिन्दी विभाग द्वारा आयोजित राष्ट्रीय संगोष्ठी में डॉ. सुशीलकुमार फुल्ल द्वारा प्रस्तुत किया गया शोधपत्र।

1 बड़े घर की बेटी

> पारिवारिक सौहार्द को बनाए रखने में व्यक्ति की उदारता, सहिष्णुता एवं कुलीन संस्कार सहायक होते हैं। आनन्दी की व्यवहार कुशलता परिवार के तनाव को निरस्त कर सामंजस्य स्थापित करने में सफल होती है।

बेनीमाधव सिंह गौरीपुर गाँव के जमींदार और नम्बरदार थे। उनके पितामह किसी समय बड़े धन-धान्य संपन्न थे। गाँव का पक्का तालाब और मंदिर जिनकी अब मरम्मत भी मुश्किल थी, उन्हीं की कीर्ति-स्तंभ थे। कहते हैं, इस दरवाजे पर हाथी झूमता था, अब उसकी जगह एक बूढ़ी भैंस थी, जिसके शरीर में अस्थि-पंजर के सिवा और कुछ शेष न रहा था; पर दूध शायद बहुत देती थी; क्योंकि एक न एक आदमी हाँड़ी लिये उसके सिर पर सवार ही रहता था। बेनीमाधव सिंह अपनी आधी से अधिक संपत्ति वकीलों को भेंट कर चुके थे। उनकी वर्तमान आय एक हजार रुपये वार्षिक से अधिक न थी। ठाकुर साहब के दो बेटे थे। बड़े का नाम श्रीकंठ सिंह था। उसने बहुत दिनों के परिश्रम और उद्योग के बाद बी. ए. की डिग्री प्राप्त की थी। अब एक दफ्तर में नौकर था। छोटा लड़का लालबिहारी सिंह दोहरे बदन का, सजीला जवान था। भरा हुआ मुखड़ा, चौड़ी छाती। भैंस का दो सेर ताजा दूध वह उठ कर सबेरे पी जाता था। श्रीकंठ सिंह की दशा बिलकुल विपरीत थी। इन नेत्रप्रिय गुणों को उन्होंने बी. ए.-इन्हीं दो अक्षरों पर न्योछावर कर दिया था। इन दो अक्षरों ने उनके शरीर को निर्बल और चेहरे को कांतिहीन बना दिया था। इसी से वैद्यक ग्रंथों पर उनका विशेष प्रेम था। आयुर्वेदिक औषधियों पर उनका अधिक विश्वास था। शाम-सबेरे से उनके कमरे से प्रायः खरल की सुरीली कर्णमधुर ध्वनि सुनायी दिया करती थी। लाहौर और कलकत्ते के वैद्यों से बड़ी लिखा-पढ़ी रहती थी।

श्रीकंठ इस अँगरेजी डिग्री के अधिपति होने पर भी अँगरेजी सामाजिक प्रथाओं के विशेष प्रेमी न थे। बल्कि वह बहुधा बड़े जोर से उसकी निंदा और तिरस्कार किया करते थे। इसी से गाँव में उनका बड़ा सम्मान था। दशहरे के दिनों में वह बड़े उत्साह से रामलीला में सम्मिलित होते और स्वयं किसी न किसी पात्र का पार्ट लेते थे। गौरीपुर में रामलीला के वही जन्मदाता थे। प्राचीन हिंदू सभ्यता का गुणगान उनकी धार्मिकता का प्रधान अंग था। सम्मिलित कुटुम्ब के तो वह एकमात्र उपासक थे। आजकल स्त्रियों को कुटुम्ब में मिल-जुल कर रहने की जो अरुचि होती है, उसे वह जाति और देश दोनों के लिए हानिकारक समझते थे। यही कारण था कि गाँव की ललनाएँ उनकी निंदक थीं। कोई-कोई तो उन्हें अपना शत्रु समझने में भी संकोच न करती थीं। स्वयं उनकी पत्नी को ही इस विषय में उनसे विरोध था। यह इसलिए नहीं कि उसे अपने सास-ससुर, देवर या जेठ आदि से घृणा थी, बल्कि उसका विचार था कि यदि बहुत कुछ सहने और कण्ठ देने पर भी परिवार

के साथ निर्वाह न हो सके, तो आये-दिन की कलह से जीवन को नष्ट करने की अपेक्षा यही उत्तम है कि अपनी खिचड़ी अलग पकायी जाये।

आनंदी एक बड़े उच्च कुल की लड़की थी। उसके बाप एक छोटी-सी रियासत के ताल्लुकेदार थे। विशाल भवन, एक हाथी, तीन कुत्ते, बाज, बहरी-शिकरे, झाड़-फानूस, आनरेरी मजिस्ट्रेटी, और ऋण, जो एक प्रतिष्ठित ताल्लुकेदार के भोग्य पदार्थ हैं, सभी यहाँ विद्यमान थे। नाम था भूपसिंह। बड़े उदार-चित्त और प्रतिभाशाली पुरुष थे, पर दुर्भाग्य से लड़का एक भी न था। सात लड़कियाँ हुईं और दैवयोग से सब-की-सब जीवित रहीं। पहली उमंग में तो उन्होंने तीन ब्याह दिल खोल कर किये; पर पंद्रह-बीस हजार रुपयों का कर्ज सिर पर हो गया, तो आँखें खुलीं, हाथ समेट लिया। आनंदी चौथी लड़की थी। वह अपनी सब बहनों से अधिक रूपवती और गुणवती थी। इससे ठाकुर भूपसिंह उसे बहुत प्यार करते थे। सुन्दर संतान को कदाचित् उसके माता-पिता भी अधिक चाहते हैं। ठाकुर साहब बड़े धर्म-संकट में थे कि इसका विवाह कहाँ करें ? न तो यही चाहते थे कि ऋण का बोझ बढ़े और न यही स्वीकार था कि उसे अपने को भाग्यहीन समझना पड़े। एक दिन श्रीकंठ उनके पास किसी चंदे का रुपया माँगने आया। शायद नागरी-प्रचार का चंदा था। भूपसिंह उनके स्वभाव पर रीझ गये और धूमधाम से श्रीकंठ सिंह का आनंदी के साथ ब्याह हो गया।

आनंदी अपने नये घर में आयी, तो यहाँ का रंग-ढंग कुछ और ही देखा। जिस टीम-टाम की उसे बचपन से ही आदत पड़ी हुई थी, वह यहाँ नाम-मात्र को भी न थी। हाथी-घोड़ों का तो कहना ही क्या, कोई सजी हुई सुंदर बहली तक न थी। रेशमी स्लीपर साथ लायी थी, पर यहाँ बाग कहाँ। मकान में खिड़कियाँ तक न थीं। न जमीन पर फर्श, न दीवार पर तस्वीरें। यह एक सीधा-सादा देहाती गृहस्थ का मकान था, किन्तु आनंदी ने थोड़े ही दिनों में अपने को इस नयी अवस्था के ऐसा अनुकूल बना लिया, मानो उसने विलास के सामान कभी देखे ही न थे।

एक दिन दोपहर के समय लालबिहारी सिंह दो चिड़ियां लिये हुए आया और भावज से बोला-जल्दी से पका दो, मुझे भूख लगी है। आनंदी भोजन बनाकर उसकी राह देख रही थी। अब वह नया व्यंजन बनाने बैठी। हाँड़ी में देखा, तो घी पाव-भर से अधिक न था। बड़े घर की बेटी, किफायत क्या जाने। उसने सब घी मांस में डाल दिया। लालबिहारी खाने बैठा, तो दाल में घी न था, बोला-दाल में घी क्यों नहीं छोड़ा ?

आनंदी ने कहा—घी सब मांस में पड़ गया। लालबिहारी जोर से बोला—अभी परसों घी आया है। इतना जल्द उठ गया ?

आनंदी ने उत्तर दिया—आज तो कुल पाव-भर रहा होगा। वह सब मैंने मांस में डाल दिया।

जिस तरह सूखी लकड़ी जल्दी से जल उठती है, उसी तरह क्षुधा से बावला मनुष्य जरा-जरा सी बात पर तिनक जाता है। लालबिहारी को भावज की यह ढिठाई बहुत बुरी मालूम हुई, तिनक कर बोला—मैके में तो चाहे घी की नदी बहती हो !

स्त्री गालियाँ सह लेती है, मार भी सह लेती है; पर मैके की निंदा उससे नहीं सही जाती। आनंदी मुँह फेर कर बोली—हाथी मरा भी, तो नौ लाख का। वहाँ इतना घी नित्य नाई-कहार खा जाते हैं।

लालबिहारी जल गया, थाली उठाकर पलट दी, और बोला—जी चाहता है, जीभ पकड़ कर खींच लूँ।

आनंदी को भी क्रोध आ गया। मुँह लाल हो गया, बोली—वह होते तो आज इसका मजा चखाते।

अब अनपढ़, उजड्ड ठाकुर से न रहा गया। उसकी स्त्री एक साधारण जमींदार की बेटी थी। जब जी चाहता, उस पर हाथ साफ कर लिया करता था। खड़ाऊँ उठाकर आनंदी की ओर जोर से फेंकी, और बोला—जिसके गुमान पर भूली हुई हो, उसे भी देखूँगा और तुम्हें भी।

आनंदी ने हाथ से खड़ाऊँ रोकी, सिर बच गया। पर उँगली में बड़ी चोट आयी। क्रोध के मारे हवा से हिलते पत्ते की भाँति काँपती हुई अपने कमरे में आ कर खड़ी हो गयी। स्त्री का बल और साहस, मान और मर्यादा पति तक है। उसे अपने पति के ही बल और पुरुषत्व का घमंड होता है। आनंदी खून का घूँट पी कर रह गयी।

श्रीकंठ सिंह शनिवार को घर आया करते थे। बृहस्पति को यह घटना हुई थी। दो दिन तक आनंदी कोप-भवन में रही। न कुछ खाया न पिया, उनकी बाट देखती रही। अंत में शनिवार को वह नियमानुकूल संध्या समय घर आये और बाहर बैठ कर कुछ इधर-उधर की बातें, कुछ देश-काल संबंधी समाचार तथा कुछ नये मुकदमों आदि की चर्चा करने लगे। यह वार्तालाप दस बजे रात तक होता रहा। गाँव के भद्र पुरुषों को इन बातों में ऐसा आनंद मिलता था कि खाने-पीने की भी सुधि न रहती थी। श्रीकंठ को पिंड छुड़ाना मुश्किल हो जाता था। ये दो-तीन घंटे आनंदी ने बड़े कष्ट से काटे! किसी तरह भोजन का समय आया। पंचायत उठी। एकांत हुआ, तो लालबिहारी ने कहा—भैया, आप जरा भाभी को समझा दीजिएगा कि मुँह सँभाल कर बातचीत किया करें, नहीं तो एक दिन अनर्थ हो जायेगा।

बेनीमाधव सिंह ने बेटे की ओर से साक्षी दी—हाँ, बहू-बेटियों का यह स्वभाव अच्छा नहीं कि मर्दों के मुँह लगें।

लालबिहारी—वह बड़े घर की बेटी हैं, तो हम भी कोई कुर्मी-कहार नहीं हैं। श्रीकंठ ने चिंतित स्वर से पूछा—आखिर बात क्या हुई ?

लालबिहारी ने कहा—कुछ भी नहीं, यों ही आप ही आप उलझ पड़ीं। मैके के सामने हम लोगों को कुछ समझतीं ही नहीं।

श्रीकंठ खा-पी कर आनंदी के पास गये। वह भरी बैठी थी। यह हजरत भी कुछ तीखे थे। आनंदी ने पूछा—चित्त तो प्रसन्न है।

श्रीकंठ बोले—बहुत प्रसन्न है। पर तुमने आजकल घर में यह क्या उपद्रव मचा रखा है ?

आनंदी की त्योरियों पर बल पड़ गये, झुँझलाहट के मारे बदन में ज्वाला-सी दहक उठी। बोली—जिसने तुमसे यह आग लगायी है, उसे पाऊँ, तो मुँह झुलस दूँ।

श्रीकंठ—इतनी गरम क्यों होती हो, बात तो कहो।

आनंदी—क्या कहूँ, यह मेरे भाग्य का फेर है ! नहीं तो गँवार छोकरा, जिसको चपरासगिरी करने का भी शऊर नहीं, मुझे खड़ाऊँ से मार कर यों न अकड़ता।

श्रीकंठ—सब हाल साफ-साफ कहो, तो मालूम हो। मुझे तो कुछ पता नहीं।

आनंदी—परसों तुम्हारे लाड़ले भाई ने मुझसे मांस पकाने को कहा। घी हाँड़ी में पाव-भर से अधिक न था। वह सब मैंने मांस में डाल दिया। जब खाने बैठा तो कहने लगा-दाल में घी क्यों नहीं है। बस, इसी पर मेरे मैके को बुरा-भला कहने लगा-मुझसे न रहा गया। मैंने कहा कि वहाँ इतना घी तो नाई-कहार खा जाते हैं, और किसी को जान भी नहीं पड़ता। बस इतनी सी बात पर इस अन्यायी ने मुझ पर खड़ाऊँ फेंक मारी। यदि हाथ से न रोक लूँ, तो सिर फट जाये। उसी से पूछो, मैंने जो कुछ कहा है, वह सच है या झूठ।

श्रीकंठ की आँखें लाल हो गयीं। बोले—यहाँ तक हो गया, इस छोकरे का यह साहस !

आनंदी स्त्रियों के स्वभावानुसार रोने लगी क्योंकि आँसू उनकी पलकों पर रहते हैं। श्रीकंठ बड़े धैर्यवान और शांत पुरुष थे। उन्हें कदाचित् ही कभी क्रोध आता था। स्त्रियों के आँसू पुरुषों की क्रोधाग्नि भड़काने में तेल का काम देते हैं। रात भर करवटें बदलते रहे। उद्विग्नता के कारण पलक तक नहीं झपकी। प्रातःकाल अपने बाप के पास जाकर बोले—दादा, अब इस घर में मेरा निबाह न होगा।

इस तरह की विद्रोहपूर्ण बातें कहने पर श्रीकंठ ने कितनी ही बार अपने कई मित्रों को आड़े हाथों लिया था; परन्तु दुर्भाग्य, आज उन्हें स्वयं वे ही बातें अपने मुँह से कहनी पड़ीं, दूसरों को उपदेश देना भी कितना सहज है।

बेनीमाधव सिंह घबरा उठे और बोले—क्यों ?

श्रीकंठ—इसलिए कि मुझे भी अपनी मान-प्रतिष्ठा का कुछ विचार है। आपके घर में अब अन्याय और हठ का प्रकोप हो रहा है। जिनको बड़ों का आदर-सम्मान करना चाहिए, वे उनके सिर चढ़ते हैं। मैं दूसरे का नौकर ठहरा, घर पर रहता नहीं। यहाँ मेरे पीछे स्त्रियों पर खड़ाऊँ और जूतों की बौछारें होती हैं। कड़ी बात तक चिन्ता नहीं। कोई एक की दो कह ले, वहाँ तक मैं सह सकता हूँ किन्तु यह कदापि नहीं हो सकता कि मेरे ऊपर लात-घूँसे पड़ें और मैं दम न मारूँ।

बेनीमाधव सिंह कुछ जवाब न दे सके। श्रीकंठ सदैव उनका आदर करते थे। उनके ऐसे तेवर देख कर बूढ़ा ठाकुर अवाक् रह गया। केवल इतना ही बोला—बेटा, तुम बुद्धिमान हो कर ऐसी बातें करते हो ? स्त्रियाँ इस तरह घर का नाश कर देती हैं। उनको बहुत सिर चढ़ाना अच्छा नहीं।

श्रीकंठ—इतना मैं जानता हूँ, आपके आशीर्वाद से ऐसा मूर्ख नहीं हूँ। आप स्वयं जानते हैं कि मेरे ही समझाने-बुझाने से, इसी गाँव में कई घर सँभल गये, पर जिस स्त्री की मान-प्रतिष्ठा का ईश्वर

के दरबार में उत्तरदाता हूँ, उसके प्रति ऐसा घोर अन्याय और पशुवत् व्यवहार मुझे असह्य है। आप सच मानिए, मेरे लिए यही कुछ कम नहीं है कि लालबिहारी को कुछ दंड नहीं देता।

अब बेनीमाधव सिंह भी गरमाये। ऐसी बातें और न सुन सके। बोले—लालबिहारी तुम्हारा भाई है। उससे जब कभी भूल-चूक हो, उसके कान पकड़ो लेकिन ...

श्रीकंठ—लालबिहारी को मैं अब अपना भाई नहीं समझता।

बेनीमाधव सिंह—स्त्री के पीछे ?

श्रीकंठ—जी नहीं, उसकी क्रूरता और अविवेक के कारण।

दोनों कुछ देर चुप रहे। ठाकुर साहब लड़के का क्रोध शांत करना चाहते थे। लेकिन यह नहीं स्वीकार करना चाहते थे कि लालबिहारी ने कोई अनुचित काम किया है। इसी बीच में गाँव के और कई सज्जन हुक्के-चिलम के बहाने वहाँ आ बैठे। कई स्त्रियों ने जब यह सुना कि श्रीकंठ पत्नी के पीछे पिता से लड़ने को तैयार है, तो उन्हें बड़ा हर्ष हुआ। दोनों पक्षों की मधुर वाणियाँ सुनने के लिए उनकी आत्माएँ तिलमिलाने लगीं। गाँव में कुछ ऐसे कुटिल मनुष्य भी थे, जो इस कुल की नीतिपूर्ण गति पर मन ही मन जलते थे। वे कहा करते थे—श्रीकंठ अपने बाप से दबता है, इसीलिए वह दब्बू है। उसने विद्या पढ़ी, इसलिए वह किताबों का कीड़ा है। बेनीमाधव सिंह उसकी सलाह के बिना कोई काम नहीं करते, यह उनकी मूर्खता है। इन महानुभावों की शुभकामनाएँ आज पूरी होती दिखायी दीं। कोई हुक्का पीने के बहाने और कोई लगान की रसीद दिखाने आ कर बैठ गया। बेनीमाधव सिंह पुराने आदमी थे। इन भावों को ताड़ गये। उन्होंने निश्चय किया चाहे कुछ ही क्यों न हो, इन द्रोहियों को ताली बजाने का अवसर न दूँगा। तुरंत कोमल शब्दों में बोले—बेटा, मैं तुमसे बाहर नहीं हूँ। तुम्हारा जो जी चाहे करो, अब तो लड़के से अपराध हो गया।

इलाहाबाद का अनुभव-रहित झल्लाया हुआ ग्रेजुएट इस बात को न समझ सका। उसे डिबेटिंग-क्लब में अपनी बात पर अड़ने की आदत थी, इन हथकंडों की उसे क्या खबर ? बाप ने जिस मतलब से बात पलटी थी, वह उसकी समझ में न आयी। बोला—लालबिहारी के साथ अब इस घर में नहीं रह सकता।

बेनीमाधव—बेटा, बुद्धिमान लोग मूर्खों की बात पर ध्यान नहीं देते। वह बेसमझ लड़का है। उससे जो कुछ भूल हुई, उसे तुम बड़े हो कर क्षमा करो।

श्रीकंठ—उसकी इस दुष्टता को मैं कदापि नहीं सह सकता, या तो वही घर में रहेगा, या मैं ही। आपको यदि वह अधिक प्यारा है, तो मुझे विदा कीजिए, मैं अपना भार आप सँभाल लूँगा। यदि मुझे रखना चाहते हैं तो उससे कहिए, जहाँ चाहे चला जाये। बस यह मेरा अंतिम निश्चय है।

लालबिहारी सिंह दरवाजे की चौखट पर चुपचाप खड़ा बड़े भाई की बातें सुन रहा था। वह उनका बहुत आदर करता था। उसे कभी इतना साहस न हुआ था कि श्रीकंठ के सामने चारपाई पर बैठ जाय, हुक्का पी ले या पान खा ले। बाप का भी वह इतना मान न करता था। श्रीकंठ का भी उस पर हार्दिक स्नेह था। अपने होश में उन्होंने कभी उसे घुड़का तक न था। जब वह इलाहाबाद से आते, तो उसके लिए कोई न कोई वस्तु अवश्य लाते। मुगदर की जोड़ी उन्होंने ही बनवा दी थी।

पिछले साल जब उसने अपने से ड्योढ़े जवान को नागपंचमी के दिन दंगल में पछाड़ दिया, तो उन्होंने पुलकित हो कर अखाड़े में ही जाकर उसे गले से लगा लिया था, पाँच रुपये के पैसे लुटाये थे। ऐसे भाई के मुँह से आज ऐसी हृदय-विदारक बात सुन कर लालबिहारी को बड़ी ग्लानि हुई। वह फूट-फूट कर रोने लगा। इसमें संदेह नहीं कि अपने किये पर पछता रहा था। भाई के आने से एक दिन पहले से उसकी छाती धड़कती थी कि देखूँ भैया क्या कहते हैं। मैं उनके सम्मुख कैसे जाऊँगा, उनसे कैसे बोलूँगा, मेरी आँखें उनके सामने कैसे उठेंगी। उसने समझा था कि भैया मुझे बुला कर समझा देंगे। इस आशा के विपरीत आज उसने उन्हें निर्दयता की मूर्ति बने हुए पाया। वह मूर्ख था। परंतु उसका मन कहता था कि भैया मेरे साथ अन्याय कर रहे हैं। यदि श्रीकंठ उसे अकेले में बुला कर दो-चार बातें कह देते, इतना ही नहीं दो-चार तमाचे भी लगा देते तो कदाचित् उसे इतना दुःख न होता, पर भाई का यह कहना कि अब मैं इसकी सूरत नहीं देखना चाहता, लालबिहारी से सहा न गया। वह रोता हुआ घर आया। कोठरी में जाकर कपड़े पहने, आँखें पोंछीं, जिससे कोई यह न समझे कि रोता था। तब आनंदी के द्वार पर आकर बोला—भाभी, भैया ने निश्चय किया है कि वह मेरे साथ इस घर में न रहेंगे। अब वह मेरा मुँह नहीं देखना चाहते, इसलिए अब मैं जाता हूँ। उन्हें फिर मुँह न दिखाऊँगा। मुझसे जो कुछ अपराध हुआ, उसे क्षमा करना।

यह कहते-कहते लालबिहारी का गला भर आया।

जिस समय लालबिहारी सिंह सिर झुकाये आनंदी के द्वार पर खड़ा था, उसी समय श्रीकंठ सिंह भी आँखें लाल किये बाहर से आये। भाई को खड़ा देखा, तो घृणा से आँखें फेर लीं, और कतरा कर निकल गये। मानो उसकी परछाईं से दूर भागते हों।

आनंदी ने लालबिहारी की शिकायत तो की थी, लेकिन अब मन में पछता रही थी। वह स्वभाव से ही दयावती थी। उसे इसका तनिक भी ध्यान न था कि बात इतनी बढ़ जायगी। वह मन में अपने पति पर झुँझला रही थी कि यह इतने गरम क्यों होते हैं। उस पर यह भय भी लगा हुआ था कि कहीं मुझसे इलाहाबाद चलने को कहें, तो कैसे क्या करूँगी। इस बीच में जब उसने लालबिहारी को दरवाजे पर खड़े यह कहते सुना कि अब मैं जाता हूँ, मुझसे जो कुछ अपराध हुआ, क्षमा करना, तो उसका रहा-सहा क्रोध भी पानी हो गया। वह रोने लगी। मन का मैल धोने के लिए नयन-जल से उपयुक्त और कोई वस्तु नहीं है।

श्रीकंठ को देख कर आनंदी ने कहा—लाला बाहर खड़े बहुत रो रहे हैं।

श्रीकंठ—तो मैं क्या करूँ ?

आनंदी—भीतर बुला लो। मेरी जीभ में आग लगे। मैंने कहाँ से यह झगड़ा उठाया।

श्रीकंठ—मैं न बुलाऊँगा।

आनंदी—पछताओगे। उन्हें बहुत ग्लानि हो गयी है, ऐसा न हो, कहीं चल दें।

श्रीकंठ न उठे। इतने में लालबिहारी ने फिर कहा—भाभी, भैया से मेरा प्रणाम कह दो। वह मेरा मुँह नहीं देखना चाहते। इसलिए मैं भी अपना मुँह उन्हें न दिखाऊँगा।

लालबिहारी इतना कहकर लौट पड़ा और शीघ्रता से दरवाजे की ओर बढ़ा। अंत में आनंदी कमरे से निकली और उसका हाथ पकड़ लिया। लालबिहारी ने पीछे फिर कर देखा और आँखों में आँसू भरे बोला—मुझे जाने दो।

आनंदी—कहाँ जाते हो ?

लालबिहारी—जहाँ कोई मेरा मुँह न देखे।

आनंदी—मैं न जाने दूँगी ?

लालबिहारी—मैं तुम लोगों के साथ रहने योग्य नहीं हूँ।

आनंदी—तुम्हें मेरी सौगंध, अब एक पग भी आगे न बढ़ाना।

लालबिहारी—जब तक मुझे यह न मालूम हो जाय कि भैया का मन मेरी तरफ से साफ हो गया, तब तक मैं इस घर में कदापि न रहूँगा।

आनंदी—मैं इश्वर को साक्षी दे कर कहती हूँ कि तुम्हारी ओर से मेरे मन में तनिक भी मैल नहीं है।

अब श्रीकंठ का हृदय भी पिघला। उन्होंने बाहर आ कर लालबिहारी को गले लगा लिया। दोनों भाई खूब फूट-फूटकर रोये। लालबिहारी ने सिसकते हुए कहा—भैया, अब कभी मत कहना कि तुम्हारा मुँह न देखूँगा। इसके सिवा आप जो दंड देंगे, मैं सहर्ष स्वीकार करूँगा।

श्रीकंठ ने काँपते हुए स्वर से कहा—लल्लू ! इन बातों को बिल्कुल भूल जाओ। ईश्वर चाहेगा, तो फिर ऐसा अवसर न आवेगा।

बेनीमाधव सिंह बाहर से आ रहे थे। दोनों भाइयों को गले मिलते देख कर आनंद से पुलकित हो गये। बोल उठे—बड़े घर की बेटियाँ ऐसी ही होती हैं। बिगड़ता हुआ काम बना लेती हैं।

गाँव में जिसने यह वृत्तांत सुना, उसी ने इन शब्दों में आनंदी की उदारता को सराहा—'बड़े घर की बेटियाँ ऐसी ही होती हैं।'

❐

2 नमक का दारोगा

रिश्वतखोर व्यवस्था में भी बंशीधर जैसा ईमानदार दारोगा भी हो सकता है, जो प्रलोभन को ठुकराता हुआ कर्तव्य-पालन में ही संतुष्टि महसूस करता है।

जब नमक का नया विभाग बना और ईश्वरप्रदत्त वस्तु के व्यवहार करने का निषेध हो गया तो लोग चोरी-छिपे इसका व्यापार करने लगे। अनेक प्रकार के छल-प्रपंचों का सूत्रपात हुआ, कोई घूस से काम निकालता था, कोई चालाकी से। अधिकारियों के पौ-बारह थे। पटवारीगिरी का सर्वसम्मानित पद छोड़-छोड़कर लोग इस विभाग की बरकंदाजी करते थे। इसके दारोगा पद के लिए तो वकीलों का भी जी ललचाता था।

यह वह समय था जब अंग्रेजी शिक्षा और ईसाई मत को लोग एक ही वस्तु समझते थे। फारसी का प्राबल्य था। प्रेम की कथाएँ और श्रृंगार रस के काव्य पढ़कर फारसीदाँ लोग सर्वोच्च पदों पर नियुक्त हो जाया करते थे।

मुंशी वंशीधर भी जुलेखा की विरह-कथा समाप्त करके सीरीं और फरहाद के प्रेम-वृत्तांत को नल और नील की लड़ाई और अमेरिका के आविष्कार से अधिक महत्व की बातें समझते हुए रोजगार की खोज में निकले।

उनके पिता एक अनुभवी पुरुष थे। समझाने लगे, 'बेटा! घर की दुर्दशा देख रहे हो। ॠण के बोझ से दबे हुए हैं। लड़कियाँ हैं, वे घास-फूस की तरह बढती चली जाती हैं। मैं कगारे पर का वृक्ष हो रहा हूँ, न मालूम कब गिर पड़ूँ! अब तुम्हीं घर के मालिक-मुख्तार हो।

'नौकरी में ओहदे की ओर ध्यान मत देना, यह तो पीर का मजार है। निगाह चढावे और चादर पर रखनी चाहिए। ऐसा काम ढूँढना जहाँ कुछ ऊपरी आय हो। मासिक वेतन तो पूर्णमासी का चाँद है, जो एक दिन दिखाई देता है और घटते-घटते लुप्त हो जाता है। ऊपरी आय बहता हुआ स्रोत है जिससे सदैव प्यास बुझती है। वेतन मनुष्य देता है, इसी से उसमें वृद्धि नहीं होती। ऊपरी आमदनी ईश्वर देता है, इसी से उसकी बरकत होती है, तुम स्वयं विद्वान हो, तुम्हें क्या समझाऊँ।

'इस विषय में विवेक की बड़ी आवश्यकता है। मनुष्य को देखो, उसकी आवश्यकता को देखो और अवसर को देखो, उसके उपरांत जो उचित समझो, करो। गरजवाले आदमी के साथ कठोरता करने में लाभ ही लाभ है। लेकिन बेगरज को दाँव पर पाना जरा कठिन है। इन बातों को निगाह में बाँध लो यह मेरी जन्म भर की कमाई है।

इस उपदेश के बाद पिताजी ने आशीर्वाद दिया। वंशीधर आज्ञाकारी पुत्र थे। ये बातें ध्यान से सुनीं और तब घर से चल खड़े हुए। इस विस्तृत संसार में उनके लिए धैर्य अपना मित्र, बुद्धि अपनी पथप्रदर्शक और आत्मावलम्बन ही अपना सहायक था। लेकिन अच्छे शकुन से चले थे, जाते ही जाते नमक विभाग के दारोगा पद पर प्रतिष्ठित हो गए। वेतन अच्छा और ऊपरी आय का तो

ठिकाना ही न था। वृद्ध मुंशीजी को सुख-संवाद मिला तो फूले न समाए। महाजन कुछ नरम पडे, कलवार की आशा-लता लहलहाई। पड़ोसियों के हृदय में शूल उठने लगे।

जाड़े के दिन थे और रात का समय। नमक के सिपाही, चौकीदार नशे में मस्त थे। मुंशी वंशीधर को यहाँ आए अभी छह महीनों से अधिक न हुए थे, लेकिन इस थोडे समय में ही उन्होंने अपनी कार्यकुशलता और उत्तम आचार से अफसरों को मोहित कर लिया था। अफसर लोग उन पर बहुत विश्वास करने लगे।

नमक के दफ्तर से एक मील पूर्व की ओर जमुना बहती थी, उस पर नावों का एक पुल बना हुआ था। दारोगाजी किवाड़ बंद किए मीठी नींद सो रहे थे। अचानक आँख खुली तो नदी के प्रवाह की जगह गाड़ियों की गड़गड़ाहट तथा मल्लाहों का कोलाहल सुनाई दिया। उठ बैठे।

इतनी रात गए गाड़ियाँ क्यों नदी के पार जाती हैं? अवश्य कुछ न कुछ गोलमाल है। तर्क ने भ्रम को पुष्ट किया। वरदी पहनी, तमंचा जेब में रखा और बात की बात में घोड़ा बढ़ाए हुए पुल पर आ पहुँचे। गाडियों की एक लम्बी कतार पुल के पार जाती देखी। डाँटकर पूछा—किसकी गाडियाँ हैं।

थोडी देर तक सन्नाटा रहा। आदमियों में कुछ कानाफूसी हुई तब आगे वाले ने कहा—पंडित अलोपीदीन की।

'कौन पंडित अलोपीदीन?

'दातागंज के।

मुंशी वंशीधर चौंके। पंडित अलोपीदीन इस इलाके के सबसे प्रतिष्ठित जमींदार थे। लाखों रुपए का लेन-देन करते थे, इधर छोटे से बडे कौन ऐसे थे जो उनके ॠणी न हों। व्यापार भी बडा लम्बा-चौडा था। बडे चलते-पुरजे आदमी थे। अंगरेज अफसर उनके इलाके में शिकार खेलने आते और उनके मेहमान होते। बारहों मास सदाव्रत चलता था।

मुंशी ने पूछा—गाडियाँ कहाँ जाएँगी? उत्तर मिला—कानपुर । लेकिन इस प्रश्न पर कि इनमें क्या है, सन्नाटा छा गया। दारोगा साहब का संदेह और भी बढा। कुछ देर तक उत्तर की बाट देखकर वह जोर से बोले—क्या तुम सब गूँगे हो गए हो? हम पूछते हैं इनमें क्या लदा है?

जब इस बार भी कोई उत्तर न मिला तो उन्होंने घोड़े को एक गाड़ी से मिलाकर बोरे को टटोला। भ्रम दूर हो गया। यह नमक के डेले थे।

पंडित अलोपीदीन अपने सजीले रथ पर सवार, कुछ सोते, कुछ जागते चले आते थे। अचानक कई गाड़ीवानों ने घबराए हुए आकर जगाया और बोले—महाराज! दारोगा ने गाडियाँ रोक दी हैं और घाट पर खडे आपको बुलाते हैं।

पंडित अलोपीदीन का लक्ष्मीजी पर अखंड विश्वास था। वह कहा करते थे कि संसार का तो कहना ही क्या, स्वर्ग में भी लक्ष्मी का ही राज्य है। उनका यह कहना यथार्थ ही था। न्याय और नीति सब लक्ष्मी के ही खिलौने हैं, इन्हें वह जैसे चाहती हैं नचाती हैं। लेटे ही लेटे गर्व से बोले—

चलो हम आते हैं। यह कहकर पंडितजी ने बडी निश्चिंतता से पान के बीड़े लगाकर खाए। फिर लिहाफ ओढ़े हुए दारोगा के पास आकर बोले—बाबूजी आशीर्वाद! कहिए—हमसे ऐसा कौन सा अपराध हुआ कि गाड़ियाँ रोक दी गईं। हम ब्राह्मणों पर तो आपकी कृपा-दृष्टि रहनी चाहिए।

वंशीधर रुखाई से बोले—सरकारी हुक्म।

पं. अलोपीदीन ने हँसकर कहा—हम सरकारी हुक्म को नहीं जानते और न सरकार को। हमारे सरकार तो आप ही हैं। हमारा और आपका तो घर का मामला है, हम कभी आपसे बाहर हो सकते हैं? आपने व्यर्थ का कष्ट उठाया। यह हो नहीं सकता कि इधर से जाएँ और इस घाट के देवता को भेंट न चढावें। मैं तो आपकी सेवा में स्वयं ही आ रहा था। वंशीधर पर ऐश्वर्य की मोहिनी वंशी का कुछ प्रभाव न पड़ा। ईमानदारी की नई उमंग थी। कडककर बोले—हम उन नमकहरामों में नहीं हैं जो कौड़ियों पर अपना ईमान बेचते फिरते हैं। आप इस समय हिरासत में हैं। आपको कायदे के अनुसार चालान होगा। बस, मुझे अधिक बातों की फुर्सत नहीं है। जमादार बदलूसिंह! तुम इन्हें हिरासत में ले चलो, मैं हुक्म देता हूँ।

पं. अलोपीदीन स्तम्भित हो गए। गाडीवानों में हलचल मच गई। पंडितजी के जीवन में कदाचित यह पहला ही अवसर था कि पंडितजी को ऐसी कठोर बातें सुननी पड़ीं। बदलूसिंह आगे बढ़ा, किन्तु रोब के मारे यह साहस न हुआ कि उनका हाथ पकड़ सके। पंडितजी ने धर्म को धन का ऐसा निरादर करते कभी न देखा था। विचार किया कि यह अभी उद्दंड लडका है। माया-मोह के जाल में अभी नहीं पड़ा। अल्हड़ है, झिझकता है। बहुत दीनभाव से बोले—बाबू साहब, ऐसा न कीजिए, हम मिट जाएँगे। इज्ज़त धूल में मिल जाएगी। हमारा अपमान करने से आपके हाथ क्या आएगा। हम किसी तरह आपसे बाहर थोड़े ही हैं।

वंशीधर ने कठोर स्वर में कहा—हम ऐसी बातें नहीं सुनना चाहते।

अलोपीदीन ने जिस सहारे को चट्टान समझ रखा था, वह पैरों के नीचे खिसकता हुआ मालूम हुआ। स्वाभिमान और धन-ऐश्वर्य की कडी चोट लगी। किन्तु अभी तक धन की सांख्यिक शक्ति का पूरा भरोसा था। अपने मुख्तार से बोले—लालाजी, एक हजार के नोट बाबू साहब की भेंट करो, आप इस समय भूखे सिंह हो रहे हैं।

वंशीधर ने गरम होकर कहा—एक हजार नहीं, एक लाख भी मुझे सच्चे मार्ग से नहीं हटा सकते।

धर्म की इस बुद्धिहीन दृढ़ता और देव-दुर्लभ त्याग पर मन बहुत झुँझलाया। अब दोनों शक्तियों में संग्राम होने लगा। धन ने उछल-उछलकर आक्रमण करने शुरू किए। एक से पाँच, पाँच से दस, दस से पंद्रह और पंद्रह से बीस हजार तक नौबत पहुँची, किन्तु धर्म अलौकिक वीरता के साथ बहुसंख्यक सेना के सम्मुख अकेला पर्वत की भाँति अटल, अविचलित खड़ा था।

अलोपीदीन निराश होकर बोले—अब इससे अधिक मेरा साहस नहीं। आगे आपको अधिकार है।

वंशीधर ने अपने जमादार को ललकारा। बदलूसिंह मन में दारोगाजी को गालियाँ देता हुआ पंडित अलोपीदीन की ओर बढा। पंडितजी घबडाकर दो-तीन कदम पीछे हट गए। अत्यंत दीनता से बोले—बाबू साहब, ईश्वर के लिए मुझ पर दया कीजिए, मैं पच्चीस हजार पर निपटारा करने का तैयार हूँ।

'असम्भव बात है।

'तीस हजार पर?

'किसी तरह भी सम्भव नहीं।

'क्या चालीस हजार पर भी नहीं।

'चालीस हजार नहीं, चालीस लाख पर भी असम्भव है।

'बदलूसिंह, इस आदमी को हिरासत में ले लो। अब मैं एक शब्द भी नहीं सुनना चाहता।

धर्म ने धन को पैरों तले कुचल डाला। अलोपीदीन ने एक हृष्ट-पुष्ट मनुष्य को हथकडियाँ लिए हुए अपनी तरफ आते देखा। चारों ओर निराश और कातर दृष्टि से देखने लगे। इसके बाद मूर्छित होकर गिर पड़े।

दुनिया सोती थी पर दुनिया की जीभ जागती थी। सवेरे देखिए तो बालक-वृद्ध सबके मुँह से यही बात सुनाई देती थी। जिसे देखिए वही पंडितजी के इस व्यवहार पर टीका-टिप्पणी कर रहा था, निंदा की बौछारें हो रही थीं, मानो संसार से अब पापी का पाप कट गया।

पानी को दूध के नाम से बेचने वाला ग्वाला, कल्पित रोजनामचे भरने वाले अधिकारी वर्ग, रेल में बिना टिकट सफर करने वाले बाबू लोग, जाली दस्तावेज बनाने वाले सेठ और साकार यह सब के सब देवताओं की भाँति गर्दनें चला रहे थे।

जब दूसरे दिन पंडित अलोपीदीन अभियुक्त होकर कांस्टेबलों के साथ, हाथों में हथकड़ियाँ, हृदय में ग्लानि और क्षोभ भरे, लज्जा से गर्दन झुकाए अदालत की तरफ चले तो सारे शहर में हलचल मच गई। मेलों में कदाचित आँखें इतनी व्यग्र न होती होंगी। भीड़ के मारे छत और दीवार में कोई भेद न रहा।

किंतु अदालत में पहुँचने की देर थी। पं. अलोपीदीन इस अगाध वन के सिंह थे। अधिकारी वर्ग उनके भक्त, अमले उनके सेवक, वकील-मुख्तार उनके आज्ञा पालक और अरदली, चपरासी तथा चौकीदार तो उनके बिना मोल के गुलाम थे।

उन्हें देखते ही लोग चारों तरफ से दौड़े। सभी लोग विस्मित हो रहे थे। इसलिए नहीं कि अलोपीदीन ने यह कर्म किया, बल्कि इसलिए कि वह कानून के पंजे में कैसे आए? ऐसा मनुष्य जिसके पास असाध्य साधन करने वाला धन और अनन्य वाचालता हो, वह क्यों कानून के पंजे में आए? प्रत्येक मनुष्य उनसे सहानुभूति प्रकट करता था।

बड़ी तत्परता से इस आक्रमण को रोकने के निमित्त वकीलों की एक सेना तैयार की गई। न्याय के मैदान में धर्म और धन में युद्ध ठन गया। वंशीधर चुपचाप खडे थे। उनके पास सत्य के सिवा न कोई बल था, न स्पष्ट भाषण के अतिरिक्त कोई शस्त्र। गवाह थे, किंतु लोभ से डाँवाडोल।

यहाँ तक कि मुंशीजी को न्याय भी अपनी ओर कुछ खिंचा हुआ दीख पड़ता था। वह न्याय का दरबार था, परंतु उसके कर्मचारियों पर पक्षपात का नशा छाया हुआ था। किंतु पक्षपात और न्याय का क्या मेल? जहाँ पक्षपात हो, वहाँ न्याय की कल्पना नहीं की जा सकती। मुकदमा शीघ्र ही समाप्त हो गया।

डिप्टी मजिस्ट्रेट ने अपनी तजवीज में लिखा, पं. अलोपीदीन के विरुद्ध दिए गए प्रमाण निर्मूल और भ्रमात्मक हैं। वह एक बड़े भारी आदमी हैं। यह बात कल्पना के बाहर है कि उन्होंने थोड़े लाभ के लिए ऐसा दुस्साहस किया हो। यद्यपि नमक के दारोगा मुंशी वंशीधर का अधिक दोष नहीं है, लेकिन यह बड़े खेद की बात है कि उसकी उद्दंडता और विचारहीनता के कारण एक भलेमानुस को कण्ट झेलना पडा। हम प्रसन्न हैं कि वह अपने काम में सजग और सचेत रहता है, किंतु नमक के मुकदमे की बढ़ी हुई नमक से हलाली ने उसके विवेक और बुद्धि को भ्रष्ट कर दिया। भविष्य में उसे होशियार रहना चाहिए।

वकीलों ने यह फैसला सुना और उछल पड़े। पं. अलोपीदीन मुस्कुराते हुए बाहर निकले। स्वजन बाँधवों ने रुपए की लूट की। उदारता का सागर उमड़ पड़ा। उसकी लहरों ने अदालत की नींव तक हिला दी।

जब वंशीधर बाहर निकले तो चारों ओर उनके ऊपर व्यंग्यबाणों की वर्षा होने लगी। चपरासियों ने झुक-झुककर सलाम किए। किंतु इस समय एक कटु वाक्य, एक-एक संकेत उनकी गर्वाग्नि को प्रज्ज्वलित कर रहा था।

कदाचित इस मुकदमे में सफल होकर वह इस तरह अकड़ते हुए न चलते। आज उन्हें संसार का एक खेदजनक विचित्र अनुभव हुआ। न्याय और विद्वत्ता, लंबी-चौड़ी उपाधियाँ, बड़ी-बड़ी दाढ़ियाँ, ढीले चोगे एक भी सच्चे आदर का पात्र नहीं है।

वंशीधर ने धन से बैर मोल लिया था, उसका मूल्य चुकाना अनिवार्य था। कठिनता से एक सप्ताह बीता होगा कि मुअत्तली का परवाना आ पहुँचा। कार्य-परायणता का दंड़ मिला। बेचारे भग्न हृदय, शोक और खेद से व्यथित घर को चले। बूढ़े मुंशीजी तो पहले ही से कुड़बुड़ा रहे थे कि चलते-चलते इस लड़के को समझाया था, लेकिन इसने एक न सुनी। सब मनमानी करता है। हम तो कलवार और कसाई के तगादे सहें, बुढ़ापे में भगत बनकर बैठें और वहाँ बस वही सूखी तनख्वाह! हमने भी तो नौकरी की है और कोई ओहदेदार नहीं थे। लेकिन काम किया, दिल खोलकर किया और आप ईमानदार बनने चले हैं। घर में चाहे अंधेरा हो, मस्जिद में अवश्य दिया जलाएँगे। खेद ऐसी समझ पर! पढ़ना-लिखना सब अकारथ गया।

इसके थोडे ही दिनों बाद, जब मुंशी वंशीधर इस दुरावस्था में घर पहुँचे और बूढ़े पिताजी ने समाचार सुना तो सिर पीट लिया। बोले—जी चाहता है कि तुम्हारा और अपना सिर फोड़ लूँ। बहुत

देर तक पछता-पछताकर हाथ मलते रहे। क्रोध में कुछ कठोर बातें भी कहीं और यदि वंशीधर वहाँ से टल न जाता तो अवश्य ही यह क्रोध विकट रूप धारण करता। वृद्ध माता को भी दुःख हुआ। जगन्नाथ और रामेश्वर यात्रा की कामनाएँ मिट्टी में मिल गईं। पत्नी ने कई दिनों तक सीधे मुँह बात तक नहीं की।

इसी प्रकार एक सप्ताह बीत गया। सांध्य का समय था। बूढ़े मुंशीजी बैठे-बैठे राम नाम की माला जप रहे थे। इसी समय उनके द्वार पर सजा हुआ रथ आकर रुका। हरे और गुलाबी परदे, पछहिए बैलों की जोड़ी, उनकी गर्दन में नीले धागे, सींग पीतल से जड़े हुए। कई नौकर लाठियाँ कंधों पर रखे साथ थे।

मुंशीजी अगवानी को दौड़े देखा तो पंडित अलोपीदीन हैं। झुककर दंडवत् की और लल्लो-चप्पो की बातें करने लगे—हमारा भाग्य उदय हुआ, जो आपके चरण इस द्वार पर आए। आप हमारे पूज्य देवता हैं, आपको कौन सा मुँह दिखावें, मुँह में तो कालिख लगी हुई है। किंतु क्या करें, लडका अभागा कपूत है, नहीं तो आपसे क्या मुँह छिपाना पडता? ईश्वर निस्संतान चाहे रक्खे पर ऐसी संतान न दे।

अलोपीदीन ने कहा—नहीं भाई साहब, ऐसा न कहिए।

मुंशीजी ने चकित होकर कहा—ऐसी संतान को और क्या कहूँ?

अलोपीदीन ने वात्सल्यपूर्ण स्वर में कहा—कुलतिलक और पुरुखों की कीर्ति उज्ज्वल करने वाले संसार में ऐसे कितने धर्मपरायण मनुष्य हैं जो धर्म पर अपना सब कुछ अर्पण कर सकें!

पं. अलोपीदीन ने वंशीधर से कहा—दरोगाजी, इसे खुशामद न समझिए, खुशामद करने के लिए मुझे इतना कष्ट उठाने की जरूरत न थी। उस रात को आपने अपने अधिकार-बल से अपनी हिरासत में लिया था, किंतु आज मैं स्वेच्छा से आपकी हिरासत में आया हूँ। मैंने हजारों रईस और अमीर देखे, हजारों उच्च पदाधिकारियों से काम पड़ा किंतु परास्त किया तो आपने। मैंने सबको अपना और अपने धन का गुलाम बनाकर छोड़ दिया। मुझे आज्ञा दीजिए कि आपसे कुछ विनय करूँ।

वंशीधर ने अलोपीदीन को आते देखा तो उठकर सत्कार किया, किंतु स्वाभिमान सहित। समझ गए कि यह महाशय मुझे लज्जित करने और जलाने आए हैं। क्षमा-प्रार्थना की चेष्टा नहीं की, उन्हें अपने पिता की यह ठकुरसुहाती की बात असह्य सी प्रतीत हुई। पर पंडितजी की बातें सुनी तो मन की मैल मिट गई।

पंडितजी की ओर उडती हुई दृष्टि से देखा। सद्भाव झलक रहा था। गर्व ने अब लज्जा के सामने सिर झुका दिया। शर्माते हुए बोले—'यह आपकी उदारता है जो ऐसा कहते हैं। मुझसे जो कुछ अविनय हुई है, उसे क्षमा कीजिए। मैं धर्म की बेड़ी में जकड़ा हुआ था, नहीं तो वैसे मैं आपका दास हूँ। जो आज्ञा होगी वह मेरे सिर-माथे पर।

अलोपीदीन ने विनीत भाव से कहा—नदी तट पर आपने मेरी प्रार्थना नहीं स्वीकार की थी, किंतु आज स्वीकार करनी पडेगी।

वंशीधर बोले—मैं किस योग्य हूँ, किंतु जो कुछ सेवा मुझसे हो सकती है, उसमें त्रुटि न होगी।

अलोपीदीन ने एक स्टाम्प लगा हुआ पत्र निकाला और उसे वंशीधर के सामने रखकर बोले— 'इस पद को स्वीकार कीजिए और अपने हस्ताक्षर कर दीजिए। मैं ब्राह्मण हूँ, जब तक यह सवाल पूरा न कीजिएगा, द्वार से न हटूँगा।

मुंशी वंशीधर ने उस कागज को पढा तो कृतज्ञता से आँखों में आँसू भर आए। पं. अलोपीदीन ने उनको अपनी सारी जायदाद का स्थायी मैनेजर नियत किया था। छह हजार वार्षिक वेतन के अतिरिक्त रोजाना खर्च अलग, सवारी के लिए घोड़ा, रहने को बँगला, नौकर-चाकर मुफ्त। कम्पित स्वर में बोले—पंडितजी मुझमें इतनी सामर्थ्य नहीं है कि आपकी उदारता की प्रशंसा कर सकूँ! किंतु ऐसे उच्च पद के योग्य नहीं हूँ।

अलोपीदीन हँसकर बोले—मुझे इस समय एक अयोग्य मनुष्य की ही जरूरत है।

वंशीधर ने गंभीर भाव से कहा—यों मैं आपका दास हूँ। आप जैसे कीर्तिवान, सज्जन पुरुष की सेवा करना मेरे लिए सौभाग्य की बात है। किंतु मुझमें न विद्या है, न बुद्धि, न वह स्वभाव जो इन त्रुटियों की पूर्ति कर देता है। ऐसे महान कार्य के लिए एक बड़े मर्मज्ञ अनुभवी मनुष्य की जरूरत है।

अलोपीदीन ने कलमदान से कलम निकाली और उसे वंशीधर के हाथ में देकर बोले—न मुझे विद्वत्ता की चाह है, न अनुभव की, न मर्मज्ञता की, न कार्यकुशलता की। इन गुणों के महत्व को खूब पा चुका हूँ। अब सौभाग्य और सुअवसर ने मुझे वह मोती दे दिया जिसके सामने योग्यता और विद्वत्ता की चमक फीकी पड़ जाती है। यह कलम लीजिए, अधिक सोच-विचार न कीजिए, दस्तखत कर दीजिए। परमात्मा से यही प्रार्थना है कि वह आपको सदैव वही नदी के किनारे वाला, बेमुरौवत, उद्दंड, कठोर परंतु धर्मनिष्ठ दारोगा बनाए रखे।

वंशीधर की आँखें डबडबा आईं। हृदय के संकुचित पात्र में इतना एहसान न समा सका। एक बार फिर पंडितजी की ओर भक्ति और श्रद्धा की दृष्टि से देखा और काँपते हुए हाथ से मैनेजरी के कागज पर हस्ताक्षर कर दिए।

अलोपीदीन ने प्रफुल्लित होकर उन्हें गले लगा लिया।

❒

3 दो भाई

> ईर्ष्या एवं द्वेष की भावना सहोदर भाइयों में भी दरार पैदा कर सकती है। भाई ही भाई की विवशता का लाभ उठाते हुए उसकी सम्पत्ति को हड़प जाता है। कहानी लालच की पराकाष्ठा पर निर्मम प्रहार है।

प्रातःकाल सूर्य की सुहावनी सुनहरी धूप में कलावती दोनों बेटों को जाँघों पर बैठा दूध और रोटी खिलाती। केदार बड़ा था, माधव छोटा। दोनों मुँह में कौर लिये, कई पग उछल-कूद कर फिर जाँघों पर आ बैठते और अपनी तोतली बोली में इस प्रार्थना की रट लगाते थे, जिसमें एक पुराने सहृदय कवि ने किसी जाड़े के सताये हुए बालक के हृदयोद्‌गार को प्रकट किया है-

दैव-दैव घाम करो तुम्हारे बालक को लगता जाड़।

माँ उन्हें चुमकार कर बुलाती और बड़े-बड़े कौर खिलाती। उसके हृदय में प्रेम की उमंग थी और नेत्रों में गर्व की झलक। दोनों भाई बड़े हुए। साथ-साथ गले में बाँहें डाले खेलते थे। केदार की बुद्धि चुस्त थी। माधव का शरीर। दोनों में इतना स्नेह था कि साथ-साथ पाठशाला जाते, साथ-साथ खाते और साथ ही साथ रहते थे ! दोनों भाइयों का ब्याह हुआ। केदार की वधू चम्पा अमित-भाषिणी और चंचला थी। माधव की वधू श्यामा साँवली-सलोनी, रूपराशि की खान थी। बड़ी ही मृदुभाषिणी, बड़ी ही सुशीला और शांतस्वभावा थी।

केदार चम्पा पर मोहे और माधव श्यामा पर रीझे। परंतु कलावती का मन किसी से न मिला। वह दोनों से प्रसन्न और दोनों से अप्रसन्न थी। उसकी शिक्षा-दीक्षा का बहुत अंश इस व्यर्थ के प्रयत्न में व्यय होता था कि चम्पा अपनी कार्यकुशलता का एक भाग श्यामा के शांत स्वभाव से बदल ले।

दोनों भाई संतानवान हुए। हरा-भरा वृक्ष खूब फैला और फलों से लद गया। कुत्सित वृक्ष में केवल एक फल दृष्टिगोचर हुआ, वह भी कुछ पीला-सा, मुरझाया हुआ; किंतु दोनों अप्रसन्न थे। माधव को धन-सम्पत्ति की लालसा थी और केदार को संतान की अभिलाषा।

भाग्य की इस कूटनीति ने शनैः-शनैः द्वेष का रूप धारण किया, जो स्वाभाविक था। श्यामा अपने लड़कों को सँवारने-सुधारने में लगी रहती; उसे सिर उठाने की फुरसत नहीं मिलती थी। बेचारी चम्पा को चूल्हे में जलना और चक्की में पिसना पड़ता। यह अनीति कभी-कभी कटु शब्दों में निकल जाती। श्यामा सुनती, कुढ़ती और चुपचाप सह लेती। परन्तु उसकी यह सहनशीलता चम्पा के क्रोध को शांत करने के बदले और बढ़ाती। यहाँ तक कि प्याला लबालब भर गया। हिरन भागने की राह न पा कर शिकारी की तरफ लपका। चम्पा और श्यामा समकोण बनानेवाली रेखाओं की भाँति अलग हो गयीं। उस दिन एक ही घर में दो चूल्हे जले, परन्तु भाइयों ने दाने की सूरत न देखी और कलावती सारे दिन रोती रही।

कई वर्ष बीत गये। दोनों भाई जो किसी समय एक ही पालथी पर बैठते थे, एक ही थाली में खाते थे और एक ही छाती से दूध पीते थे, उन्हें अब एक घर में, एक गाँव में रहना कठिन हो गया। परन्तु कुल की साख में बट्टा न लगे, इसलिए ईर्ष्या और द्वेष की धधकी हुई आग को राख के नीचे दबाने की व्यर्थ चेष्टा की जाती थी। उन लोगों में अब भ्रातृ-स्नेह न था। केवल भाई के नाम की लाज थी। माँ भी जीवित थी, पर दोनों बेटों का वैमनस्य देख कर आँसू बहाया करती। हृदय में प्रेम था, पर नेत्रों में अभिमान न था। कुसुम वही था, परंतु वह छटा न थी।

दोनों भाई जब लड़के थे, तब एक को रोते देख दूसरा भी रोने लगता था, तब वह नादान बेसमझ और भोले थे। आज एक को रोते हुए देख दूसरा हँसता और तालियाँ बजाता। अब वह समझदार और बुद्धिमान हो गये थे।

जब उन्हें अपने-पराये की पहचान न थी, उस समय यदि कोई छेड़ने के लिए एक को अपने साथ ले जाने की धमकी देता, तो दूसरा जमीन पर लोट जाता और उस आदमी का कुर्ता पकड़ लेता। अब यदि एक भाई को मृत्यु भी धमकाती तो दूसरे के नेत्रों में आँसू न आते। अब उन्हें अपने-पराये की पहचान हो गयी थी।

बेचारे माधव की दशा शोचनीय थी। खर्च अधिक था और आमदनी कम। उस पर कुल-मर्यादा का निर्वाह। हृदय चाहे रोये, पर होंठ हँसते रहें। हृदय चाहे मलिन हो, पर कपड़े मैले न हों। चार पुत्र थे, चार पुत्रियाँ और आवश्यक वस्तुएँ मोतियों के मोल। कुछ पाइयों की जमींदारी कहाँ तक सम्हालती। लड़कों का ब्याह अपने वश की बात थी, पर लड़कियों का विवाह कैसे टल सकता। दो पाई जमीन पहली कन्या के विवाह में भेंट हो गयी। उस पर भी बराती बिना भात खाये आँगन से उठ गये। शेष दूसरी कन्या के विवाह में निकल गयी। साल भर बाद तीसरी लड़की का विवाह हुआ, पेड़-पत्ते भी न बचे। हाँ, अब की डाल भरपूर थी। परन्तु दरिद्रता और धरोहर में वही सम्बन्ध है जो मांस और कुत्ते में।

इस कन्या का अभी गौना न हुआ था कि माधव पर दो साल के बकाया लगान का वारंट आ पहुँचा। कन्या के गहने गिरों (बंधक) रखे गये। गला छूटा। चम्पा इसी समय की ताक में थी। तुरन्त नये नातेदारों को सूचना दी। तुम लोग बेसुध बैठे हो, यहाँ गहनों का सफाया हुआ जाता है। दूसरे दिन एक नाई और दो ब्राह्मण माधव के दरवाजे पर आकर बैठ गये। बेचारे के गले में फाँसी पड़ गयी। रुपये कहाँ से आवें, न जमीन, न जायदाद, न बाग, न बगीचा। रहा विश्वास, वह कभी का उठ चुका था। अब यदि कोई सम्पत्ति थी, तो केवल वही दो कोठरियाँ, जिसमें उसने अपनी सारी आयु बितायी थी, और उनका कोई ग्राहक न था। विलम्ब से नाक कटी जाती थी। विवश हो कर केदार के पास आया और आँखों में आँसू भरे बोला, भैया इस समय मैं बड़े संकट में हूँ, मेरी सहायता करो।

केदार ने उत्तर दिया-मद्धू ! आजकल मैं भी तंग हो रहा हूँ, तुमसे सच कहता हूँ।

चम्पा अधिकारपूर्ण स्वर से बोली—अरे, तो क्या इनके लिए भी तंग हो रहे हैं ! अलग भोजन करने से क्या इज़्ज़त अलग हो जायेगी !

केदार ने स्त्री की ओर कनखियों से ताक कर कहा—नहीं-नहीं, मेरा यह प्रयोजन नहीं था। हाथ तंग है तो क्या, कोई न कोई प्रबन्ध किया ही जायेगा।

चम्पा ने माधव से पूछा—पाँच बीस से कुछ ऊपर ही पर गहने रखे थे न।

माधव ने उत्तर दिया—हाँ, ब्याज सहित कोई सवा सौ रुपये होते हैं।

केदार रामायण पढ़ रहे थे। फिर पढ़ने में लग गये। चम्पा ने तत्त्व की बातचीत शुरू की— रुपया बहुत है, हमारे पास होता तो कोई बात न थी परन्तु हमें भी दूसरे से दिलाना पड़ेगा और महाजन बिना कुछ लिखाये-पढ़ाये रुपया देते नहीं।

माधव ने सोचा, यदि मेरे पास कुछ लिखाने-पढ़ाने को होता, तो क्या और महाजन मर गये थे, तुम्हारे दरवाजे आता क्यों? बोला-लिखने-पढ़ने को मेरे पास है ही क्या? जो कुछ जगह-जायदाद है, वह यही घर है।

केदार और चम्पा ने एक दूसरे को मर्मभेदी नयनों से देखा और मन ही मन कहा-क्या आज सचमुच जीवन की प्यारी अभिलाषाएँ पूरी होंगी। परन्तु हृदय की यह उमंग मुँह तक आते-आते गम्भीर रूप धारण कर गयी। चम्पा बड़ी गम्भीरता से बोली-घर पर तो कोई महाजन कदाचित् ही रुपया दे। शहर हो तो कुछ किराया ही आवे, पर गँवई में तो कोई सेंत में रहने वाला भी नहीं। फिर साझे की चीज ठहरी।

केदार डरे कि कहीं चम्पा की कठोरता से खेल बिगड़ न जाय। बोले-एक महाजन से मेरी जान-पहचान है। वह कदाचित् कहने-सुनने में आ जाय !

चम्पा ने गर्दन हिला कर इस युक्ति की सराहना की और बोली-पर दो-तीन बीस से अधिक मिलना कठिन है।

केदार ने जान पर खेल कर कहा-अरे, बहुत दबाने पर चार बीस हो जायेंगे। और क्या !

अब की चम्पा ने तीव्र दृष्टि से केदार को देखा और अनमनी-सी होकर बोली-महाजन ऐसे अंधे नहीं होते।

माधव अपने भाई-भावज के इस गुप्त रहस्य को कुछ-कुछ समझता था। वह चकित था कि इन्हें इतनी बुद्धि कहाँ से मिल गयी। बोला-और रुपये कहाँ से आवेंगे।

चम्पा चिढ़ कर बोली-और रुपयों के लिए और फिक्र करो। सवा सौ रुपये इन दो कोठरियों के इस जनम में कोई न देगा, चार बीस चाहो तो एक महाजन से दिला दूँ, लिखा-पढ़ी कर लो।

माधव इन रहस्यमय बातों से सशंक हो गया। उसे भय हुआ कि यह लोग मेरे साथ कोई गहरी चाल चल रहे हैं। दृढ़ता के साथ अड़ कर बोला-और कौन सी फिक्र करूँ? गहने होते तो कहता, लाओ रख दूँ। यहाँ तो कच्चा सूत भी नहीं है। जब बदनाम हुए तो क्या दस के लिए क्या पचास के लिए, दोनों एक ही बात है। यदि घर बेच कर मेरा नाम रह जाय, तो यहाँ तक तो स्वीकार है; परंतु घर भी बेचूँ और उस पर भी प्रतिष्ठा धूल में मिले, ऐसा मैं न करूँगा। केवल नाम का ध्यान है, नहीं

एक बार नहीं कर जाऊँ तो मेरा कोई क्या करेगा। और सच पूछो तो मुझे अपने नाम की कोई चिंता नहीं है। मुझे कौन जानता है? संसार तो भैया को हँसेगा।

केदार का मुँह सूख गया। चम्पा भी चकरा गयी। वह बड़ी चतुर वाक्निपुण रमणी थी। उसे माधव जैसे गँवार से ऐसी दृढ़ता की आशा न थी। उसकी ओर आदर से देख कर बोली-लालू, कभी-कभी तुम भी लड़कों की-सी बातें करते हो? भला इस झोंपड़ी पर कौन सौ रुपये निकाल कर देगा? तुम सवा सौ के बदले सौ ही दिलाओ, मैं आज ही अपना हिस्सा बेचती हूँ। उतना ही मेरा भी तो है? घर पर तो तुमको वही चार बीस मिलेंगे। हाँ, और रुपयों का प्रबंध हम-आप कर देंगे। इज्ज़त हमारी-तुम्हारी एक ही है, वह न जाने पायेगी। वह रुपया अलग खाते में चढ़ा लिया जायेगा।

माधव की इच्छाएँ पूरी हुईं। उसने मैदान मार लिया। सोचने लगा, मुझे तो रुपयों से काम है। चाहे एक नहीं, दस खाते में चढ़ा लो। रहा मकान, वह जीते जी नहीं छोड़ने का। प्रसन्न हो कर चला। उसके जाने के बाद केदार और चम्पा ने कपट-भेष त्याग दिया और बड़ी देर तक एक दूसरे को इस कड़े सौदे का दोषी सिद्ध करने की चेष्टा करते रहे। अंत में मन को इस तरह संतोष दिया की भोजन बहुत मधुर नहीं, किंतु भर-कठौत तो है। घर, हाँ देखेंगे कि श्यामा रानी इस घर में कैसे राज करती हैं।

केदार के दरवाज़े पर दो बैल खड़े हैं। इनमें कितनी संघ-शक्ति, कितनी मित्रता और कितना प्रेम है। दोनों एक ही जुए में चलते हैं, बस इनमें इतना ही नाता है। किंतु अभी कुछ दिन हुए, जब इनमें से एक चम्पा के मैके मँगनी गया था, तो दूसरे ने तीन दिन तक नाद में मुँह नहीं डाला। परंतु शोक, एक गोद के खेले भाई, एक छाती से दूध पीनेवाले आज इतने बेगाने हो रहे हैं कि एक घर में रहना भी नहीं चाहते।

प्रातःकाल था। केदार के द्वार पर गाँव के मुखिया और नंबरदार विराजमान थे। मुंशी दातादयाल अभिमान से चारपाई पर बैठे रेहन का मसविदा तैयार करने में लगे थे। बार-बार कलम बनाते और बार-बार खत रखते, पर खत की शान न सुधरती थी। केदार का मुखारविंद विकसित था और चम्पा फूली नहीं समाती थी। माधव कुम्हलाया और मलीन था।

मुखिया ने कहा-भाई ऐसा हित, न भाई ऐसा शत्रु। केदार ने छोटे भाई की लाज रख ली।

नम्बरदार ने अनुमोदन किया-भाई हो तो ऐसा हो।

मुख्तार ने कहा-भाई, सपूतों का यही काम है।

दातादयाल ने पूछा-रेहन लिखनेवाले का नाम?

बड़े भाई बोले-माधव वल्द शिवदत्त।

'और लिखानेवाले का?'

'केदार वल्द शिवदत्त।'

माधव ने बड़े भाई की ओर चकित हो कर देखा। आँखें डबडबा आयीं। केदार उसकी ओर देख न सका। नंबरदार, मुखिया और मुख्तार भी विस्मित हुए। क्या केदार खुद ही रुपया दे रहा है?

बातचीत तो किसी साहूकार की थी। जब घर ही में रुपया मौजूद है तो इस रेहननामे की आवश्यकता ही क्या थी? भाई-भाई में इतना अविश्वास । अरे, राम ! राम ! क्या माधव 80 रु. का भी महँगा है। और यदि दबा ही बैठता, तो क्या रुपये पानी में चले जाते।

सभी की आँखें सैन द्वारा परस्पर बातें करने लगीं, मानो आश्चर्य की अथाह नदी में नौकाएँ डगमगाने लगीं।

श्यामा दरवाजे की चौखट पर खड़ी थी। वह सदा केदार की प्रतिष्ठा करती थी, परंतु आज केवल लोकरीति ने उसे अपने जेठ को आड़े हाथों लेने से रोका।

बूढ़ी अम्माँ ने सुना तो सूखी नदी उमड़ आयी। उसने एक बार आकाश की ओर देखा और माथा ठोंक लिया।

अब उसे उस दिन का स्मरण हो आया जब ऐसा ही सुहावना सुनहरा प्रभात था और दो प्यारे-प्यारे बच्चे उसकी गोद में बैठे हुए उछल-कूद कर दूध-रोटी खाते थे। उस समय माता के नेत्रों में कितना अभिमान था, हृदय में कितनी उमंग और कितना उत्साह।

परन्तु आज, आह ! आज नयनों में लज्जा है और हृदय में शोक-संताप। उसने पृथ्वी की ओर देख कर कातर स्वर में कहा-हे नारायण ! क्या ऐसे पुत्रों को मेरी ही कोख में जन्म लेना था?

❐

4 पंच परमेश्वर

पंचों में परमात्मा का वास होता है। पंच की कुर्सी पर बैठा कोई भी व्यक्ति न किसी का मित्र होता है और न ही शत्रु । यहां तो दूध का दूध और पानी का पानी हो जाता है। ऐसे ही ताने-बाने से बुनी एक आदर्श कहानी।

जुम्मन शेख और अलगू चौधरी में गाढ़ी मित्रता थी। साझे में खेती होती थी। कुछ लेन-देन में भी साझा था। एक को दूसरे पर अटल विश्वास था। जुम्मन जब हज करने गये थे, तब अपना घर अलगू को सौंप गये थे, और अलगू जब कभी बाहर जाते, तो जुम्मन पर अपना घर छोड़ देते थे। उनमें न खान-पान का व्यवहार था, न धर्म का नाता; केवल विचार मिलते थे। मित्रता का मूलमंत्र भी यही है।

इस मित्रता का जन्म उसी समय हुआ, जब दोनों मित्र बालक ही थे; और जुम्मन के पूज्य पिता, जुमराती, उन्हें शिक्षा प्रदान करते थे। अलगू ने गुरु जी की बहुत सेवा की थी, खूब रकाबियाँ माँजी, खूब प्याले धोये। उनका हुक्का एक क्षण के लिए भी विश्राम न लेने पाता था; क्योंकि प्रत्येक चिलम अलगू को आध घंटे तक किताबों से अलग कर देती थी। अलगू के पिता पुराने विचारों के मनुष्य थे। उन्हें शिक्षा की अपेक्षा गुरु की सेवा-शुश्रुषा पर अधिक विश्वास था। वह कहते थे कि विद्या पढ़ने से नहीं आती; जो कुछ होता है, गुरु के आशीर्वाद से। बस, गुरु जी की कृपा-दृष्टि चाहिए। अतएव यदि अलगू पर जुमराती शेख के आशीर्वाद अथवा सत्संग का कुछ फल न हुआ, तो यह मानकर संतोष कर लेगा कि विद्योपार्जन में उसने यथाशक्ति कोई बात उठा नहीं रखी, विद्या उसके भाग्य ही में न थी, तो कैसे आती ?

मगर जुमराती शेख स्वयं आशीर्वाद के कायल न थे। उन्हें अपने सोटे पर अधिक भरोसा था, और उसी सोटे के प्रताप से आज आस-पास के गाँवों में जुम्मन की पूजा होती थी। उनके लिखे हुए रेहननामे या बैनामे पर कचहरी का मुहर्रिर भी कलम न उठा सकता था। हलके का डाकिया, कांस्टेबिल और तहसील का चपरासी-सब उनकी कृपा की आकांक्षा रखते थे। अतएव अलगू का मान उनके धन के कारण था, तो जुम्मन शेख अपनी अनमोल विद्या से ही सबके आदरपात्र बने थे।

जुम्मन शेख की एक बूढ़ी खाला (मौसी) थी। उसके पास कुछ थोड़ी-सी मिलकियत थी; परन्तु उसके निकट संबंधियों में कोई न था। जुम्मन ने लम्बे-चौड़े वादे करके वह मिलकियत अपने नाम लिखवा ली थी। जब तक दानपत्र की रजिस्ट्री न हुई थी, तब तक खालाजान का खूब आदर-सत्कार किया गया। उन्हें खूब स्वादिष्ट पदार्थ खिलाये गये। हलवे-पुलाव की वर्षा-सी की गयी; पर रजिस्ट्री की मोहर ने इन खातिरदारियों पर भी मानो मुहर लगा दी। जुम्मन की पत्नी

करीमन रोटियों के साथ कड़वी बातों के कुछ तेज, तीखे सालन भी देने लगी। जुम्मन शेख भी निठुर हो गये। अब बेचारी खालाजान को प्रायः नित्य ही ऐसी बातें सुननी पड़ती थीं।

बुढ़िया न जाने कब तक जियेगी। दो-तीन बीघे ऊसर क्या दे दिया, मानो मोल ले लिया है ! बघारी दाल के बिना रोटियाँ नहीं उतरतीं ! जितना रुपया इसके पेट में झोंक चुके, उतने से तो अब तक गाँव मोल ले लेते।

कुछ दिन खालाजान ने सुना और सहा; पर जब न सहा गया तब जुम्मन से शिकायत की। जुम्मन ने स्थानीय कर्मचारी-गृहस्वामी-के प्रबंध में दखल देना उचित न समझा। कुछ दिन तक और यों ही रो-धोकर काम चलता रहा। अंत में एक दिन खाला ने जुम्मन से कहा—बेटा ! तुम्हारे साथ मेरा निर्वाह न होगा। तुम मुझे रुपये दे दिया करो, मैं अपना पका-खा लूँगी।

जुम्मन ने धृष्टता के साथ उत्तर दिया—रुपये क्या यहाँ फलते हैं ?

खाला ने नम्रता से कहा—मुझे कुछ रूखा-सूखा चाहिए भी कि नहीं ?

जुम्मन ने गम्भीर स्वर से जवाब दिया—तो कोई यह थोड़े ही समझा था कि तुम मौत से लड़कर आयी हो ?

खाला बिगड़ गयीं, उन्होंने पंचायत करने की धमकी दी। जुम्मन हँसे, जिस तरह कोई शिकारी हिरन को जाल की तरफ जाते देख कर मन ही मन हँसता है। वह बोले—हाँ, जरूर पंचायत करो। फैसला हो जाय। मुझे भी यह रात-दिन की खटखट पसंद नहीं।

पंचायत में किसकी जीत होगी, इस विषय में जुम्मन को कुछ भी संदेह न था। आस-पास के गाँवों में ऐसा कौन था, जो उसके अनुग्रहों का ऋणी न हो; ऐसा कौन था, जो उसको शत्रु बनाने का साहस कर सके ? किसमें इतना बल था, जो उसका सामना कर सके ? आसमान के फरिश्ते तो पंचायत करने आवेंगे नहीं।

इसके बाद कई दिन तक बूढ़ी खाला हाथ में एक लकड़ी लिये आस-पास के गाँवों में दौड़ती रहीं। कमर झुक कर कमान हो गयी थी। एक-एक पग चलना दूभर था; मगर बात आ पड़ी थी। उसका निर्णय करना जरूरी था।

बिरला ही कोई भला आदमी होगा, जिसके सामने बुढ़िया ने दुःख के आँसू न बहाये हों। किसी ने तो यों ही ऊपरी मन से हूँ-हाँ करके टाल दिया, और किसी ने इस अन्याय पर जमाने को गालियाँ दीं ! कहा—कब्र में पाँव लटके हुए हैं, आज मरे कल दूसरा दिन; पर हवस नहीं मानती। अब तुम्हें क्या चाहिए ? रोटी खाओ और अल्लाह का नाम लो। तुम्हें अब खेती-बारी से क्या काम है ? कुछ ऐसे सज्जन भी थे, जिन्हें हास्य-रस के रसास्वादन का अच्छा अवसर मिला। झुकी हुई कमर, पोपला मुँह, सन के-से बाल-इतनी सामग्री एकत्र हों, तब हँसी क्यों न आवे ? ऐसे न्यायप्रिय, दयालु, दीन-वत्सल पुरुष बहुत कम थे, जिन्होंने उस अबला के दुखड़े को गौर से सुना हो और उसको सांत्वना दी हो। चारों ओर से घूम-घाम कर बेचारी अलगू चौधरी के पास आयी। लाठी पटक दी और दम ले कर बोली—बेटा, तुम भी दम भर के लिए मेरी पंचायत में चले आना।

अलगू—मुझे बुला कर क्या करोगी ? कई गाँव के आदमी तो आवेंगे ही।

खाला—अपनी विपद तो सबके आगे रो आयी। अब आने-न-आने का अख्तियार उनको है।

अलगू—यों आने को आ जाऊँगा; मगर पंचायत में मुँह न खोलूँगा।

खाला—क्यों बेटा ?

अलगू—अब इसका क्या जवाब दूँ ? अपनी खुशी। जुम्मन मेरा पुराना मित्र है। उससे बिगाड़ नहीं कर सकता।

खाला—बेटा, क्या बिगाड़ के डर से ईमान की बात न कहोगे ?

हमारे सोये हुए धर्म-ज्ञान की सारी सम्पत्ति लुट जाय, तो उसे खबर नहीं होती, परन्तु ललकार सुन कर वह सचेत हो जाता है। फिर उसे कोई जीत नहीं सकता। अलगू इस सवाल का कोई उत्तर न दे सका, पर उसके हृदय में ये शब्द गूँज रहे थे—क्या बिगाड़ के डर से ईमान की बात न कहोगे ?

संध्या समय एक पेड़ के नीचे पंचायत बैठी। शेख जुम्मन ने पहले से ही फर्श बिछा रखा था। उन्होंने पान, इलायची, हुक्के-तम्बाकू आदि का प्रबन्ध भी किया था। हाँ, वह स्वयं अलबत्ता अलगू चौधरी के साथ जरा दूर पर बैठे हुए थे। जब पंचायत में कोई आ जाता था, तब दबे हुए सलाम से उसका स्वागत करते थे। जब सूर्य अस्त हो गया और चिड़ियों की कलरवयुक्त पंचायत पेड़ों पर बैठी, तब यहाँ भी पंचायत शुरू हुई। फर्श की एक-एक अंगुल जमीन भर गयी; पर अधिकांश दर्शक ही थे। निमंत्रित महाशयों में से केवल वे ही लोग पधारे थे, जिन्हें जुम्मन से अपनी कुछ कसर निकालनी थी। एक कोने में आग सुलग रही थी। नाई ताबड़तोड़ चिलम भर रहा था। यह निर्णय करना असम्भव था कि सुलगते हुए उपलों से अधिक धुआँ निकलता था या चिलम के दमों से। लड़के इधर-उधर दौड़ रहे थे। कोई आपस में गाली-गलौज करते और कोई रोते थे। चारों तरफ कोलाहल मच रहा था। गाँव के कुत्ते इस जमाव को भोज समझ कर झुंड के झुंड जमा हो गये थे।

पंच लोग बैठ गये, तो बूढ़ी खाला ने उनसे विनती की—

'पंचो, आज तीन साल हुए, मैंने अपनी सारी जायदाद अपने भानजे जुम्मन के नाम लिख दी थी। इसे आप लोग जानते ही होंगे। जुम्मन ने मुझे ता-हयात रोटी-कपड़ा देना कबूल किया। साल भर तो मैंने इसके साथ रो-धोकर काटा। पर अब रात-दिन का रोना नहीं सहा जाता। मुझे न पेट की रोटी मिलती है न तन का कपड़ा। बेकस बेवा हूँ। कचहरी-दरबार नहीं कर सकती। तुम्हारे सिवा और किसको अपना दुःख सुनाऊँ ? तुम लोग जो राह निकाल दो, उसी राह पर चलूँ। अगर मुझमें कोई ऐब देखो, तो मेरे मुँह पर थप्पड़ मारो। जुम्मन में बुराई देखो, तो उसे समझाओ, क्यों एक बेकस की आह लेता है ! मैं पंचों का हुक्म सिर-माथे पर चढ़ाऊँगी।'

रामधन मिश्र, जिनके कई असामियों को जुम्मन ने अपने गाँव में बसा लिया था, बोले— जुम्मन मियाँ, किसे पंच बदते हो ? अभी से इसका निपटारा कर लो। फिर जो कुछ पंच कहेंगे, वही मानना पड़ेगा।

जुम्मन को इस समय सदस्यों में विशेषकर वे ही लोग दीख पड़े, जिनसे किसी न किसी कारण उनका वैमनस्य था। जुम्मन बोले—पंचों का हुक्म अल्लाह का हुक्म है। खालाजान जिसे चाहें, उसे बदें। मुझे कोई उज्र नहीं।

खाला ने चिल्ला कर कहा—अरे अल्लाह के बन्दे ! पंचों का नाम क्यों नहीं बता देता ? कुछ मुझे भी तो मालूम हो।

जुम्मन ने क्रोध से कहा—अब इस वक्त मेरा मुँह न खुलवाओ। तुम्हारी बन पड़ी है, जिसे चाहो, पंच बदो।

खालाजान जुम्मन के आक्षेप को समझ गयीं, वह बोलीं—बेटा, खुदा से डरो, पंच न किसी के दोस्त होते हैं, न किसी के दुश्मन। कैसी बात कहते हो ! और तुम्हारा किसी पर विश्वास न हो, तो जाने दो; अलगू चौधरी को तो मानते हो ? लो, मैं उन्हीं को सरपंच बदती हूँ।

जुम्मन शेख आनंद से फूल उठे, परंतु भावों को छिपा कर बोले—अलगू ही सही, मेरे लिए जैसे रामधन वैसे अलगू।

अलगू इस झमेले में फँसना नहीं चाहते थे। वे कन्नी काटने लगे। बोले-खाला, तुम जानती हो कि मेरी जुम्मन से गाढ़ी दोस्ती है।

खाला ने गम्भीर स्वर में कहा—बेटा, दोस्ती के लिए कोई अपना ईमान नहीं बेचता। पंच के दिल में खुदा बसता है। पंचों के मुँह से जो बात निकलती है, वह खुदा की तरफ से निकलती है।

अलगू चौधरी सरपंच हुए। रामधन मिश्र और जुम्मन के दूसरे विरोधियों ने बुढ़िया को मन में बहुत कोसा।

अलगू चौधरी बोले—शेख जुम्मन ! हम और तुम पुराने दोस्त हैं ! जब काम पड़ा, तुमने हमारी मदद की है और हम भी जो कुछ बन पड़ा, तुम्हारी सेवा करते रहे हैं; मगर इस समय तुम और बूढ़ी खाला, दोनों हमारी निगाह में बराबर हो। तुमको पंचों से जो कुछ अर्ज करनी हो, करो।

जुम्मन को पूरा विश्वास था कि अब बाजी मेरी है। अलगू यह सब दिखावे की बातें कर रहा है। अतएव शांत-चित्त हो कर बोले—पंचो, तीन साल हुए खालाजान ने अपनी जायदाद मेरे नाम हिब्बा कर दी थी। मैंने उन्हें ता-हयात खाना-कपड़ा देना कबूल किया था। खुदा गवाह है, आज तक मैंने खालाजान को कोई तकलीफ नहीं दी। मैं उन्हें अपनी माँ के समान समझता हूँ। उनकी खिदमत करना मेरा फर्ज है; मगर औरतों में जरा अनबन रहती है, उसमें मेरा क्या बस है ? खालाजान मुझसे माहवार खर्च अलग माँगती हैं। जायदाद जितनी है, वह पंचों से छिपी नहीं। उससे इतना मुनाफा नहीं होता है कि माहवार खर्च दे सकूँ। इसके अलावा हिब्बानामे में माहवार खर्च का कोई जिक्र नहीं। नहीं तो मैं भूल कर भी इस झमेले में न पड़ता। बस, मुझे यही कहना है। आइंदा पंचों का अख्तियार है, जो फैसला चाहें, करें।

अलगू चौधरी को हमेशा कचहरी से काम पड़ता था। अतएव वह पूरा कानूनी आदमी था। उसने जुम्मन से जिरह शुरू की। एक-एक प्रश्न जुम्मन के हृदय पर हथौड़े की चोट की तरह पड़ता था। रामधन मिश्र इन प्रश्नों पर मुग्ध हुए जाते थे। जुम्मन चकित थे कि अलगू को क्या हो गया।

अभी यह अलगू मेरे साथ बैठा हुआ कैसी-कैसी बातें कर रहा था ! इतनी ही देर में ऐसी कायापलट हो गयी कि मेरी जड़ खोदने पर तुला हुआ है। न मालूम कब की कसर यह निकाल रहा है ? क्या इतने दिनों की दोस्ती कुछ भी काम न आवेगी ?

जुम्मन शेख तो इसी संकल्प-विकल्प में पड़े हुए थे कि इतने में अलगू ने फैसला सुनाया—

जुम्मन शेख ! पंचो ने इस मामले पर विचार किया। उन्हें यह नीति—संगत मालूम होता है कि खालाजान को माहवार खर्च दिया जाय। हमारा विचार है कि खाला की जायदाद से इतना मुनाफा अवश्य होता है कि माहवार खर्च दिया जा सके। बस, यही हमारा फैसला है, अगर जुम्मन को खर्च देना मंजूर न हो, तो हिब्बानामा रद्द समझा जाय।

यह फैसला सुनते ही जुम्मन सन्नाटे में आ गये। जो अपना मित्र हो, वह शत्रु का व्यवहार करे और गले पर छुरी फेरे, इसे समय के हेर-फेर के सिवा और क्या कहें ? जिस पर पूरा भरोसा था, उसने समय पड़ने पर धोखा दिया। ऐसे ही अवसरों पर झूठे-सच्चे मित्रों की परीक्षा की जाती है। यही कलियुग की दोस्ती है। अगर लोग ऐसे कपटी-धोखेबाज न होते, तो देश में आपत्तियों का प्रकोप क्यों होता ? यह हैजा-प्लेग आदि व्याधियाँ दुष्कर्मों के ही दंड हैं।

मगर रामधन मिश्र और अन्य पंच अलगू चौधरी की इस नीति-परायणता की प्रशंसा जी खोलकर कर रहे थे। वे कहते थे—इसका नाम पंचायत है ! दूध का दूध और पानी का पानी कर दिया। दोस्ती, दोस्ती की जगह है, किंतु धर्म का पालन करना मुख्य है। ऐसे ही सत्यवादियों के बल पर पृथ्वी ठहरी है, नहीं तो वह कब की रसातल को चली जाती ।

इस फैसले ने अलगू और जुम्मन की दोस्ती की जड़ हिला दी। अब वे साथ-साथ बातें करते नहीं दिखायी देते। इतना पुराना मित्रता-रूपी वृक्ष सत्य का एक झोंका भी न सह सका। सचमुच वह बालू की ही जमीन पर खड़ा था।

उनमें अब शिष्टाचार का अधिक व्यवहार होने लगा। एक-दूसरे की आवभगत ज्यादा करने लगा। वे मिलते-जुलते थे, मगर उसी तरह, जैसे तलवार से ढाल मिलती है।

जुम्मन के चित्त में मित्र की कुटिलता आठों पहर खटका करती थी। उसे हर घड़ी यही चिंता रहती थी कि किसी तरह बदला लेने का अवसर मिले।

अच्छे कामों की सिद्धि में बड़ी देर लगती है; पर बुरे कामों की सिद्धि में यह बात नहीं होती। जुम्मन को भी बदला लेने का अवसर जल्द ही मिल गया। पिछले साल अलगू चौधरी बटेसर से बैलों की एक बहुत अच्छी गोई मोल लाये थे। बैल पछाहीं जाति के सुंदर, बड़े-बड़े सींगोंवाले थे। महीनों तक आस-पास के गाँव के लोग दर्शन करते रहे। दैवयोग से जुम्मन की पंचायत के एक महीने के बाद इस जोड़ी का एक बैल मर गया। जुम्मन ने दोस्तों से कहा—यह दगाबाजी की सजा है। इन्सान सब्र भले ही कर जाय, पर खुदा नेक-बद सब देखता है। अलगू को संदेह हुआ कि जुम्मन ने बैल को विष दिला दिया है। चौधराइन ने भी जुम्मन पर ही इस दुर्घटना का दोषारोपण किया। उसने कहा—जुम्मन ने कुछ कर-करा दिया है। चौधराइन और करीमन में इस विषय पर एक दिन खूब ही वाद-विवाद हुआ। दोनों देवियों ने शब्द-बाहुल्य की नदी बहा दी। व्यंग्य, वक्रोक्ति,

अन्योक्ति और उपमा आदि अलंकारों में बातें हुईं। जुम्मन ने किसी तरह शांति स्थापित की। उन्होंने अपनी पत्नी को डाँट-डपट कर समझा दिया। वह उसे उस रणभूमि से हटा भी ले गये। उधर अलगू चौधरी ने समझाने-बुझाने का काम अपने तर्क-पूर्ण सोंटे से लिया।

अब अकेला बैल किस काम का ? उसका जोड़ बहुत ढूँढ़ा गया, पर न मिला। निदान यह सलाह ठहरी कि इसे बेच डालना चाहिए। गाँव में एक समझू साहु थे, वह इक्का-गाड़ी हाँकते थे। गाँव के गुड़-घी लाद कर मंडी ले जाते, मंडी से तेल, नमक भर लाते, और गाँव में बेचते। इस बैल पर उनका मन लहराया। उन्होंने सोचा, यह बैल हाथ लगे तो दिन-भर में बेखटके तीन खेप हों। आजकल तो एक ही खेप में लाले पड़े रहते हैं। बैल देखा, गाड़ी में दौड़ाया, बाल-भौंरी की पहचान करायी, मोल-तोल किया और उसे ला कर द्वार पर बाँध ही दिया। एक महीने में दाम चुकाने का वादा ठहरा। चौधरी को भी गरज थी ही, घाटे की परवा न की।

समझू साहु ने नया बैल पाया, तो लगे उसे रगेदने। वह दिन में तीन-तीन, चार-चार खेपें करने लगे। न चारे की फिक्र थी, न पानी की, बस खेपों से काम था। मंडी ले गये, वहाँ कुछ सूखा भूसा सामने डाल दिया। बेचारा जानवर अभी दम भी न लेने पाया था कि फिर जोत दिया। अलगू चौधरी के घर था तो चैन की बंशी बजती थी। बैलराम छठे-छमाहे कभी बहली में जोते जाते थे। खूब उछलते-कूदते और कोसों तक दौड़ते चले जाते थे। वहाँ बैलराम का रातिब था-साफ पानी, दली हुई अरहर की दाल और भूसे के साथ खली, और यही नहीं, कभी-कभी घी का स्वाद भी चखने को मिल जाता था। शाम-सबेरे एक आदमी खरहरे करता, पोंछता और सहलाता था। कहाँ वह सुख-चैन, कहाँ यह आठों पहर की खपत ! महीने भर ही में वह पिस-सा गया। इक्के का जुआ देखते ही उसका लहू सूख जाता था। एक-एक पग चलना दूभर था। हड्डियाँ निकल आयी थीं; पर था वह पानीदार, मार की बरदाश्त न थी।

एक दिन चौथी खेप में साहु जी ने दूना बोझ लादा। दिन-भर का थका जानवर, पैर न उठते थे। पर साहु जी कोड़े फटकारने लगे। बस, फिर क्या था, बैल कलेजा तोड़ कर चला। कुछ दूर दौड़ा और चाहा कि जरा दम ले लूँ; पर साहु जी को जल्द पहुँचने की फिक्र थी; अतएव उन्होंने कई कोड़े बड़ी निर्दयता से फटकारे। बैल ने एक बार फिर जोर लगाया; पर अबकी बार शक्ति ने जवाब दे दिया। वह धरती पर गिर पड़ा, और ऐसा गिरा कि फिर न उठा। साहु जी ने बहुत पीटा, टाँग पकड़ कर खींचा, नथनों में लकड़ी ठूँस दी; पर कहीं मृतक भी उठ सकता है ? तब साहु जी को कुछ शक हुआ। उन्होंने बैल को गौर से देखा, खोल कर अलग किया; और सोचने लगे कि गाड़ी कैसे घर पहुँचे। बहुत चीखे-चिल्लायें; पर देहात का रास्ता बच्चों की आँख की तरह साँझ होते ही बंद हो जाता है। कोई नजर न आया। आस-पास कोई गाँव भी न था। मारे क्रोध के उन्होंने मरे हुए बैल पर और दुर्रे लगाये और कोसने लगे-अभागे। तुझे मरना ही था, तो घर पहुँच कर मरता ! ससुरा बीच रास्ते ही में मर रहा ! अब गाड़ी कौन खींचे ? इस तरह साहु जी खूब जले-भुने। कई बोरे गुड़ और कई पीपे घी उन्होंने बेचे थे, दो-ढाई सौ रुपये कमर में बँधे थे। इसके सिवा गाड़ी पर कई बोरे नमक के थे; अतएव छोड़ कर जा भी न सकते थे। लाचार बेचारे गाड़ी पर ही लेट गये। वहीं रतजगा करने की ठान ली। चिलम पी, गाया। फिर हुक्का पिया। इस तरह साहु जी आधी रात

तक नींद को बहलाते रहे। अपनी जान में तो वह जागते ही रहे, पर पौ फटते ही जो नींद टूटी और कमर पर हाथ रखा, तो थैली गायब ! घबरा कर इधर-उधर देखा, तो कई कनस्तर तेल भी नदारत! अफसोस में बेचारे ने सिर पीट लिया और पछाड़ खाने लगा। प्रातःकाल रोते-बिलखते घर पहुँचे। सहुआइन ने जब यह बुरी सुनावनी सुनी, तब पहले तो रोयी, फिर अलगू चौधरी को गालियाँ देने लगी—निगोड़े ने ऐसा कुलच्छनी बैल दिया कि जन्म भर की कमाई लुट गयी।

इस घटना को हुए कई महीने बीत गये। अलगू जब अपने बैल के दाम माँगते तब साहु और सहुआइन, दोनों ही झल्लाये हुए कुत्ते की तरह चढ़ बैठते और अंड-बंड बकने लगते—वाह ! यहाँ तो सारे जन्म की कमाई लुट गयी, सत्यानाश हो गया, इन्हें दामों की पड़ी है। मुर्दा बैल दिया था, उस पर दाम माँगने चले हैं ! आँखों में धूल झोंक दी, सत्यानाशी बैल गले बाँध दिया, हमें निरा पोंगा ही समझ लिया है ! हम भी बनिये के बच्चे हैं, ऐसे बुद्धू कहीं और होंगे। पहले जा कर किसी गड़हे में मुँह धो आओ, तब दाम लेना। न जी मानता हो, तो हमारा बैल खोल ले जाओ। महीना भर के बदले दो महीना जोत लो। और क्या लोगे ?

चौधरी के अशुभचिंतकों की कमी न थी। ऐसे अवसरों पर वे भी एकत्र हो जाते और साहु जी के बर्राने की पुष्टि करते। परन्तु डेढ़ सौ रुपये से इस तरह हाथ धो लेना आसान न था। एक बार वह भी गरम पड़े । साहु जी बिगड़ कर लाठी ढूँढ़ने घर में चले गये। अब सहुआइन ने मैदान लिया। प्रश्नोत्तर होते-होते हाथापाई की नौबत आ पहुँची। सहुआइन ने घर में घुस कर किवाड़ बंद कर लिये। शोरगुल सुन कर गाँव के भलेमानस जमा हो गये। उन्होंने दोनों को समझाया। साहु जी को दिलासा दे कर घर से निकाला। वह परामर्श देने लगे कि इस तरह से काम न चलेगा। पंचायत कर लो। जो कुछ तय हो जाय, उसे स्वीकार कर लो। साहु जी राजी हो गये। अलगू ने भी हामी भर ली।

पंचायत की तैयारियाँ होने लगीं। दोनों पक्षों ने अपने-अपने दल बनाने शुरू किये। इसके बाद तीसरे दिन उसी वृक्ष के नीचे पंचायत बैठी। वही संध्या का समय था। खेतों में कौए पंचायत कर रहे थे। विवादग्रस्त विषय था यह कि मटर की फलियों पर उनका कोई स्वत्व है या नहीं; और जब तक यह प्रश्न हल न हो जाय, तब तक वे रखवाले की पुकार पर अपनी अप्रसन्नता प्रकट करना आवश्यक समझते थे। पेड़ की डालियों पर बैठी शुक-मंडली में यह प्रश्न छिड़ा हुआ था कि मनुष्यों को उन्हें बेमुरौवत कहने का क्या अधिकार है, जब उन्हें स्वयं अपने मित्रों से दगा करने में भी संकोच नहीं होता।

पंचायत बैठ गयी, तो रामधन मिश्र ने कहा—अब देरी क्या है ? पंचों का चुनाव हो जाना चाहिए। बोलो चौधरी; किस-किस को पंच बदते हो।

अलगू ने दीन भाव से कहा—समझू साहु ही चुन लें।

समझू खड़े हुए और कड़क कर बोले—मेरी ओर से जुम्मन शेख।

जुम्मन का नाम सुनते ही अलगू चौधरी का कलेजा धक्-धक् करने लगा, मानो किसी ने अचानक थप्पड़ मार दिया हो। रामधन अलगू के मित्र थे। वह बात को ताड़ गये। पूछा—क्यों चौधरी तुम्हें कोई उज्र तो नहीं।

चौधरी ने निराश हो कर कहा—नहीं, मुझे क्या उज्र होगा ?

अपने उत्तरदायित्व का ज्ञान बहुधा हमारे संकुचित व्यवहारों का सुधारक होता है। जब हम राह भूल कर भटकने लगते हैं तब यही ज्ञान हमारा विश्वसनीय पथ-प्रदर्शक बन जाता है।

पत्र-संपादक अपनी शांति कुटी में बैठा हुआ कितनी धृष्टता और स्वतंत्रता के साथ अपनी प्रबल लेखनी से मंत्रिमंडल पर आक्रमण करता है; परंतु ऐसे अवसर आते हैं, जब वह स्वयं मंत्रिमंडल में सम्मिलित होता है। मंडल के भवन में पग धरते ही उसकी लेखनी कितनी मर्मज्ञ, कितनी विचारशील, कितनी न्यायपरायण हो जाती है। इसका कारण उत्तरदायित्व का ज्ञान है। नवयुवक युवावस्था में कितना उद्दंड रहता है। माता-पिता उसकी ओर से कितने चिंतित रहते हैं ! वे उसे कुल-कलंक समझते हैं; परन्तु थोड़े ही समय में परिवार का बोझ सिर पर पड़ते ही वह अव्यवस्थित-चित्त उन्मत्त युवक कितना धैर्यशील, कैसा शांतचित्त हो जाता है, यह भी उत्तरदायित्व के ज्ञान का फल है।

जुम्मन शेख के मन में भी सरपंच का उच्च स्थान ग्रहण करते ही अपनी जिम्मेदारी का भाव पैदा हुआ । उसने सोचा, मैं इस वक्त न्याय और धर्म के सर्वोच्च आसन पर बैठा हूँ। मेरे मुँह से इस समय जो कुछ निकलेगा, वह देववाणी के सदृश है-और देववाणी में मेरे मनोविकारों का कदापि समावेश न होना चाहिए। मुझे सत्य से जौ भर भी टलना उचित नहीं !

पंचों ने दोनों पक्षों से सवाल-जवाब करने शुरू किये। बहुत देर तक दोनों दल अपने-अपने पक्ष का समर्थन करते रहे। इस विषय में तो सब सहमत थे कि समझू को बैल का मूल्य देना चाहिए। परंतु दो महाशय इस कारण रियायत करना चाहते थे कि बैल के मर जाने से समझू को हानि हुई। इसके प्रतिकूल दो सभ्य मूल के अतिरिक्त समझू को दंड भी देना चाहते थे, जिससे फिर किसी को पशुओं के साथ ऐसी निर्दयता करने का साहस न हो। अंत में जुम्मन ने फैसला सुनाया—

अलगू चौधरी और समझू साहु ! पंचों ने तुम्हारे मामले पर अच्छी तरह विचार किया। समझू को उचित है कि बैल का पूरा दाम दें। जिस वक्त उन्होंने बैल लिया, उसे कोई बीमारी न थी। अगर उसी समय दाम दे दिये जाते, तो आज समझू उसे फेर लेने का आग्रह न करते । बैल की मृत्यु केवल इस कारण हुई कि उससे बड़ा कठिन परिश्रम लिया गया और उसके दाने-चारे का कोई अच्छा प्रबंध न किया गया।

रामधन मिश्र बोले—समझू ने बैल को जान-बूझ कर मारा है, अतएव उससे दंड लेना चाहिए।

जुम्मन बोले—यह दूसरा सवाल है ! हमको इससे कोई मतलब नहीं !

झगड़ू साहु ने कहा—समझू के साथ कुछ रियायत होनी चाहिए।

जुम्मन बोले—यह अलगू चौधरी की इच्छा पर निर्भर है। यह रियायत करें, तो उनकी भलमनसी।

अलगू चौधरी फूले न समाये। उठ खड़े हुए और जोर से बोले—पंच-परमेश्वर की जय !

इसके साथ ही चारों ओर से प्रतिध्वनि हुई—पंच-परमेश्वर की जय !

प्रत्येक मनुष्य जुम्मन की नीति को सराहता था—इसे कहते हैं न्याय ! यह मनुष्य का काम नहीं, पंच में परमेश्वर वास करते हैं, यह उन्हीं की महिमा है। पंच के सामने खोटे को कौन खरा कह सकता है ?

थोड़ी देर बाद जुम्मन अलगू के पास आये और उनके गले लिपट कर बोले—भैया, जब से तुमने मेरी पंचायत की तब से मैं तुम्हारा प्राण-घातक शत्रु बन गया था; पर आज मुझे ज्ञात हुआ कि पंच के पद पर बैठ कर न कोई किसी का दोस्त होता है, न दुश्मन। न्याय के सिवा उसे और कुछ नहीं सूझता। आज मुझे विश्वास हो गया कि पंच की जबान से खुदा बोलता है। अलगू रोने लगे। इस पानी से दोनों के दिलों का मैल धुल गया। मित्रता की मुरझायी हुई लता फिर हरी हो गयी।

❑

5 बूढ़ी काकी

बुढ़ापा बहुधा बचपन का पुनरागमन हुआ करता है। बूढ़ी काकी की खाने की लालसा उपेक्षा के कारण अतृप्ति का भयंकर रूप धारण कर लेती है और वह मेहमानों की झूठी पत्तलें भी चाट जाती है। वृद्धों के प्रति अमानवीय व्यवहार की भावना का उद्घाटन बरबस पाठक को रूला देता है।

बुढ़ापा बहुधा बचपन का पुनरागमन हुआ करता है। बूढ़ी काकी में जिह्वा-स्वाद के सिवा और कोई चेष्टा शेष न थी और न अपने कष्टों की ओर आकर्षित करने का, रोने के अतिरिक्त कोई दूसरा सहारा ही। समस्त इन्द्रियाँ, नेत्र, हाथ और पैर जवाब दे चुके थे। पृथ्वी पर पड़ी रहतीं और घर वाले कोई बात उनकी इच्छा के प्रतिकूल करते, भोजन का समय टल जाता या उसका परिमाण पूर्ण न होता अथवा बाज़ार से कोई वस्तु आती और न मिलती तो ये रोने लगती थीं। उनका रोना-सिसकना साधारण रोना न था, वे गला फाड़-फाड़कर रोती थीं।

उनके पतिदेव को स्वर्ग सिधारे कालांतर हो चुका था। बेटे तरुण हो-होकर चल बसे थे। अब एक भतीजे के अलावा और कोई न था। उसी भतीजे के नाम उन्होंने अपनी सारी सम्पत्ति लिख दी। भतीजे ने सारी सम्पत्ति लिखाते समय ख़ूब लम्बे-चौड़े वादे किए, किन्तु वे सब वादे केवल कुली-डिपो के दलालों के दिखाए हुए सब्ज़बाग थे। यद्यपि उस सम्पत्ति की वार्षिक आय डेढ़-दो सौ रुपए से कम न थी तथापि बूढ़ी काकी को पेट भर भोजन भी कठिनाई से मिलता था। इसमें उनके भतीजे पंडित बुद्धिराम का अपराध था अथवा उनकी अर्धांगिनी श्रीमती रूपा का, इसका निर्णय करना सहज नहीं। बुद्धिराम स्वभाव के सज्जन थे, किंतु उसी समय तक जब कि उनके कोष पर आँच न आए। रूपा स्वभाव से तीव्र थी सही, पर ईश्वर से डरती थी। अतएव बूढ़ी काकी को उसकी तीव्रता उतनी न खलती थी जितनी बुद्धिराम की भलमनसाहत।

बुद्धिराम को कभी-कभी अपने अत्याचार का खेद होता था। विचारते कि इसी सम्पत्ति के कारण मैं इस समय भलामानुष बना बैठा हूँ। यदि भौतिक आश्वासन और सूखी सहानुभूति से स्थिति में सुधार हो सकता हो, उन्हें कदाचित् कोई आपत्ति न होती, परन्तु विशेष व्यय का भय उनकी सुचेष्टा को दबाए रखता था। यहाँ तक कि यदि द्वार पर कोई भला आदमी बैठा होता और बूढ़ी काकी उस समय अपना राग अलापने लगतीं तो वह आग हो जाते और घर में आकर उन्हें जोर से डाँटते। लड़कों को बुड्ढों से स्वाभाविक विद्वेष होता ही है और फिर जब माता-पिता का यह रंग देखते तो वे बूढ़ी काकी को और सताया करते। कोई चुटकी काटकर भागता, कोई इन पर पानी की कुल्ली कर देता। काकी चीख़ मारकर रोतीं परन्तु यह बात प्रसिद्ध थी कि वह केवल खाने के लिए रोती हैं, अतएव उनके संताप और आर्तनाद पर कोई ध्यान नहीं देता था। हाँ, काकी क्रोधातुर होकर बच्चों को गालियाँ देने लगतीं तो रूपा घटनास्थल पर आ पहुँचती। इस भय से

काकी अपनी जिह्वा कृपाण का कदाचित् ही प्रयोग करती थीं, यद्यपि उपद्रव-शान्ति का यह उपाय रोने से कहीं अधिक उपयुक्त था।

सम्पूर्ण परिवार में यदि काकी से किसी को अनुराग था, तो वह बुद्धिराम की छोटी लड़की लाडली थी। लाडली अपने दोनों भाइयों के भय से अपने हिस्से की मिठाई-चबैना बूढ़ी काकी के पास बैठकर खाया करती थी। यही उसका रक्षागार था और यद्यपि काकी की शरण उनकी लोलुपता के कारण बहुत मंहगी पड़ती थी, तथापि भाइयों के अन्याय से सुरक्षा कहीं सुलभ थी तो बस यहीं। इसी स्वार्थानुकूलता ने उन दोनों में सहानुभूति का आरोपण कर दिया था।

रात का समय था। बुद्धिराम के द्वार पर शहनाई बज रही थी और गाँव के बच्चों का झुंड विस्मयपूर्ण नेत्रों से गाने का रसास्वादन कर रहा था। चारपाइयों पर मेहमान विश्राम करते हुए नाइयों से मुक्कयाँ लगवा रहे थे। समीप खड़ा भाट विरुदावली सुना रहा था और कुछ भावज्ञ मेहमानों की 'वाह, वाह' पर ऐसा ख़ुश हो रहा था मानो इस 'वाह-वाह' का यथार्थ में वही अधिकारी है। दो-एक अंग्रेज़ी पढ़े हुए नवयुवक इन व्यवहारों से उदासीन थे। वे इस गँवार मंडली में बोलना अथवा सम्मिलित होना अपनी प्रतिष्ठा के प्रतिकूल समझते थे।

आज बुद्धिराम के बड़े लड़के मुखराम का तिलक आया है। यह उसी का उत्सव है। घर के भीतर स्त्रियाँ गा रही थीं और रूपा मेहमानों के लिए भोजन में व्यस्त थी। भट्टियों पर कड़ाह चढ़ रहे थे। एक में पूड़ियाँ-कचौड़ियाँ निकल रही थीं, दूसरे में अन्य पकवान बनते थे। एक बड़े हंडे में मसालेदार तरकारी पक रही थी। घी और मसाले की क्षुधावर्धक सुगंधि चारों ओर फैली हुई थी।

बूढ़ी काकी अपनी कोठरी में शोकमय विचार की भाँति बैठी हुई थीं। यह स्वाद मिश्रित सुगंधि उन्हें बेचैन कर रही थी। वे मन-ही-मन विचार कर रही थीं, संभवतः मुझे पूड़ियाँ न मिलेंगीं। इतनी देर हो गई, कोई भोजन लेकर नहीं आया। मालूम होता है सब लोग भोजन कर चुके हैं। मेरे लिए कुछ न बचा। यह सोचकर उन्हें रोना आया, परन्तु अपशकुन के भय से वह रो न सकीं।

'आहा... कैसी सुगंधि है? अब मुझे कौन पूछता है। जब रोटियों के ही लाले पड़े हैं तब ऐसे भाग्य कहाँ कि भरपेट पूड़ियाँ मिलें?' यह विचार कर उन्हें रोना आया, कलेजे में हूक-सी उठने लगी। परंतु रूपा के भय से उन्होंने फिर मौन धारण कर लिया।

बूढ़ी काकी देर तक इन्ही दुखदायक विचारों में डूबी रहीं। घी और मसालों की सुगंधि रह-रहकर मन को आपे से बाहर किए देती थी। मुँह में पानी भर-भर आता था। पूड़ियों का स्वाद स्मरण करके हृदय में गुदगुदी होने लगती थी। किसे पुकारूँ, आज लाडली बेटी भी नहीं आई। दोनों छोकरे सदा दिक दिया करते हैं। आज उनका भी कहीं पता नहीं। कुछ मालूम तो होता कि क्या बन रहा है।

बूढ़ी काकी की कल्पना में पूड़ियों की तस्वीर नाचने लगी। ख़ूब लाल-लाल, फूली-फूली, नरम-नरम होंगी। रूपा ने भली-भाँति भोजन किया होगा। कचौड़ियों में अजवाइन और इलायची की महक आ रही होगी। एक पूड़ी मिलती तो जरा हाथ में लेकर देखती। क्यों न चल कर कड़ाह के सामने ही बैठूँ। पूड़ियाँ छन-छनकर तैयार होंगी। कड़ाह से गरम-गरम निकालकर थाल में रखी

जाती होंगी। फूल हम घर में भी सूँघ सकते हैं, परन्तु वाटिका में कुछ और बात होती है। इस प्रकार निर्णय करके बूढ़ी काकी उकड़ूँ बैठकर हाथों के बल सरकती हुई बड़ी कठिनाई से चौखट से उतरीं और धीरे-धीरे रेंगती हुई कड़ाह के पास जा बैठीं। यहाँ आने पर उन्हें उतना ही धैर्य हुआ जितना भूखे कुत्ते को खाने वाले के सम्मुख बैठने में होता है।

रूपा उस समय कार्यभार से उद्विग्न हो रही थी। कभी इस कोठे में जाती, कभी उस कोठे में, कभी कड़ाह के पास जाती, कभी भंडार में जाती। किसी ने बाहर से आकर कहा--'महाराज ठंडई मांग रहे हैं।' ठंडई देने लगी। इतने में फिर किसी ने आकर कहा--'भाट आया है, उसे कुछ दे दो।' भाट के लिए सीधा निकाल रही थी कि एक तीसरे आदमी ने आकर पूछा--'अभी भोजन तैयार होने में कितना विलम्ब है? जरा ढोल, मजीरा उतार दो।' बेचारी अकेली स्त्री दौड़ते-दौड़ते व्याकुल हो रही थी, झुंझलाती थी, कुढ़ती थी, परन्तु क्रोध प्रकट करने का अवसर न पाती थी। भय होता, कहीं पड़ोसिनें यह न कहने लगें कि इतने में उबल पड़ीं। प्यास से स्वयं कंठ सूख रहा था। गर्मी के मारे फुँकी जाती थी, परन्तु इतना अवकाश न था कि जरा पानी पी ले अथवा पंखा लेकर झले। यह भी खटका था कि जरा आँख हटी और चीज़ों की लूट मची। इस अवस्था में उसने बूढ़ी काकी को कड़ाह के पास बैठी देखा तो जल गई। क्रोध न रुक सका। इसका भी ध्यान न रहा कि पड़ोसिनें बैठी हुई हैं, मन में क्या कहेंगीं। पुरुषों में लोग सुनेंगे तो क्या कहेंगे। जिस प्रकार मेंढक केंचुए पर झपटता है, उसी प्रकार वह बूढ़ी काकी पर झपटी और उन्हें दोनों हाथों से झटक कर बोली-—ऐसे पेट में आग लगे, पेट है या भाड़? कोठरी में बैठते हुए क्या दम घुटता था? अभी मेहमानों ने नहीं खाया, भगवान को भोग नहीं लगा, तब तक धैर्य न हो सका? आकर छाती पर सवार हो गई। जल जाए ऐसी जीभ। दिन भर खाती न होती तो जाने किसकी हांडी में मुँह डालती? गाँव देखेगा तो कहेगा कि बुढ़िया भरपेट खाने को नहीं पाती तभी तो इस तरह मुँह बाए फिरती है। डायन न मरे न मांचा छोड़े। नाम बेचने पर लगी है। नाक कटवा कर दम लेगी। इतनी ठूँसती है न जाने कहां भस्म हो जाता है। भला चाहती हो तो जाकर कोठरी में बैठो, जब घर के लोग खाने लगेंगे, तब तुम्हे भी मिलेगा। तुम कोई देवी नहीं हो कि चाहे किसी के मुँह में पानी न जाए, परन्तु तुम्हारी पूजा पहले ही हो जाए।

बूढ़ी काकी ने सिर उठाया, न रोईं न बोलीं। चुपचाप रेंगती हुई अपनी कोठरी में चली गईं। आवाज़ ऐसी कठोर थी कि हृदय और मष्तिष्क की सम्पूर्ण शक्तियाँ, सम्पूर्ण विचार और सम्पूर्ण भार उसी ओर आकर्षित हो गए थे। नदी में जब कगार का कोई वृहद खंड कटकर गिरता है तो आस-पास का जल समूह चारों ओर से उसी स्थान को पूरा करने के लिए दौड़ता है।

भोजन तैयार हो गया है। आंगन में पत्तलें पड़ गईं, मेहमान खाने लगे। स्त्रियों ने जेवनार-गीत गाना आरम्भ कर दिया। मेहमानों के नाई और सेवकगण भी उसी मंडली के साथ, किंतु कुछ हटकर भोजन करने बैठे थे, परन्तु सभ्यतानुसार जब तक सब-के-सब खा न चुकें कोई उठ नहीं सकता था। दो-एक मेहमान जो कुछ पढ़े-लिखे थे, सेवकों के दीर्घाहार पर झुंझला रहे थे। वे इस बंधन को व्यर्थ और बेकार की बात समझते थे।

बूढ़ी काकी अपनी कोठरी में जाकर पश्चाताप कर रही थी कि मैं कहाँ-से-कहाँ आ गई। उन्हें रूपा पर क्रोध नहीं था। अपनी जल्दबाज़ी पर दुख था। सच ही तो है जब तक मेहमान लोग भोजन न कर चुकेंगे, घर वाले कैसे खाएंगे। मुझ से इतनी देर भी न रहा गया। सबके सामने पानी उतर गया। अब जब तक कोई बुलाने नहीं आएगा, न जाऊंगी।

मन-ही-मन इस प्रकार का विचार कर वह बुलाने की प्रतीक्षा करने लगीं। परन्तु घी की रुचिकर सुवास बड़ी धैर्य्र-परीक्षक प्रतीत हो रही थी। उन्हें एक-एक पल एक-एक युग के समान मालूम होता था। अब पत्तल बिछ गई होगी। अब मेहमान आ गए होंगे। लोग हाथ पैर धो रहे हैं, नाई पानी दे रहा है। मालूम होता है लोग खाने बैठ गए। जेवनार गाया जा रहा है, यह विचार कर वह मन को बहलाने के लिए लेट गईं। धीरे-धीरे एक गीत गुनगुनाने लगीं। उन्हें मालूम हुआ कि मुझे गाते देर हो गई। क्या इतनी देर तक लोग भोजन कर ही रहे होंगे। किसी की आवाज़ सुनाई नहीं देती। अवश्य ही लोग खा-पीकर चले गए। मुझे कोई बुलाने नहीं आया है। रूपा चिढ़ गई है, क्या जाने न बुलाए। सोचती हो कि आप ही आवेंगीं, वह कोई मेहमान तो नहीं जो उन्हें बुलाऊँ। बूढ़ी काकी चलने को तैयार हुईं। यह विश्वास कि एक मिनट में पूड़ियाँ और मसालेदार तरकारियां सामने आएंगीं, उनकी स्वादेन्द्रियों को गुदगुदाने लगा। उन्होंने मन में तरह-तरह के मंसूबे बांधे-— पहले तरकारी से पूड़ियाँ खाऊंगी, फिर दही और शक्कर से, कचौरियाँ रायते के साथ मज़ेदार मालूम होंगी। चाहे कोई बुरा माने चाहे भला, मैं तो मांग-मांगकर खाऊंगी। यही न लोग कहेंगे कि इन्हें विचार नहीं? कहा करें, इतने दिन के बाद पूड़ियाँ मिल रही हैं तो मुँह जूठा करके थोड़े ही उठ जाऊंगी ।

वह उकड़ूँ बैठकर सरकते हुए आंगन में आईं। परन्तु हाय दुर्भाग्य! अभिलाषा ने अपने पुराने स्वभाव के अनुसार समय की मिथ्या कल्पना की थी। मेहमान-मंडली अभी बैठी हुई थी। कोई खाकर उंगलियाँ चाटता था, कोई तिरछे नेत्रों से देखता था कि और लोग अभी खा रहे हैं या नहीं। कोई इस चिंता में था कि पत्तल पर पूड़ियाँ छूटी जाती हैं किसी तरह इन्हें भीतर रख लेता। कोई दही खाकर चटकारता था, परन्तु दूसरा दोना मांगते संकोच करता था कि इतने में बूढ़ी काकी रेंगती हुई उनके बीच में आ पहुँची। कई आदमी चौंककर उठ खड़े हुए। पुकारने लगे-—अरे, यह बुढ़िया कौन है? यहाँ कहाँ से आ गई? देखो, किसी को छू न दे।

पंडित बुद्धिराम काकी को देखते ही क्रोध से तिलमिला गए। पूड़ियों का थाल लिए खड़े थे। थाल को ज़मीन पर पटक दिया और जिस प्रकार निर्दयी महाजन अपने किसी बेइमान और भगोड़े कर्ज़दार को देखते ही उसका टेंटुआ पकड़ लेता है उसी तरह लपक कर उन्होंने काकी के दोनों हाथ पकड़े और घसीटते हुए लाकर उन्हें अंधेरी कोठरी में धम से पटक दिया। आशारूपी वाटिका लू के एक झोंके में विनष्ट हो गई।

मेहमानों ने भोजन किया। घरवालों ने भोजन किया। बाजे वाले, धोबी, चमार भी भोजन कर चुके, परन्तु बूढ़ी काकी को किसी ने न पूछा। बुद्धिराम और रूपा दोनों ही बूढ़ी काकी को उनकी निर्लज्जता के लिए दंड देने क निश्चय कर चुके थे। उनके बुढ़ापे पर, दीनता पर, हत्ज्ञान पर किसी को करुणा न आई थी। अकेली लाडली उनके लिए कुढ़ रही थी।

लाडली को काकी से अत्यंत प्रेम था। बेचारी भोली लड़की थी। बाल-विनोद और चंचलता की उसमें गंध तक न थी। दोनों बार जब उसके माता-पिता ने काकी को निर्दयता से घसीटा तो लाडली का हृदय ऐंठकर रह गया। वह झुंझला रही थी कि हम लोग काकी को क्यों बहुत-सी पूड़ियाँ नहीं देते। क्या मेहमान सब-की-सब खा जाएंगे? और यदि काकी ने मेहमानों से पहले खा लिया तो क्या बिगड़ जाएगा? वह काकी के पास जाकर उन्हें धैर्य देना चाहती थी, परन्तु माता के भय से न जाती थी। उसने अपने हिस्से की पूड़ियाँ बिल्कुल न खाईं थीं। अपनी गुड़िया की पिटारी में बन्द कर रखी थी। उन पूड़ियों को काकी के पास ले जाना चाहती थी। उसका हृदय अधीर हो रहा था। बूढ़ी काकी मेरी बात सुनते ही उठ बैठेंगीं, पूड़ियाँ देखकर कैसी प्रसन्न होंगीं! मुझे खूब प्यार करेंगीं।

रात को ग्यारह बज गए थे। रूपा आंगन में पड़ी सो रही थी। लाडली की आँखों में नींद न आती थी। काकी को पूड़ियाँ खिलाने की खुशी उसे सोने न देती थी। उसने गुड़ियों की पिटारी सामने रखी थी। जब विश्वास हो गया कि अम्मा सो रही हैं, तो वह चुपके से उठी और विचारने लगी, कैसे चलूँ। चारों ओर अंधेरा था। केवल चूल्हों में आग चमक रही थी और चूल्हों के पास एक कुत्ता लेटा हुआ था। लाडली की दृष्टि सामने वाले नीम पर गई। उसे मालूम हुआ कि उस पर हनुमान जी बैठे हुए हैं। उनकी पूँछ, उनकी गदा, वह स्पष्ट दिखलाई दे रही है। मारे भय के उसने आँखें बंद कर लीं। इतने में कुत्ता उठ बैठा, लाडली को ढाढ़स हुआ। कई सोए हुए मनुष्यों के बदले एक भागता हुआ कुत्ता उसके लिए अधिक धैर्य का कारण हुआ। उसने पिटारी उठाई और बूढ़ी काकी की कोठरी की ओर चली।

बूढ़ी काकी को केवल इतना स्मरण था कि किसी ने मेरे हाथ पकड़कर घसीटे, फिर ऐसा मालूम हुआ कि जैसे कोई पहाड़ पर उड़ाए लिए जाता है। उनके पैर बार-बार पत्थरों से टकराए तब किसी ने उन्हें पहाड़ पर से पटका, वे मूर्छित हो गईं।

जब वे सचेत हुईं तो किसी की ज़रा भी आहट न मिलती थी। समझी कि सब लोग खा-पीकर सो गए और उनके साथ मेरी तकदीर भी सो गई। रात कैसे कटेगी? राम! क्या खाऊँ? पेट में अग्नि धधक रही है। हा! किसी ने मेरी सुधि न ली। क्या मेरा पेट काटने से धन जुड़ जाएगा? इन लोगों को इतनी भी दया नहीं आती कि न जाने बुढ़िया कब मर जाए? उसका जी क्यों दुखावें? मैं पेट की रोटियाँ ही खाती हूँ कि और कुछ? इस पर यह हाल। मैं अंधी, अपाहिज ठहरी, न कुछ सुनूँ, न बूझूँ। यदि आंगन में चली गई तो क्या बुद्धिराम से इतना कहते न बनता था कि काकी अभी लोग खाना खा रहे हैं फिर आना। मुझे घसीटा, पटका। उन्हीं पूड़ियों के लिए रूपा ने सबके सामने गालियाँ दीं। उन्हीं पूड़ियों के लिए इतनी दुर्गति करने पर भी उनका पत्थर का कलेजा न पसीजा। सबको खिलाया, मेरी बात तक न पूछी। जब तब ही न दीं, तब अब क्या देंगे? यह विचार कर काकी निराशामय संतोष के साथ लेट गई। ग्लानि से गला भर-भर आता था, परन्तु मेहमानों के भय से रोती न थीं। सहसा कानों में आवाज़ आई-—'काकी उठो, मैं पूड़ियां लाई हूँ।' काकी ने लाड़ली की बोली पहचानी। चटपट उठ बैठीं। दोनों हाथों से लाडली को टटोला और उसे गोद में बिठा लिया। लाडली ने पूड़ियाँ निकालकर दीं।

काकी ने पूछा-—क्या तुम्हारी अम्मा ने दी है?

लाडली ने कहा-—नहीं, यह मेरे हिस्से की हैं।

काकी पूड़ियों पर टूट पडीं। पाँच मिनट में पिटारी खाली हो गई। लाडली ने पूछा-—काकी पेट भर गया।

जैसे थोड़ी-सी वर्षा ठंडक के स्थान पर और भी गर्मी पैदा कर देती है उस भाँति इन थोड़ी पूड़ियों ने काकी की क्षुधा और इच्छा को और उत्तेजित कर दिया था। बोलीं-—नहीं बेटी, जाकर अम्मा से और मांग लाओ।

लाड़ली ने कहा-—अम्मा सोती हैं, जगाऊंगी तो मारेंगीं।

काकी ने पिटारी को फिर टटोला। उसमें कुछ खुर्चन गिरी थी। बार-बार होंठ चाटती थीं, चटखारे भरती थीं।

हृदय मसोस रहा था कि और पूड़ियाँ कैसे पाऊँ। संतोष-सेतु जब टूट जाता है तब इच्छा का बहाव अपरिमित हो जाता है। मतवालों को मद का स्मरण करना उन्हें मदांध बनाता है। काकी का अधीर मन इच्छाओं के प्रबल प्रवाह में बह गया। उचित और अनुचित का विचार जाता रहा। वे कुछ देर तक उस इच्छा को रोकती रहीं। सहसा लाडली से बोलीं-—मेरा हाथ पकड़कर वहाँ ले चलो, जहाँ मेहमानों ने बैठकर भोजन किया है।

लाडली उनका अभिप्राय समझ न सकी। उसने काकी का हाथ पकड़ा और ले जाकर जूठे पत्तलों के पास बिठा दिया। दीन, क्षुधातुर, हत् ज्ञान बुढ़िया पत्तलों से पूड़ियों के टुकड़े चुन-चुनकर भक्षण करने लगी। ओह... दही कितना स्वादिष्ट था, कचौड़ियाँ कितनी सलोनी, ख़स्ता, कितने सुकोमल। काकी बुद्धिहीन होते हुए भी इतना जानती थीं कि मैं वह काम कर रही हूं, जो मुझे कदापि न करना चाहिए। मैं दूसरों की जूठी पत्तल चाट रही हूँ। परन्तु बुढ़ापा तृष्णा रोग का अंतिम समय है, जब सम्पूर्ण इच्छाएँ एक ही केन्द्र पर आ लगती हैं। बूढ़ी काकी में यह केन्द्र उनकी स्वादेन्द्रिय थी।

ठीक उसी समय रूपा की आँख खुली। उसे मालूम हुआ कि लाडली मेरे पास नहीं है। वह चौंकी, चारपाई के इधर-उधर ताकने लगी कि कहीं नीचे तो नहीं गिर पड़ी। उसे वहाँ न पाकर वह उठी तो क्या देखती है कि लाडली जूठे पत्तलों के पास चुपचाप खड़ी है और बूढ़ी काकी पत्तलों पर से पूड़ियों के टुकड़े उठा-उठाकर खा रही है। रूपा का हृदय सन्न हो गया। किसी गाय की गरदन पर छुरी चलते देखकर जो अवस्था उसकी होती, वही उस समय हुई। एक ब्राह्मणी दूसरों की जूठी पत्तल टटोले, इससे अधिक शोकमय दृश्य असंभव था। पूड़ियों के कुछ ग्रासों के लिए उसकी चचेरी सास ऐसा निष्कृष्ट कर्म कर रही है। यह वह दृश्य था जिसे देखकर देखने वालों के हृदय काँप उठते हैं। ऐसा प्रतीत होता मानो ज़मीन रुक गई, आसमान चक्कर खा रहा है। संसार पर कोई आपत्ति आने वाली है। रूपा को क्रोध न आया। शोक के सम्मुख क्रोध कहाँ? करुणा और भय से उसकी आँखें भर आईं। इस अधर्म का भागी कौन है? उसने सच्चे हृदय से गगन मंडल की ओर

हाथ उठाकर कहा-—परमात्मा, मेरे बच्चों पर दया करो। इस अधर्म का दंड मुझे मत दो, नहीं तो मेरा सत्यानाश हो जाएगा।

रूपा को अपनी स्वार्थपरता और अन्याय इस प्रकार प्रत्यक्ष रूप में कभी न दिख पड़े थे। वह सोचने लगी-—हाय! कितनी निर्दय हूँ। जिसकी सम्पति से मुझे दो सौ रुपया आय हो रही है, उसकी यह दुर्गति। और मेरे कारण। हे दयामय भगवान! मुझसे बड़ी भारी चूक हुई है, मुझे क्षमा करो। आज मेरे बेटे का तिलक था। सैकड़ों मनुष्यों ने भोजन पाया। मैं उनके इशारों की दासी बनी रही। अपने नाम के लिए सैकड़ों रुपए व्यय कर दिए, परन्तु जिसकी बदौलत हज़ारों रुपए खाए, उसे इस उत्सव में भी भरपेट भोजन न दे सकी। केवल इसी कारण तो, वह वृद्धा असहाय है।

रूपा ने दिया जलाया, अपने भंडार का द्वार खोला और एक थाली में सम्पूर्ण सामग्रियां सजाकर बूढ़ी काकी की ओर चली।

आधी रात जा चुकी थी, आकाश पर तारों के थाल सजे हुए थे और उन पर बैठे हुए देवगण स्वर्गीय पदार्थ सजा रहे थे, परन्तु उसमें किसी को वह परमानंद प्राप्त न हो सकता था, जो बूढ़ी काकी को अपने सम्मुख थाल देखकर प्राप्त हुआ। रूपा ने कंठारुद्ध स्वर में कहा---काकी उठो, भोजन कर लो। मुझसे आज बड़ी भूल हुई, उसका बुरा न मानना। परमात्मा से प्रार्थना कर दो कि वह मेरा अपराध क्षमा कर दें।

भोले-भोले बच्चों की भाँति, जो मिठाइयाँ पाकर मार और तिरस्कार सब भूल जाता है, बूढ़ी काकी वैसे ही सब भुलाकर बैठी हुई खाना खा रही थी। उनके एक-एक रोंए से सच्ची सदिच्छाएँ निकल रही थीं और रूपा बैठी स्वर्गीय दृश्य का आनन्द लेने में निमग्न थी।

❑

6 प्रतिशोध

> अत्याचार की अतिशयता प्रतिशोध को जन्म देती है। कभी-कभार भ्रामक स्थितियों के कारण भी हम अन्याय एवं अत्याचार में प्रवृत्त होते हैं परन्तु वास्तविकता का भान होते ही प्रायश्चित भी करते हैं। यही मानवीय व्यवहार की जटिलता भी है और श्रेष्ठता भी।

माया अपने तिमंजिले मकान की छत पर खड़ी सड़क की ओर उद्विग्न और अधीर आंखों से ताक रही थी और सोच रही थी, वह अब तक आये क्यों नहीं? कहां देर लगायी? इसी गाड़ी से आने को लिखा था। गाड़ी तो आ गयी होगी, स्टेशन से मुसाफिर चले आ रहे हैं। इस वक्त तो कोई दूसरी गाड़ी नहीं आती। शायद असबाब वगैरह रखने में देर हुई, यार-दोस्त स्टेशन पर बधाई देने के लिए पहुँच गये हों, उनसे फुर्सत मिलेगी, तब घर की सुध आयेगी! उनकी जगह मैं होती तो सीधे घर आती। दोस्तों से कह देती , जनाब, इस वक्त मुझे माफ़ कीजिए, फिर मिलिएगा। मगर दोस्तों में तो उनकी जान बसती है!

तिलोत्तमा—मेरे लिए अच्छी गुड़ियां लाते होंगे।

माया ने कुछ जवाब न दिया। इन्तजार अब गुस्से में बदलता जाता था। वह सोच रही थी, जिस तरह मुझे हजरत परेशान कर रहे हैं, उसी तरह मैं भी उनको परेशान करूँगी। घण्टे-भर तक बोलूंगी ही नहीं। आकर स्टेशन पर बैठे हुए हैं? जलाने में उन्हें मजा आता है । यह उनकी पुरानी आदत है। दिल को क्या करूँ। नहीं, जी तो यही चाहता है कि जैसे वह मुझसे बेरुखी दिखलाते हैं, उसी तरह मैं भी उनकी बात न पूछूँ।

यकायक एक नौकर ने ऊपर आकर कहा—बहू जी, लाहौर से यह तार आया है।

माया अन्दर-ही-अन्दर जल उठी। उसे ऐसा मालूम हुआ कि जैसे बड़े जोर की हरारत हो गयी हो। बरबस खयाल आया—सिवाय इसके और क्या लिखा होगा कि इस गाड़ी से न आ सकूंगा। तार दे देना कौन मुश्किल है। मैं भी क्यों न तार दे दूं कि मै एक महीने के लिए मैके जा रही हूँ। नौकर से कहा—तार ले जाकर कमरे में मेज पर रख दो। मगर फिर कुछ सोचकर उसने लिफाफा ले लिया और खोला ही था कि कागज़ हाथ से छूटकर गिर पड़ा। लिखा था—मिस्टर व्यास को आज दस बजे रात किसी बदमाश ने कत्ल कर दिया।

कई महीने बीत गये। मगर खूनी का अब तक पता नहीं चला। खुफिया पुलिस के अनुभवी लोग उसका सुराग लगाने की फिक्र में परेशान हैं। खूनी को गिरफ्तार करा देनेवाले को बीस हजार रुपये इनाम दिये जाने का एलान कर दिया गया है। मगर कोई नतीजा नहीं ।

जिस होटल में मिस्टर व्यास ठहरे थे, उसी में एक महीने से माया ठहरी हुई है। उस कमरे से उसे प्यार-सा हो गया है। उसकी सूरत इतनी बदल गयी है कि अब उसे पहचानना मुश्किल है। मगर उसके चेहरे पर बेकसी या दर्द का पीलापन नहीं क्रोध की गर्मी दिखाई पड़ती है। उसकी

नशीली आँखों में अब खून की प्यास है और प्रतिशोध की लपट। उसके शरीर का एक-एक कण प्रतिशोध की आग से जला जा रहा है। अब यही उसके जीवन का ध्येय, यही उसकी सबसे बड़ी अभिलाषा है। उसके प्रेम की सारी निधि अब यही प्रतिशोध का आवेग है। जिस पापी ने उसके जीवन का सर्वनाश कर दिया उसे अपने सामने तड़पते देखकर ही उसकी आंखें ठण्डी होंगी। खुफ़िया पुलिस भय और लोभ, जाँच और पड़ताल से काम ले रही है, मगर माया ने अपने लक्ष्य पर पहुँचने के लिए एक दूसरा ही रास्ता अपनाया है। मिस्टर व्यास को प्रेत-विद्या से लगाव था। उनकी संगति में माया ने कुछ आरम्भिक अभ्यास किया था। उस वक्त उसके लिए यह एक मनोरंजन था। मगर अब यही उसके जीवन का सम्बल था। वह रोजाना तिलोत्तमा पर अमल करती और रोज-ब-रोज अभ्यास बढ़ाती जाती थी। वह उस दिन का इन्तजार कर रही थी जब अपने पति की आत्मा को बुलाकर उससे खूनी का सुराग लगा सकेगी। वह बड़ी लगन से, बड़ी एकाग्रचित्तता से अपने काम में व्यस्त थी। रात के दस बज गये थे। माया ने कमरे को अंधेरा कर दिया था और तिलोत्तमा पर अभ्यास कर रही थी। यकायक उसे ऐसा मालूम हुआ कि कमरे में कोई दिव्य व्यक्तित्व आया। बुझते हुए दीपक की अंतिम झलक की तरह एक रोशनी नज़र आयी।

माया ने पूछा—आप कौन हैं?

तिलोत्तमा ने हंसकर कहा—तुम मुझे नहीं पहचानती? मैं ही तुम्हारा मनमोहन हूँ जो दुनिया में मिस्टर व्यास के नाम से मशहूर था।

'आप खूब आये। मैं आपसे खूनी का नाम पूछना चाहती हूँ।'

'उसका नाम है, ईश्वरदास।'

'कहां रहता है?'

'शाहजहाँपुर।'

माया ने मुहल्ले का नाम, मकान का नम्बर, सूरत-शक्ल, सब कुछ विस्तार के साथ पूछा और कागज पर नोट कर लिया। तिलोत्तमा जरा देर में उठ बैठी। जब कमरे में फिर रोशनी हुई तो माया का मुरझाया हुआ चेहरा विजय की प्रसन्नता से चमक रहा था। उसके शरीर में एक नया जोश लहरें मार रहा था कि जैसे प्यास से मरते हुए मुसाफिर को पानी मिल गया हो।

उसी रात को माया ने लाहौर से शाहजहांपुर आने का इरादा किया।

रात का वक्त। पंजाब मेल बड़ी तेजी से अंधेरे को चीरती हुई चली जा रही थी। माया एक सेकेण्ड क्लास के कमरे में बैठी सोच रही थी कि शाहजहॉपुर में कहां ठहरेगी, कैसे ईश्वरदास का मकान तलाश करेगी और कैसे उससे खून का बदला लेगी। उसके बगल में तिलोत्तमा बेखबर सो रही थीं सामने ऊपर के बर्थ पर एक आदमी नींद में गाफ़िल पड़ा हुआ था।

यकायक गाड़ी का कमरा खुला और दो आदमी कोट-पतलून पहने हुए कमरे में दाखिल हुए। दोनो अंग्रेज थे। एक माया की तरफ बैठा और दूसरा दूसरी तरफ। माया सिमटकर बैठ गयी । इन आदमियों को यों बैठना उसे बहुत बुरा मालूम हुआ। वह कहना चाहती थी, आप लोग दूसरी तरफ बैठें, पर वही औरत जो खून का बदला लेने जा रही थी, सामने यह खतरा देखकर कांप उठी। वह

दोनों शैतान उसे सिमटते देखकर और भी करीब आ गये। माया अब वहां न बैठी रह सकी । वह उठकर दूसरे वर्थ पर जाना चाहती थी कि उनमें से एक ने उसका हाथ पकड़ लिया । माया ने जोर से हाथ छुड़ाने की कोशिश करके कहा—तुम्हारी शामत तो नहीं आयी है, छोड़ दो मेरा हाथ, सुअर?

इस पर दूसरे आदमी ने उठकर माया को सीने से लिपटा लिया। और लड़खड़ाती हुई जबान से बोला—वेल हम तुमका बहुत-सा रुपया देगा।

माया ने उसे सारी ताकत से ढकेलने की कोशिश करते हुए कहा—हट जा हरामजादे, वर्ना अभी तेरा सर तोड़ दूंगी।

दूसरा आदमी भी उठ खड़ा हुआ और दोनों मिलकर माया को बर्थ पर लिटाने की कोशिश करने लगे। यकायक यह खटपट सुनकर ऊपर के बर्थ पर सोया हुआ आदमी चौका और उन बदमाशों की हरकत देखकर ऊपर से कूद पड़ा। दोनों गोरे उसे देखकर मायां को छोड़ उसकी तरफ झपटे और उसे घूंसे मारने लगे। दोनों उस पर ताबड़तोड हमला कर रहे थे और वह हाथों से अपने को बचा रहा था। उसे वार करने का कोई मौका न मिलता था। यकायक उसने उचककर अपने बिस्तर में से एक छूरा निकाल दिया और आस्तीनें समेटकर बोला—तुम दोनों अगर अभी बाहर न चले गये तो मैं एक को भी जीता ना छोड़ूँगा।

दोनों गोरे छुरा देखकर डरे मगर वह भी निहत्थे न थे। एक ने जेब से रिवाल्वर निकल लिया और उसकी नली उस आदमी की तरफ करके बोला—निकल जाओ, रैस्कल!

माया थर-थर कांप रही थी कि न जाने क्या आफत आने वाली है। मगर खतरा हमारी छिपी हुई हिम्मतों की कुंजी है। खतरे में पड़कर हम भय की सीमाओं से आगे बढ़ जाते हैं कुछ कर गुजरते हैं जिस पर हमें खुद हैरत होती है। वही माया जो अब तक थर-थर कांप रही थी, बिल्ली की तरह कूद कर उस गोरे की तरफ लपकी और उसके हाथ से रिवाल्वर खींचकर गाड़ी के नीचे फेंक दिया। गोरे ने खिसियाकर माया को दांत काटना चाहा मगर माया ने जल्दी से हाथ खींच लिया और खतरे की जंजीर के पास जाकर उसे जोर से खींचा। दूसरा गोरा अब तक किनारे खड़ा था। उसके पास कोई हथियार न था इसलिए वह छुरी के सामने न आना चाहता था। जब उसने देखा कि माया ने जंजीर खींच ली तो भीतर का दरवाजा खोलकर भागा। उसका साथी भी उसके पीछे-पीछे भागा। चलते-चलते छुरी वाले आदमी ने उसे इतने जोर से धक्का दिया कि वह मुंह के बल गिर पड़ा। फिर तो उसने इतनी ठोकरें, इतनी लातें और इतने घुंसे जमाये कि उसके मुंह से खून निकल पड़ा। इतने में गाड़ी रुक गयी और गार्ड लालटेन लिये आता दिखायी दिया।

मगर वह दोनों शैतान गाड़ी को रुकते देख बेतहाशा नीचे कूद पड़े और उस अंधेरे में न जाने कहां खो गये । गार्ड ने भी ज्यादा छानबीन न की और करता भी तो उस अंधेरे में पता लगाना मुश्किल था । दोनों तरफ खड्ड थे, शायद किसी नदी के पास थीं। वहां दो क्या दो सौ आदमी उस वक्त बड़ी आसानी से छिप सकते थे। दस मिनट तक गाड़ी खड़ी रही, फिर चल पड़ी।

माया ने मुक्ति की सांस लेकर कहा—आप आज न होते तो ईश्वर ही जाने मेरा क्या हाल होता आपको कहीं चोट तो नहीं आयी?

उस आदमी ने छुरे को जेब में रखते हुए कहा—बिलकुल नहीं। मैं ऐसा बेसुध सोया हुआ था कि उन बदमाशों के आने की खबर ही न हुई। वर्ना मैंने उन्हें अन्दर पांव ही न रखने दिया होता । अगले स्टेशन पर रिपोर्ट करूँगा।

माया—जी नहीं, खामखाह की बदनामी और परेशानी होगी। रिपोर्ट करने से कोई फायदा नहीं। ईश्वर ने आज मेरी आबरू रख ली। मेरा कलेजा अभी तक धक-धक कर रहा है। आप कहां तक चलेंगे?

'मुझे शाहजहाँपुर जाना है।'

'वहीं तक तो मुझे भी जाना है। शुभ नाम क्या है? कम से कम अपने उपकारक के नाम से तो अपरिचित न रहूँ।'

'मुझे तो ईश्वरदास कहते हैं।

'माया का कलेजा धक् से हो गया। जरूर यह वही खूनी है, इसकी शक्ल-सूरत भी वही है जो उसे बतलायी गयी थी उसने डरते-डरते पूछा—आपका मकान किस मुहल्ले में है?

'.....में रहता हूँ।'

माया का दिल बैठ गया। उसने खिड़की से सिर बाहर निकालकर एक लम्बी सांस ली। हाय! खूनी मिला भी तो इस हालत में जब वह उसके एहसान के बोझ से दबी हुई है! क्या उस आदमी को वह खंजर का निशाना बना सकती है, जिसने बगैर किसी परिचय के सिर्फ हमदर्दी के जोश में ऐसे गाढ़े वक्त में उसकी मदद की? जान पर खेल गया? वह एक अजीब उलझन में पड़ गयी । उसने उसके चेहरे की तरफ देखा, शराफत झलक रही थी। ऐसा आदमी खून कर सकता है, इसमें उसे सन्देह था।

ईश्वरदास ने पूछा—आप लाहौर से आ रही हैं न ? शाहजहाँपुर में कहां जाइएगा?

'अभी तो कहीं धर्मशाला में ठहरूंगी, मकान का इन्तजाम करना है।'

ईश्वरदास ने ताज्जुब से पूछा—तो वहां आप किसी दोस्त या रिश्तेदार के यहाँ नहीं जा रही हैं?

'कोई न कोई मिल ही जाएगा।'

'यों आपका असली मकान कहां है?'

'असली मकान पहले लखनऊ था, अब कहीं नहीं है। मै बेवा हूँ।'

ईश्वर दास ने शाहजहाँपुर में माया के लिए एक अच्छा मकान तय कर दिया । एक नौकर भी रख दिया । दिन में कई बार हाल-चाल पूछने आता। माया कितना ही चाहती थी कि उसके एहसान न ले, उससे घनिष्ठता न पैदा करे, मगर वह इतना नेक, इतना बामुरौवत और शरीफ था कि माया मजबूर हो जाती थी।

एक दिन वह कई गमले और फर्नीचर लेकर आया। कई खूबसूरत तसवीरें भी थी। माया ने त्यौरियां चढ़ाकर कहा—मुझे साज-सामान की बिलकुल जरूरत नहीं, आप नाहक तकलीफ करते हैं।

ईश्वरदास ने इस तरह लज्जित होकर कि जैसे उससे कोई भूल हो गयी हो कहा—मेरे घर में यह चीजें बेकार पड़ी थीं, लाकर रख दी।

'मैं इन टीम-टाम की चीजों का गुलाम नहीं बनना चाहती।'

ईश्वरदास ने डरते-डरते कहा —अगर आपको नागवार हो तो उठवा ले जाऊँ?

माया ने देखा कि उसकी आँखें भर आयी हैं, मजबूर होकर बोली—अब आप ले आये हैं तो रहने दीजिए। मगर आगे से कोई ऐसी चीज न लाइएगा।

एक दिन माया का नौकर न आया। माया ने आठ-नौ बजे तक उसकी राह देखी जब अब भी वह न आया तो उसने जूठे बर्तन मांजना शुरू किया। उसे कभी अपने हाथ से चौका-बर्तन करने का संयोग न हुआ था। बार-बार अपनी हालत पर रोना आता था। एक दिन वह था कि उसके घर में नौकरों की एक पलटन थी, आज उसे अपने हाथों बर्तन मांजने पड़ रहे हैं। तिलोत्तमा दौड़-दौड़ कर बड़े जोश से काम कर रही थी। उसे कोई फिक्र न थी। अपने हाथों से काम करने का, अपने को उपयोगी साबित करने का ऐसा अच्छा मौका पाकर उसकी खुशी की सीमा न रही । इतने में ईश्वरदास आकर खड़ा हो गया और माया को बर्तन मांजते देखकर बोला—यह आप क्या कर रही हैं? रहने दीजिए, मैं अभी एक आदमी को बुलावाये लाता हूँ। आपने मुझे क्यों न खबर दी, राम-राम, उठ आइये वहां से ।

माया ने लापरवाही से कहा—कोई जरूरत नहीं, आप तकलीफ न कीजिए। मैं अभी मांजे लेती हूँ।

'इसकी जरूरत भी क्या, मैं एक मिनट में आता हूँ।'

'नहीं, आप किसी को न लाइए, मै इतने बर्तन आसानी से धो लूँगी।'

'अच्छा तो लाइए मैं भी कुछ मदद करूँ।'

यह कहकर उसने डोल उठा लिया और बाहर से पानी लेने दौड़ा। पानी लाकर उसने मंजे हुए बर्तनों को धोना शुरू किया।

माया ने उसके हाथ से बर्तन छीनने की कोशिश करके कहा—आप मुझे क्यों शर्मिन्दा करते है? रहने दीजिए, मैं अभी साफ़ किये डालती हूँ।

'आप मुझे शर्मिदा करती हैं या मैं आपको शर्मिदा कर रहा हूँ? आप यहाँ मुसाफ़िर हैं , मैं यहां का रहने वाला हूँ, मेरा धर्म है कि आपकी सेवा करूँ। आपने एक ज्यादती तो यह की कि मुझे जरा भी खबर न दी, अब दूसरी ज्यादती यह कर रही हैं। मै इसे बर्दाश्त नहीं कर सकता ।'

ईश्वरदास ने जरा देर में सारे बर्तन साफ़ करके रख दिये। ऐसा मालूम होता था कि वह ऐसे कामों का आदी है। बर्तन धोकर उसने सारे बर्तन पानी से भर दिये और तब माथे से पसीना पोंछता हुआ बोला—बाजार से कोई चीज लानी हो तो बतला दीजिए, अभी ला दूँ।

माया—जी नहीं, माफ कीजिए, आप अपने घर का रास्ता लीजिए।

ईश्वरदास—तिलोत्तमा, आओ आज तुम्हें सैर करा लायें।

माया—जी नहीं, रहने दीजिए। इस वक्त सैर करने नहीं जाती।

माया ने यह शब्द इतने रूखेपन से कहे कि ईश्वरदास का मुंह उतर गया। उसने दुबारा कुछ न कहा। चुपके से चला गया। उसके जाने के बाद माया ने सोचा, मैंने उसके साथ कितनी बेमुरौवती की। रेलगाड़ी की उस दु:खद घटना के बाद उसके दिल में बराबर प्रतिशोध और मनुष्यता में लड़ाई छिड़ी हुई थी। अगर ईश्‌वरदास उस मौके पर स्वर्ग के एक दूत की तरह न आ जाता तो आज उसकी क्या हालत होती, यह ख्याल करके उसके रोएं खड़े हो जाते थे और ईश्वादास के लिए उसके दिल की गहराइयों से कृतज्ञता के शब्द निकलते । क्या अपने ऊपर इतना बड़ा एहसान करने वाले के खून से अपने हाथ रंगेगी ? लेकिन उसी के हाथों से उसे यह मनहूस दिन भी तो देखना पड़ा! उसी के कारण तो उसने रेल का वह सफर किया था वर्ना वह अकेले बिना किसी दोस्त या मददगार के सफर ही क्यों करती? उसी के कारण तो आज वह वैधव्य की विपत्तियां झेल रही है और सारी उम्र झेलेगी। इन बातों का खयाल करके उसकी आंखें लाल हो जातीं, मुंह से एक गर्म आह निकल जाती और जी चाहता इसी वक्त कटार लेकरचल पड़े और उसका काम तमाम कर दे।

आज माया ने अन्तिम निश्चय कर लिया। उसने ईश्वरदास को दावत दी थी। यही उसकी आखिरी दावत होगी। ईश्वरदास ने उस पर एहसान जरूर किये हैं लेकिन दुनिया में कोई एहसान, कोई नेकी उस शोक के दाग को मिटा सकती है? रात के नौ बजे ईश्वरदास आया तो माया ने अपनी वाणी में प्रेम का आवेग भरकर कहा—बैठिए, आपके लिए गर्म-गर्म पूड़ियां निकाल दूँ?

ईश्वरदास—क्या अभी तक आप मेरे इन्तजार में बैठी हुई हैं? नाहक गर्मी में परेशान हुईं।

माया ने थाली परसकर उसके सामने रखते हुए कहा—मैं खाना पकाना नहीं जानती? अगर कोई चीज़ अच्छी न लगे तो माफ़ कीजिएगा।

ईश्वरदास ने खूब तारीफ़ करके एक-एक चीज खायी। ऐसी स्वादिष्ट चीजें उसने अपनी उम्र में कभी न खायी थी।

'आप तो कहती थी मैं खाना पकाना नहीं जानती?'

'तो क्या मैं ग़लत कहती थी?'

'बिलकुल ग़लत। आपने खुद अपनी ग़लती साबित कर दी। ऐसे खस्ते मैंने जिन्दगी में भी न खाये थे।'

'आप मुझे बनाते हैं, अच्छा साहब बना लीजिए।'

'नहीं, मैं बनाता नहीं, बिलकुल सच कहता हूँ। किस-किस चीज की तारीफ करूं? चाहता हूँ कि कोई ऐब निकालूँ, लेकिन सूझता ही नहीं। अबकी मैं अपने दोस्तों की दावत करूंगा तो आपको एक दिन तकलीफ दूंगा।'

'हां, शौक़ से कीजिए, मैं हाजिर हूँ।'

खाते-खाते दस बज गये। तिलोत्तमा सो गयी। गली में भी सन्नाटा हो गया। ईश्वरदास चलने को तैयार हुआ, तो माया बोली—क्या आप चले जाएंगे? क्यों न आज यहीं सो रहिए? मुझे कुछ डर लग रहा है। आप बाहर के कमरे में सो रहिएगा, मैं अन्दर आंगन में सो रहूँगीं।

ईश्वरदास ने क्षण-भर सोचकर कहा—अच्छी बात है। आपने पहले कभी न कहा कि आपको इस घर में डर लगता है वर्ना मैं किसी भरोसे की बुढ्ढी औरत को रात को सोने के लिए ठीक कर देता ।

ईश्वरदास ने तो कमरे में आसन जमाया, माया अन्दर खाना खाने गयी। लेकिन आज उसके गले के नीचे एक कौर भी न उतर सका। उसका दिल जोर-जोर से धड़क रहा था। दिल पर एक डर—सा छाया हुआ था। ईश्वरदास कहीं जाग पड़ा तो? उसे उस वक्त कितनी शर्मिन्दगी होगी !

माया ने कटार को खूब तेज कर रखा था। आज दिन-भर उसे हाथ में लेकर अभ्यास किया । वह इस तरह वार करेगी कि खाली ही न जाये। अगर ईश्वरदास जाग ही पड़ा तो जानलेवा घाव लगेगा।

जब आधी रात हो गयी और ईश्वरदास के खर्राटों की आवाजें कानों में आने लगी तो माया कटार लेकर उठी पर उसका सारा शरीर कांप रहा था। भय और संकल्प, आकर्षण और घृणा एक साथ कभी उसे एक कदम आगे बढ़ा देती, कभी पीछे हटा देती । ऐसा मालूम होता था कि जैसे सारा मकान, सारा आसमान चक्कर खा रहा है कमरे की हर एक चीज घूमती हुई नजर आ रही थी। मगर एक क्षण में यह बेचैनी दूर हो गयी और दिल पर डर छा गया। वह दबे पांव ईश्वरदास के कमरे तक आयी, फिर उसके क़दम वहीं जम गये। उसकी आंखों से आंसू बहने लगे। आह, मैं कितनी कमजोर हूँ, जिस आदमी ने मेरा सर्वनाश कर दिया, मेरी हरी-भरी खेती उजाड़ दी, मेरे लहलहाते हुए उपवन को वीरान कर दिया, मुझे हमेशा के लिए आग के जलते हुए कुंडों में डाल दिया, उससे मैं खून का बदला भी नहीं ले सकती! वह मेरी ही बहनें थीं, जो तलवार और बन्दूक लेकर मैदान में लड़ती थीं, दहकती हुई चिता में हंसते-हंसते बैठ जाती थीं। उसे उस वक्त ऐसा मालूम हुआ कि मिस्टर व्यास सामने खडे हैं और उसे आगे बढ़ने की प्रेरणा दे रहे हैं, कह रहे हैं, क्या तुम मेरे खून का बदला न लोगी? मेरी आत्मा प्रतिशोध के लिए तड़प रही है। क्या उसे हमेशा-हमेशा यों ही तड़पाती रहोगी? क्या यही वफ़ा की शर्त थी? इन विचारों ने माया की भावनाओं को भड़का दिया। उसकी आंखें खून की तरह लाल हो गयीं, होंठ दांतों के नीचे दब गये और कटार के हत्थे पर मुटठी बंध गयी। एक उन्माद-सा छा गया। उसने कमरे के अन्दर पैर रखा मगर ईश्वरदास की आंखें खुल गयी थीं। कमरे में लालटेन की मद्धिम रोशनी थी। माया की आहट पाकर वह

चौंका और सिर उठाकर देखा तो खून सर्द हो गया—माया प्रलय की मूर्ति बनी हाथ में नंगी कटार लिये उसकी तरफ चली आ रही थी!

वह चारपाई से उठकर खड़ा हो गया और घबड़ाकर बोला—क्या है बहन? यह कटार क्यों लिये हुए हो?

माया ने कहा—यह कटार तुम्हारे खून की प्यासी है क्योंकि तुमने मेरे पति का खून किया है।

ईश्वरदास का चेहरा पीला पड़ गया । बोला—मैंनें!

'हां तुमने, तुम्हीं ने लाहौर में मेरे पति की हत्या की, जब वे एक मुकदमें की पैरवी करने गये थे। क्या तुम इससे इनकार कर सकते हो? मेरे पति की आत्मा ने खुद तुम्हारा पता बतलाया है।'

'तो तूम मिस्टर व्यास की बीवी हो?'

'हां, मैं उनकी बदनसीब बीवी हूँ और तुम मेरा सोहाग लूटनेवाले हो! गो तुमने मेरे ऊपर एहसान किये हैं लेकिन एहसानों से मेरे दिल की आग नहीं बुझ सकती। वह तुम्हारी खून ही से बुझेगी।'

ईश्वरदास ने माया की ओर याचना-भरी आंखों से देखकर कहा—अगर आपका यही फैसला है तो लीजिए यह सर हाजिर है। अगर मेरे खून से आपके दिल की आग बुझ जाय तो मैं खुद उसे आपके कदमों पर गिरा दूँगा। लेकिन जिस तरह आप मेरे खून से अपनी तलवार की प्यास बुझाना अपना धर्म समझती हैं उसी तरह मैंने भी मिस्टर व्यास को क़त्ल करना अपना धर्म समझा। आपको मालूम है, वह एक राजनीतिक मुकदमे की पैरवी करने लाहौर गये थे। लेकिन मिस्टर व्यास ने जिस तरह अपनी ऊंची कानूनी लियाकत का इस्तेमाल किया, पुलिस को झुठी शहादतों के तैयार करने में जिस तरह मदद दी, जिस बेरहमी और बेदर्दी से बेकस और ज्यादा बेगुनाह नौजवानों को तबाह किया, उसे मैं सह न सकता था। उन दिनों अदालत में तमाशाइयों की बेइन्ता भीड़ रहती थी। सभी अदालत से मिस्टर व्यास को कोसते हुए जाते थे मैं तो मुकदमे की हकीकत को जानता था । इस लिए मेरी अन्तरात्मा सिर्फ कोसने और गालियां देने से शांत न हो सकती थी । मैं आपसे क्या कहूँ । मिस्टर व्यास ने आखं खोलकर समझ—बूझकर झूठ को सच साबित किया और कितने ही घरानों को बेचिराग कर दिया आज कितनी माएं अपने बेटों के लिए खून के आंसू रो रही हैं, कितनी ही औरतें रंडापे की आग में जल रही हैं। पुलिस कितनी ही ज्यादतियां करे, हम परवाह नही करते । पुलिस से हम इसके सिवा और उम्मीद नही रखते। उसमें ज्यादातर जाहिल शोहदे लुच्चे भरे हुए हैं। सरकार ने इस महकमे को कायम ही इसलिए किया है कि वह रिआया को तंग करे। मगर वकीलों से हम इन्साफ की उम्मीद रखते हैं। हम उनकी इज्जत करते हैं। वे उच्चकोटि के पढे लिखे सजग लोग होते हैं। जब ऐसे आदमियों को हम पुलिस के हाथों की कठपुतली बना हुआ देखते हैं तो हमारे क्रोध की सीमा नहीं रहती। मैं मिस्टर व्यास का प्रशंसक था। मगर जब मैंने उन्हें बेगुनाह मुलजिमों से जबरन जुर्म का इकबाल कराते देखा तो मुझे उनसे नफरत हो गयी । गरीब मुलजिम रात-दिन भर उल्टे लटकाये जाते थे! सिर्फ इसलिए कि वह अपना जुर्म, जो उन्होने कभी नही किया, इकबाल कर ले! उनकी नाक में लाल मिर्च का धुआं

डाला जाता था! मिस्टर व्यास यह सारी ज्यादतियां सिर्फ अपनी आंखों से देखते ही नही थे, बल्कि उन्हीं के इशारे पर वह की जाती थी।

माया के चेहरे की कठोरता जाती रही । उसकी जगह जायज गुस्से की गर्मी पैदा हुई । बोली—इसका आपके के पास कोई सबूत है कि उन्होंनें मुलजिमों पर ऐसी सख्तियां की?

'यह सारी बातें आमतौर पर मशहूर थीं। लाहौर का बच्चा बच्चा जानता है। मैने खुद अपनी आंखों से देखी इसके सिवा मैं और क्या सबूत दे सकता हूँ उन बेचारो का बस इतना कसूर था कि वह हिन्दुस्तान के सच्चे दोस्त थे, अपना सारा वक्त प्रजा की शिक्षा और सेवा में खर्च करते थे। भूखे रहते थे, प्रजा पर पुलिस हुक्काम की सख्तियां न होने देते थे, यही उनका गुनाह था और इसी गुनाह की सजा दिलाने में मिस्टर व्यास पुलिस के दाहिने हाथ बने हुए थे!'

माया के हाथ से खंजर गिर पड़ा। उसकी आंखों में आंसू भर आये, बोली मुझे न मालूम था कि वे ऐसी हरकतें भी कर सकते हैं।

ईश्वरदास ने कहा—यह न समझिए कि मैं आपकी तलवार से डर कर वकील साहब पर झूठे इल्जाम, लगा रहा हूं । मैने कभी जिन्दगी की परवाह नहीं की। मेरे लिए कौन रोने वाला बैठा हुआ है जिसके लिए जिन्दगी की परवाह करुँ। अगर आप समझती हैं कि मैने अनुचित हत्या की है तो आप इस तलवार को उठाकर इस जिन्दगी का खात्मा कर दीजिए, मै जरा भी न झिझकूंगा। अगर आप तलवार न उठा सके तो पुलिस को खबर कर दीजिए, वह बड़ी आसानी से मुझे दुनिया से रुखसत कर सकती है। सबूत मिल जाना मुश्किल न होगा। मैं खुद पुलिस के सामने जुर्म का इकबाल कर लेता मगर मै इसे जुर्म नही समझता। अगर एक जान से सैकड़ों जानें बच जाएं तो वह खून नही है। मैं सिर्फ इसलिए जिन्दा रहना चाहता हूँ कि शायद किसी ऐसे ही मौके पर मेरी फिर जरुरत पड़े—

माया ने रोते हुए कहा—अगर तुम्हारा बयान सही है तो मै अपना, खून माफ करती हूँ तुमने जो किया या बेजा किया इसका फैसला ईश्वर करेंगे। तुमसे मेरी प्रार्थना है कि मेरे पति के हाथों जो घर तबाह हुए हैं उनका मुझे पता बतला दो, शायद मैं उनकी कुछ सेवा कर सकूँ।

❐

7 शतरंज के खिलाड़ी

खेल जब व्यसन बन जाता है, तो मान-मर्यादा, कर्तव्य सब पीछे छूट जाता है। शहर पर आक्रमण होने पर तो भी नवाबज़ादे खण्डहर में बैठे शतरंज खेलते रहते हैं, पर मसला जब आत्मसम्मान और स्वाभिमान का उठता है, तो शब्द-बाण चुभते हैं, तलवारें तन जाती हैं और शतरंज के योद्धा युद्ध के मैदान में नहीं , व्यक्तिगत सम्मान के मैदान में लहूलुहान हो जाते हैं।

वाजिद अली शाह का समय था। लखनऊ विलासिता के रंग में डूबा हुआ था। छोटे-बड़े, गरीब-अमीर सभी विलासिता में डूबे हुए थे। कोई नृत्य और गान की मजलिस सजाता था, तो कोई अफीम की पीनक ही में मजे लेता था। जीवन के प्रत्येक विभाग में आमोद-प्रमोद का प्राधान्य था। शासन-विभाग में, साहित्य-क्षेत्र में, सामाजिक अवस्था में, कला-कौशल में, उद्योग-धंधों में, आहार-व्यवहार में सर्वत्र विलासिता व्याप्त हो रही थी। राजकर्मचारी विषय-वासना में, कविगण प्रेम और विरह के वर्णन में, कारीगर कलाबत्तू और चिकन बनाने में, व्यवसायी सुरमे, इत्र, मिस्सी और उबटन का रोजगार करने में लिप्त थे। सभी की आँखों में विलासिता का मद छाया हुआ था। संसार में क्या हो रहा है, इसकी किसी को खबर न थी। बटेर लड़ रहे हैं। तीतरों की लड़ाई के लिए पाली बदी जा रही है। कहीं चौसर बिछी हुई है; पौ-बारह का शोर मचा हुआ है। कही शतरंज का घोर संग्राम छिड़ा हुआ है। राजा से लेकर रंक तक इसी धुन में मस्त थे। यहाँ तक कि फकीरों को पैसे मिलते तो वे रोटियाँ न लेकर अफीम खाते या मदक पीते। शतरंज, ताश, गंजीफ़ा खेलने से बुद्धि तीव्र होती है, विचार-शक्ति का विकास होता है, पेंचीदा मसलों को सुलझाने की आदत पड़ती है। ये दलीलें जोरों के साथ पेश की जाती थीं (इस सम्प्रदाय के लोगों से दुनिया अब भी खाली नहीं है)। इसलिए अगर मिरज़ा सज्जादअली और मीर रौशन अली अपना अधिकांश समय बुद्धि तीव्र करने में व्यतीत करते थे, तो किसी विचारशील पुरुष को क्या आपत्ति हो सकती थी? दोनों के पास मौरूसी जागीरें थीं; जीविका की कोई चिंता न थी; कि घर में बैठे चखौतियाँ करते थे। आखिर और करते ही क्या? प्रातःकाल दोनों मित्र नाश्ता करके बिसात बिछा कर बैठ जाते, मुहरे सज जाते, और लड़ाई के दाव-पेंच होने लगते। फिर खबर न होती थी कि कब दोपहर हुई, कब तीसरा पहर, कब शाम ! घर के भीतर से बार-बार बुलावा आता कि खाना तैयार है। यहाँ से जवाब मिलता—चलो, आते हैं, दस्तरख्वान बिछाओ। यहाँ तक कि बावरची विवश हो कि कमरे ही में खाना रख जाता था, और दोनों मित्र दोनों काम साथ-साथ करते थे। मिरज़ा सज्ञाद अली के घर में कोई बड़ा-बूढ़ा न था, इसलिए उन्हीं के दीवानखाने में बाजियाँ होती थीं। मगर यह बात न थी मिरज़ा के घर के और लोग उनसे इस व्यवहार से खुश हों। घरवालों का तो कहना ही क्या, मुहल्लेवाले, घर के नौकर-चाकर तक नित्य द्वेषपूर्ण टिप्पणियाँ किया करते थे—बड़ा मनहूस खेल है। घर को तबाह कर देता है। खुदा न करे, किसी को इसकी चाट पड़े, आदमी दीन-दुनिया किसी के काम का नहीं रहता, न घर का, न घाट का। बुरा रोग है। यहाँ तक कि मिरज़ा की बेगम साहबा को इससे इतना

द्वेष था कि अवसर खोज-खोजकर पति को लताड़ती थीं। पर उन्हें इसका अवसर मुश्किल से मिलता था। वह सोती रहती थीं, तब तक बाजी बिछ जाती थी। और रात को जब सो जाती थीं, तब कहीं मिरज़ाजी घर में आते थे। हाँ, नौकरों पर वह अपना गुस्सा उतारती रहती थीं—क्या पान माँगे हैं? कह दो, आकर ले जायँ। खाने की फुरसत नहीं है? ले जाकर खाना सिर पर पटक दो, खायँ चाहे कुत्ते को खिलायें। पर रूबरू वह भी कुछ न कह सकती थीं। उनको अपने पति से उतना मलाल न था, जितना मीर साहब से। उन्होंने उनका, नाम मीर बिगाड़ू रख छोड़ा था। शायद मिरज़ाजी अपनी सफाई देने के लिए सारा इलजाम मीर साहब ही के सर थोप देते थे।

एक दिन बेगम साहबा के सिर में दर्द होने लगा। उन्होंने लौंडी से कहा—जाकर मिरज़ा साहब को बुला लो। किसी हकीम के यहाँ से दवा लायें। दौड़, जल्दी कर। लौंडी गयी तो मिरज़ाजी ने कहा—चल, अभी आते हैं। बेगम साहबा का मिजाज गरम था। इतनी ताब कहाँ कि उनके सिर में दर्द हो और पति शतरंज खेलता रहे। चेहरा सुर्ख हो गया। लौंडी से कहा—जाकर कह, अभी चलिए, नहीं तो वह आप ही हकीम के यहाँ चली जायेंगी। मिरज़ाजी बड़ी दिलचस्प बाजी खेल रहे थे, दो ही किस्तों में मीर साहब की मात हुई जाती थी। झुंझलाकर बोले—क्या ऐसा दम लबों पर है? जरा सब्र नहीं होता?

मीर—अरे, तो जाकर सुन ही आइए न। औरतें नाजुक-मिजाज होती ही हैं।

मिरज़ा—जी हाँ, चला क्यों न जाऊँ ! दो किस्तों में आपकी मात होती है।

मीर—जनाब, इस भरोसे न रहिएगा। वह चाल सोची है कि आपके मुहरे धरे रहें और मात हो जाय। पर जाइए, सुन आइए। क्यों खामख्वाह उनका दिल दुखाइएगा?

मिरज़ा—इसी बात पर मात ही करके जाऊँगा।

मीर—मैं खेलूँगा ही नहीं। आप जाकर सुन आइए।

मिरज़ा—अरे यार, जाना पड़ेगा हकीम के यहाँ। सिर-दर्द खाक नहीं है, मुझे परेशान करने का बहाना है।

मीर—कुछ भी हो, उनकी खातिर तो करनी ही पड़ेगी।

मिरज़ा—अच्छा, एक चाल और चल लूँ।

मीर—हरगिज़ नहीं, जब तक आप सुन न आयेंगे, मैं मुहरे में हाथ ही न लगाऊँगा।

मिरज़ा साहब मजबूर होकर अंदर गये तो बेगम साहबा ने त्योरियाँ बदलकर, लेकिन कराहते हुए कहा—तुम्हें निगोड़ी शतरंज इतनी प्यारी है ! चाहे कोई मर ही जाय, पर उठने का नाम नहीं लेते ! नौज, कोई तुम-जैसा आदमी हो!

मिरज़ा—क्या कहूँ, मीर साहब मानते ही न थे। बड़ी मुश्किल से पीछा छुड़ाकर आया हूँ।

बेगम—क्या जैसे वह खुद निखट्टू हैं, वैसे ही सबको समझते हैं। उनके भी तो बाल-बच्चे हैं; या सबका सफाया कर डाला?

मिरज़ा—बड़ा लती आदमी है। जब आ जाता है, तब मजबूर होकर मुझे भी खेलना पड़ता है।

बेगम—दुत्कार क्यों नहीं देते?

मिरज़ा—बराबर के आदमी हैं, उम्र में, दर्जे में मुझसे दो अंगुल ऊँचे। मुलाहिज़ा करना ही पड़ता है।

बेगम—तो मैं ही दुत्कारे देती हूँ। नाराज हो जायँगे, हो जायँ। कौन किसी की रोटियाँ चला देता हैं। रानी रूठेंगी, अपना सुहाग लेंगी। हरिया; जा बाहर से शतरंज उठा ला। मीर साहब से कहना, मियाँ अब न खेलेंगे; आप तशरीफ ले जाइए।

मिरज़ा—हाँ-हाँ, कहीं ऐसा गजब भी न करना ! जलील करना चाहती हो क्या? ठहर हरिया, कहाँ जाती है।

बेगम—जाने क्यों नहीं देते? मेरा ही खून पिये, जो उसे रोके। अच्छा, उसे रोका, मुझे रोको, तो जानूँ?

यह कहकर बेगम साहबा झल्लाई हुई दीवानखाने की तरफ चलीं। मिरज़ा बेचारे का रंग उड़ गया। बीबी की मिन्नतें करने लगे—खुदा के लिए, तुम्हें हजरत हुसेन की कसम है। मेरी ही मैयत देखे, जो उधर जाय। लेकिन बेगम ने एक न मानी। दीवानखाने के द्वार तक गयीं, पर एकाएक पर-पुरुष के सामने जाते हुए पाँव बँध-से गये। भीतर झाँका, संयोग से कमरा खाली था। मीर साहब ने दो-एक मुहरे इधर-उधर कर दिये थे, और अपनी सफाई जताने के लिए बाहर टहल रहे थे। फिर क्या था, बेगम ने अंदर पहुँचकर बाजी उलट दी, मुहरे कुछ तख्त के नीचे फेंक दिये, कुछ बाहर और किवाड़ अंदर से बंद करके कुंडी लगा दी। मीर साहब दरवाजे पर तो थे ही, मुहरे बाहर फेंके जाते देखे, चूड़ियों की झनक भी कान में पड़ी। फिर दरवाजा बंद हुआ, तो समझ गये, बेगम साहबा बिगड़ गयीं। चुपके से घर की राह ली।

मिरज़ा ने कहा—तुमने गजब किया।

बेगम—अब मीर साहब इधर आये, तो खड़े-खड़े निकलवा दूँगी। इतनी लौ खुदा से लगाते, तो वली हो जाते ! आप तो शतरंज खेलें, और मैं यहाँ चूल्हे-चक्की की फिक्र में सिर खपाऊँ ! जाते हो हकीम साहब के यहाँ कि अब भी ताम्मुल है।

मिरज़ा घर से निकले, तो हकीम के घर जाने के बदले मीर साहब के घर पहुँचे और सारा वृत्तांत कहा। मीर साहब बोले—मैंने तो जब मुहरे बाहर आते देखे, तभी ताड़ गया। फौरन भागा। बड़ी गुस्सेवर मालूम होती हैं। मगर आपने उन्हें यों सिर चढ़ा रखा है, यह मुनासिब नहीं। उन्हें इससे क्या मतलब कि आप बाहर क्या करते हैं। घर का इंतजाम करना उनका काम है; दूसरी बातों से उन्हें क्या सरोकार?

मिरज़ा—खैर, यह तो बताइए, अब कहाँ जमाव होगा?

मीर—इसका क्या गम है। इतना बड़ा घर पड़ा हुआ है। बस यहीं जमें।

मिरज़ा—लेकिन बेगम साहबा को कैसे मनाऊँगा? घर पर बैठा रहता था, तब तो वह इतना बिगड़ती थीं; यहाँ बैठक होगी, तो शायद जिंदा न छोड़ेंगी।

मीर—अजी बकने भी दीजिए, दो-चार रोज में आप ही ठीक हो जायेंगी। हाँ, आप इतना कीजिए कि आज से जरा तन जाइए।

मीर साहब की बेगम किसी अज्ञात कारण से मीर साहब का घर से दूर रहना ही उपयुक्त समझती थीं। इसलिए वह उनके शतरंज-प्रेम की कभी आलोचना न करती थीं; बल्कि कभी-कभी मीर साहब को देर हो जाती, तो याद दिला देती थीं। इन कारणों से मीर साहब को भ्रम हो गया था कि मेरी स्त्री अत्यन्त विनयशील और गंभीर है। लेकिन जब दीवानखाने में बिसात बिछने लगी, और मीर साहब दिन-भर घर में रहने लगे, तो बेगम साहबा को बड़ा कष्ट होने लगा। उनकी स्वाधीनता में बाधा पड़ गयी। दिन-भर दरवाजे पर झाँकने को तरस जातीं।

उधर नौकरों में भी कानाफूसी होने लगी। अब तक दिन-भर पड़े-पड़े मक्खियाँ मारा करते थे। घर में कोई आये, कोई जाये, उनसे कुछ मतलब न था। अब आठों पहर की धौंस हो गयी। पान लाने का हुक्म होता, कभी मिठाई का। और हुक्का तो किसी प्रेमी के हृदय की भाँति नित्य जलता ही रहता था। वे बेगम साहबा से जा-जाकर कहते—हुजूर, मियाँ की शतरंज तो हमारे जी का जंजाल हो गयी। दिन-भर दौड़ते-दौड़ते पैरों में छाले पड़ गये। यह भी कोई खेल कि सुबह को बैठे तो शाम कर दी। घड़ी आध घड़ी दिल-बहलाव के लिए खेल खेलना बहुत है। खैर, हमें तो कोई शिकायत नहीं; हुजूर के गुलाम हैं, जो हुक्म होगा, बजा ही लायेंगे; मगर यह खेल मनहूस है। इसका खेलनेवाला कभी पनपता नहीं; घर पर कोई न कोई आफत जरूर आती है। यहाँ तक कि एक के पीछे महल्ले-के-महल्ले तबाह होते देखे गये हैं। सारे मुहल्ले में यही चरचा रहती है। हुजूर का नमक खाते हैं, अपने आक़ा की बुराई सुन-सुनकर रंज होता है? मगर क्या करें? इस पर बेगम साहबा कहती हैं—मैं तो खुद इसको पसंद नहीं करती। पर वह किसी की सुनते ही नहीं, क्या किया जाय।

मुहल्ले में भी जो दो-चार पुराने जमाने के लोग थे, आपस में भाँति-भाँति की अमंगल कल्पनाएँ करने लगे—अब खैरियत नहीं। जब हमारे रईसों का यह हाल है, तो मुल्क का खुदा ही हाफ़िज है। यह बादशाहत शतरंज के हाथों तबाह होगी। आसार बुरे हैं।

राज्य में हाहाकार मचा हुआ था। प्रजा दिन-दहाड़े लूटी जाती थी। कोई फरियाद सुननेवाला न था। देहातों की सारी दौलत लखनऊ में खिंची आती थी और वह वेश्याओं में, भाँडों में और विलासिता के अन्य अंगों की पूर्ति में उड़ जाती थी। अंग्रेज कम्पनी का ऋण दिन-दिन बढ़ता जाता था। कमली दिन-दिन भीगकर भारी होती जाती थी। देश में सुव्यवस्था न होने के कारण वार्षिक कर भी वसूल न होता था। रेजीडेंट बार-बार चेतावनी देता था, पर यहाँ तो लोग विलासिता के नशे में चूर थे, किसी के कानों पर जूँ न रेंगती थी।

खैर, मीर साहब के दीवानखाने में शतरंज होते कई महीने गुजर गये। नये-नये नक्शे हल किये जाते; नये-नये किले बनाये जाते; नित्य नयी व्यूह-रचना होती; कभी-कभी खेलते-खेलते झौड़ हो जाती; तू-तू मैं-मैं तक की नौबत आ जाती; पर शीघ्र ही दोनों मित्रों में मेल हो जाता। कभी-कभी ऐसा भी होता कि बाजी उठा दी जाती; मिरज़ाजी रूठकर अपने घर चले जाते। मीर साहब अपने घर में जा बैठते। पर रात भर की निद्रा के साथ सारा मनोमालिन्य शांत हो जाता था। प्रातःकाल दोनों मित्र दीवानखाने में आ पहुँचते थे।

एक दिन दोनों मित्र बैठे हुए शतरंज की दलदल में गोते खा रहे थे कि इतने में घोड़े पर सवार एक बादशाही फौज का अफसर मीर साहब का नाम पूछता हुआ आ पहुँचा। मीर साहब के होश उड़ गये। यह क्या बला सिर पर आयी ! यह तलबी किस लिए हुई है? अब खैरियत नहीं नजर आती। घर के दरवाजे बंद कर लिये। नौकरों से बोले—कह दो, घर में नहीं हैं।

सवार—घर में नहीं, तो कहाँ हैं?

नौकर—यह मैं नहीं जानता। क्या काम है?

सवार—काम तुझे क्या बताऊँगा? हुजूर में तलबी है। शायद फौज के लिए कुछ सिपाही माँगे गये हैं। जागीरदार हैं कि दिल्लगी ! मोरचे पर जाना पड़ेगा, तो आटे-दाल का भाव मालूम हो जायगा!

नौकर—अच्छा, तो जाइए, कह दिया जायगा?

सवार—कहने की बात नहीं है। मैं कल खुद आऊँगा, साथ ले जाने का हुक्म हुआ है।

सवार चला गया। मीर साहब की आत्मा काँप उठी। मिरज़ाजी से बोले—कहिए जनाब, अब क्या होगा?

मिरज़ा—बड़ी मुसीबत है। कहीं मेरी तलबी भी न हो।

मीर—कम्बख्त कल फिर आने को कह गया है।

मिरज़ा—आफत है, और क्या। कहीं मोरचे पर जाना पड़ा, तो बेमौत मरे।

मीर—बस, यही एक तदबीर है कि घर पर मिलो ही नहीं। कल से गोमती पर कहीं वीराने में नख्शा जमे। वहाँ किसे खबर होगी। हजरत आकर आप लौट जायँगे।

मिरज़ा—वल्लाह, आपको खूब सूझी ! इसके सिवाय और कोई तदबीर ही नहीं है।

इधर मीर साहब की बेगम उस सवार से कह रही थी, तुमने खूब धता बताया।

उसने जवाब दिया—ऐसे गावदियों को तो चुटकियों पर नचाता हूँ। इनकी सारी अक्ल और हिम्मत तो शतरंज ने चर ली। अब भूल कर भी घर पर न रहेंगे।

दूसरे दिन से दोनों मित्र मुँह अँधेरे घर से निकल खड़े होते। बगल में एक छोटी-सी दरी दबाये, डिब्बे में गिलौरियाँ भरे, गोमती पार की एक पुरानी वीरान मसजिद में चले जाते, जिसे शायद नवाब आसफ़उद्दौला ने बनवाया था। रास्ते में तम्बाकू, चिलम और मदरिया ले लेते, और मसजिद में पहुँच, दरी बिछा, हुक्का भरकर शतरंज खेलने बैठ जाते थे। फिर उन्हें दीन-दुनिया की फिक्र न रहती थी। किश्त, शह आदि दो-एक शब्दों के सिवा उनके मुँह से और कोई वाक्य नहीं निकलता था। कोई योगी भी समाधि में इतना एकाग्र न होता होगा। दोपहर को जब भूख मालूम होती तो दोनों मित्र किसी नानबाई की दूकान पर जाकर खाना खाते, और एक चिलम हुक्का पीकर फिर संग्राम-क्षेत्र में डट जाते। कभी-कभी तो उन्हें भोजन का भी ख्याल न रहता था।

इधर देश की राजनीतिक दशा भयंकर होती जा रही थी। कम्पनी की फौजें लखनऊ की तरफ बढ़ी चली आती थीं। शहर में हलचल मची हुई थी। लोग बाल-बच्चों को लेकर देहातों में भाग रहे

थे। पर हमारे दोनों खिलाड़ियों को इनकी ज़रा भी फ़िक्र न थी। वे घर से आते तो गलियों में होकर। डर था कि कहीं किसी बादशाही मुलाजिम की निगाह न पड़ जाय, जो बेकार में पकड़ जायँ। हजारों रुपये सालाना की जागीर मुफ्त ही हजम करना चाहते थे।

एक दिन दोनों मित्र मसजिद के खंडहर में बैठे हुए शतरंज खेल रहे थे। मिरज़ा की बाजी कुछ कमजोर थी। मीर साहब उन्हें किश्त-पर-किश्त दे रहे थे। इतने में कम्पनी के सैनिक आते हुए दिखायी दिये। वह गोरों की फौज थी, जो लखनऊ पर अधिकार जमाने के लिए आ रही थी।

मीर साहब बोले—अंग्रेजी फौज आ रही है; खुदा खैर करे।

मिरज़ा—आने दीजिए, किश्त बचाइए। यह किश्त।

मीर—जरा देखना चाहिए, यहीं आड़ में खड़े हो जायँ !

मिरज़ा—देख लीजिएगा, जल्दी क्या है, फिर किश्त !

मीर—तोपखाना भी है। कोई पाँच हजार आदमी होंगे कैसे-कैसे जवान हैं। लाल बन्दरों के-से मुँह। सूरत देखकर खौफ मालूम होता है।

मिरज़ा—जनाब, हीले न कीजिए। ये चकमे किसी और को दीजिएगा। यह किश्त !

मीर—आप भी अजीब आदमी हैं। यहाँ तो शहर पर आफत आयी हुई है और आपको किश्त की सूझी है ! कुछ इसकी भी खबर है कि शहर घिर गया, तो घर कैसे चलेंगे?

मिरज़ा—जब घर चलने का वक्त आयेगा, तो देखा जायगा—यह किश्त ! बस, अबकी शह में मात है।

फौज निकल गयी। दस बजे का समय था। फिर बाजी बिछ गयी।

मिरज़ा—आज खाने की कैसे ठहरेगी?

मीर—अजी, आज तो रोज़ा है। क्या आपको ज्यादा भूख मालूम होती है?

मिरज़ा—जी नहीं। शहर में न जाने क्या हो रहा है !

मीर—शहर में कुछ न हो रहा होगा। लोग खाना खा-खाकर आराम से सो रहे होंगे। हुजूर नवाब साहब भी ऐशगाह में होंगे।

दोनों सज्जन फिर जो खेलने बैठे, तो तीन बज गये। अबकी मिरज़ा जी की बाजी कमजोर थी। चार का गजर बज ही रहा था कि फौज की वापसी की आहट मिली। नवाब वाजिदअली पकड़ लिये गये थे, और सेना उन्हें किसी अज्ञात स्थान को लिये जा रही थी। शहर में न कोई हलचल थी, न मार-काट। एक बूँद भी खून नहीं गिरा था। आज तक किसी स्वाधीन देश के राजा की पराजय इतनी शांति से, इस तरह खून बहे बिना न हुई होगी। यह वह अहिंसा न थी, जिस पर देवगण प्रसन्न होते हैं। यह वह कायरपन था, जिस पर बड़े-बड़े कायर भी आँसू बहाते हैं। अवध के विशाल देश का नवाब बन्दी चला जाता था, और लखनऊ ऐश की नींद में मस्त था। यह राजनीतिक अधःपतन की चरम सीमा थी।

मिरज़ा ने कहा—हुजूर नवाब साहब को जालिमों ने कैद कर लिया है।

मीर—होगा, यह लीजिए शह।

मिरज़ा—जनाब जरा ठहरिए। इस वक्त इधर तबीयत नहीं लगती। बेचारे नवाब साहब इस वक्त खून के आँसू रो रहे होंगे।

मीर—रोया ही चाहें। यह ऐश वहाँ कहाँ नसीब होगा। यह किश्त !

मिरज़ा—किसी के दिन बराबर नहीं जाते। कितनी दर्दनाक हालत है।

मीर—हाँ, सो तो है ही—यह लो, फिर किश्त ! बस, अबकी किश्त में मात है, बच नहीं सकते।

मिरज़ा—खुदा की कसम, आप बड़े बेदर्द हैं। इतना बड़ा हादसा देखकर भी आपको दुःख नहीं होता। हाय, गरीब वाजिदअली शाह !

मीर—पहले अपने बादशाह को तो बचाइए फिर नवाब साहब का मातम कीजिएगा। यह किश्त और यह मात ! लाना हाथ !

बादशाह को लिये हुए सेना सामने से निकल गयी। उनके जाते ही मिरज़ा ने फिर बाजी बिछा दी। हार की चोट बुरी होती है। मीर ने कहा—आइए, नवाब साहब के मातम में एक मरसिया कह डालें। लेकिन मिरज़ा की राजभक्ति अपनी हार के साथ लुप्त हो चुकी थी। वह हार का बदला चुकाने के लिए अधीर हो रहे थे।

शाम हो गयी। खंडहर में चमगादड़ों ने चीखना शुरू किया। अबाबीलें आ-आकर अपने-अपने घोसलों में चिमटीं। पर दोनों खिलाड़ी डटे हुए थे, मानो दो खून के प्यासे सूरमा आपस में लड़ रहे हों। मिरज़ाजी तीन बाजियाँ लगातार हार चुके थे; इस चौथी बाजी का रंग भी अच्छा न था। वह बार-बार जीतने का दृढ़ निश्चय करके सँभलकर खेलते थे लेकिन एक-न-एक चाल ऐसी बेढब आ पड़ती थी, जिससे बाजी खराब हो जाती थी। हर बार हार के साथ प्रतिकार की भावना और भी उग्र होती थी। उधर मीर साहब मारे उमंग के गजलें गाते थे, चुटकियाँ लेते थे, मानो कोई गुप्त धन पा गये हों। मिरज़ाजी सुन-सुनकर झुँझलाते और हार की झेंप को मिटाने के लिए उनकी दाद देते थे। पर ज्यों-ज्यों बाजी कमजोर पड़ती थी, धैर्य हाथ से निकला जाता था। यहाँ तक कि वह बात-बात पर झुँझलाने लगे—जनाब, आप चाल बदला न कीजिए। यह क्या कि एक चाल चले, और फिर उसे बदल दिया। जो कुछ चलना हो एक बार चल दीजिए; यह आप मुहरे पर हाथ क्यों रखते हैं? मुहरे को छोड़ दीजिए। जब तक आपको चाल न सूझे, मुहरा छुइये ही नहीं। आप एक-एक चाल आध घंटे में चलते हैं। इसकी सनद नहीं। जिसे एक चाल चलने में पाँच मिनट से ज्यादा लगे, उसकी मात समझी जाय। फिर आपने चाल बदली ! चुपके से मुहरा वहीं रख दीजिए।

मीर साहब का फरजी पिटता था। बोले—मैंने चाल चली ही कब थी?

मिरज़ा—आप चाल चल चुके हैं। मुहरा वहीं रख दीजिए—उसी घर में !

मीर—उस घर में क्यों रखूँ? मैंने हाथ से मुहरा छोड़ा ही कब था?

मिरज़ा—मुहरा आप कयामत तक न छोड़ें, तो क्या चाल ही न होगी? फरजी पिटते देखा तो धाँधली करने लगे।

मीर—धाँधली आप करते हैं। हार-जीत तकदीर से होती है, धाँधली करने से कोई नहीं जीतता?

मिरज़ा—तो इस बाजी में तो आपकी मात हो गयी।

मीर—मुझे क्यों मात होने लगी?

मिरज़ा—तो आप मुहरा उसी घर में रख दीजिए, जहाँ पहले रक्खा था।

मीर—वहाँ क्यों रखूँ? नहीं रखता।

मिरज़ा—क्यों न रखिएगा? आपको रखना होगा।

तकरार बढ़ने लगी। दोनों अपनी-अपनी टेक पर अड़े थे। न यह दबता था न वह। अप्रासंगिक बातें होने लगीं, मिरज़ा बोले—किसी ने खानदान में शतरंज खेली होती, तब तो इसके कायदे जानते। वे तो हमेशा, घास छीला करते, आप शतरंज क्या खेलिएगा। रियासत और ही चीज है। जागीर मिल जाने से ही कोई रईस नहीं हो जाता।

मीर—क्या? घास आपके अब्बाजान छीलते होंगे। यहाँ तो पीढ़ियों से शतरंज खेलते चले आ रहे हैं।

मिरज़ा—अजी, जाइए भी, गाजीउद्दीन हैदर के यहाँ बावरची का काम करते-करते उम्र गुजर गयी, आज रईस बनने चले हैं। रईस बनना कुछ दिल्लगी नहीं है।

मीर—क्यों अपने बुजुर्गों के मुँह में कालिख लगाते हो—वे ही बावरची का काम करते होंगे। यहाँ तो हमेशा बादशाह के दस्तरख्वान पर खाना खाते चले आये हैं।

मिरज़ा—अरे चल चरकटे, बहुत बढ़-बढ़कर बातें न कर।

मीर—जबान सँभालिये, वरना बुरा होगा। मैं ऐसी बातें सुनने का आदी नहीं हूँ। यहाँ तो किसी ने आँखें दिखायीं कि उसकी आँखें निकालीं। है हौसला?

मिरज़ा—आप मेरा हौसला देखना चाहते हैं, तो फिर, आइए। आज दो-दो हाथ हो जाय, इधर या उधर।

मीर—तो यहाँ तुमसे दबनेवाला कौन?

दोनों दोस्तों ने कमर से तलवारें निकाल लीं। नवाबी जमाना था; सभी तलवार, पेशकब्ज, कटार वगैरह बाँधते थे। दोनों विलासी थे, पर कायर न थे। उनमें राजनीतिक भावों का अधःपतन हो गया था—बादशाह के लिए, बादशाहत के लिए क्यों मरें; पर व्यक्तिगत वीरता का अभाव न था। दोनों जख्म खाकर गिरे, और दोनों ने वहीं तड़प-तड़पकर जानें दे दीं। अपने बादशाह के लिए जिनकी आँखों से एक बूँद आँसू न निकला, उन्हीं दोनों प्राणियों ने शतरंज के वजीर की रक्षा में प्राण दे दिये।

अँधेरा हो चला था। बाजी बिछी हुई थी। दोनों बादशाह अपने-अपने सिंहासनों पर बैठे हुए मानो इन दोनों वीरों की मृत्यु पर रो रहे थे !

चारों तरफ सन्नाटा छाया हुआ था। खंडहर की टूटी हुई मेहराबें, गिरी हुई दीवारें और धूल-धूसरित मीनारें इन लाशों को देखतीं और सिर धुनती थीं।

❑

8 सवा सेर गेहूँ

महाजनी संस्कृति की ब्याज पर ब्याज चढ़ने-बढ़ने की प्रवृति को रोचकता से व्याख्यायित करती रचना है—सवा सेर गेहूं। सुरसा की आंत की तरह बढ़ता ब्याज समाज का कोढ़ है।

किसी गाँव में शंकर नाम का एक कुरमी किसान रहता था। सीधा-सादा गरीब आदमी था, अपने काम-से-काम, न किसी के लेने में, न किसी के देने में। छक्का-पंजा न जानता था, छल-प्रपंच की उसे छूत भी न लगी थी, ठगे जाने की चिन्ता न थी, ठगविद्या न जानता था, भोजन मिला, खा लिया, न मिला, चबेने पर काट दी, चबैना भी न मिला, तो पानी पी लिया और राम का नाम लेकर सो रहा। किन्तु जब कोई अतिथि द्वार पर आ जाता था तो उसे इस निवृत्तिमार्ग का त्याग करना पड़ता था। विशेषकर जब साधु-महात्मा पदार्पण करते थे, तो उसे अनिवार्यत: सांसारिकता की शरण लेनी पड़ती थी। खुद भूखा सो सकता था, पर साधु को कैसे भूखा सुलाता, भगवान के भक्त जो ठहरे !

एक दिन संध्या समय एक महात्मा ने आकर उसके द्वार पर डेरा जमाया। तेजस्वी मूर्ति थी, पीताम्बर गले में, जटा सिर पर, पीतल का कमंडल हाथ में, खड़ाऊँ पैर में, ऐनक आँखों पर, सम्पूर्ण वेष उन महात्माओं का-सा था जो रईसों के प्रासादों में तपस्या, हवागाड़ियों पर देवस्थानों की परिक्रमा और योग-सिध्दि प्राप्त करने के लिए रुचिकर भोजन करते हैं। घर में जौ का आटा था, वह उन्हें कैसे खिलाता। प्राचीनकाल में जौ का चाहे जो कुछ महत्त्व रहा हो, पर वर्तमान युग में जौ का भोजन सिद्ध पुरुषों के लिए दुष्पाच्य होता है। बड़ी चिन्ता हुई, महात्माजी को क्या खिलाऊँ। आखिर निश्चय किया कि कहीं से गेहूँ का आटा उधार लाऊँ, पर गाँव-भर में गेहूँ का आटा न मिला। गाँव में सब मनुष्य-ही-मनुष्य थे, देवता एक भी न था, अतएव देवताओं का खाद्य पदार्थ कैसे मिलता। सौभाग्य से गाँव के विप्र महाराज के यहाँ से थोड़ा-सा मिल गए। उनसे सवा सेर गेहूँ उधार लिया और स्त्री से कहा, कि पीस दे। महात्मा ने भोजन किया, लम्बी तानकर सोये। प्रात:काल आशीर्वाद देकर अपनी राह ली।

विप्र महाराज साल में दो बार खलिहानी लिया करते थे। शंकर ने दिल में कहा,सवा सेर गेहूँ इन्हें क्या लौटाऊँ, पंसेरी बदले कुछ ज्यादा खलिहानी दे दूँगा, यह भी समझ जायँगे, मैं भी समझ जाऊँगा। चैत में जब विप्रजी पहुँचे तो उन्हें डेढ़ पंसेरी के लगभग गेहूँ दे दिया और अपने को उऋण समझकर उसकी कोई चरचा न की। विप्रजी ने फिर कभी न माँगा। सरल शंकर को क्या मालूम था कि यह सवा सेर गेहूँ चुकाने के लिए मुझे दूसरा जन्म लेना पड़ेगा।

सात साल गुजर गये। विप्रजी विप्र से महाजन हुए, शंकर किसान से मजूर हो गया। उसका छोटा भाई मंगल उससे अलग हो गया था। एक साथ रहकर दोनों किसान थे, अलग होकर मजूर हो गये थे। शंकर ने चाहा कि द्वेष की आग भड़कने न पाये, किन्तु परिस्थिति ने उसे विवश कर

दिया। जिस दिन अलग-अलग चूल्हे जले, वह फूट-फूटकर रोया। आज से भाई-भाई शत्रु हो जायँगे, एक रोयेगा, दूसरा हँसेगा, एक के घर मातम होगा तो दूसरे के घर गुलगुले पकेंगे, प्रेम का बंधन, खून का बंधन, दूध का बंधन आज टूटा जाता है। उसने भगीरथ परिश्रम से कुल-मर्यादा का वृक्ष लगाया था, उसे अपने रक्त से सींचा था, उसको जड़ से उखड़ता देखकर उसके हृदय के टुकड़े हुए जाते थे। सात दिनों तक उसने दाने की सूरत तक न देखी। दिन-भर जेठ की धूप में काम करता और रात को मुँह लपेटकर सो रहता। इस भीषण वेदना और दुस्सह कष्ट ने रक्त को जला दिया, मांस और मज्जा को घुला दिया। बीमार पड़ा तो महीनों खाट से न उठा। अब गुजर-बसर कैसे हो ?

पाँच बीघे के आधे रह गये, एक बैल रह गया, खेती क्या खाक होती ! अन्त को यहाँ तक नौबत पहुँची कि खेती केवल मर्यादा-रक्षा का साधन-मात्र रह गयी, जीविका का भार मजूरी पर आ पड़ा। सात वर्ष बीत गये, एक दिन शंकर मजूरी करके लौटा, तो राह में विप्रजी ने टोककर कहा, 'शंकर, कल आकर के अपने बीज-बेंग का हिसाब कर ले। तेरे यहाँ साढ़े पाँच मन गेहूँ कबके बाकी पड़े हुए हैं और तू देने का नाम नहीं लेता, हजम करने का मन है क्या ? '

शंकर ने चकित होकर कहा, मैंने तुमसे कब गेहूँ लिए थे जो साढ़े पाँच मन हो गये ? तुम भूलते हो, मेरे यहाँ किसी का छटाँक-भर न अनाज है,न एक पैसा उधार। '

विप्र—'इसी नीयत का तो यह फल भोग रहे हो कि खाने को नहीं जुड़ता। '

यह कहकर विप्रजी ने उस सवा सेर गेहूँ का जिक्र किया, जो आज के सात वर्ष पहले शंकर को दिये थे। शंकर सुनकर अवाक् रह गया। ईश्वर मैंने इन्हें कितनी बार खलिहानी दी, इन्होंने मेरा कौन-सा काम किया ? जब पोथी-पत्र देखने, साइत-सगुन विचारने द्वार पर आते थे, कुछ-न-कुछ 'दक्षिणा' ले ही जाते थे। इतना स्वार्थ ! सवा सेर अनाज को अंडे की भाँति सेकर आज यह पिशाच खड़ा कर दिया, जो मुझे निगल जायगा। इतने दिनों में एक बार भी कह देते तो मैं गेहूँ तौलकर दे देता, क्या इसी नीयत से चुप साध बैठे रहे ? बोला, ' महाराज, नाम लेकर तो मैंने उतना अनाज नहीं दिया, पर कई बार खलिहानों में सेर-सेर, दो-दो सेर दिया है। अब आप आज साढ़े पाँच मन माँगते हैं, मैं कहाँ से दूँगा ? '

विप्र—'लेखा जौ-जौ, बखसीस सौ-सौ, तुमने जो कुछ दिया होगा, उसका कोई हिसाब नहीं, चाहे एक की जगह चार पसेरी दे दो। तुम्हारे नाम बही में साढ़े पाँच मन लिखा हुआ है; जिससे चाहे हिसाब लगवा लो। दे दो तो तुम्हारा नाम छेक दूँ, नहीं तो और भी बढ़ता रहेगा। '

शंकर—'पाँडे, क्यों एक गरीब को सताते हो, मेरे खाने का ठिकाना नहीं, इतना गेहूँ किसके घर से लाऊँगा ? '

विप्र—'ज़िसके घर से चाहे लाओ, मैं छटाँक-भर भी न छोड़ूँगा, यहाँ न दोगे, भगवान् के घर तो दोगे। '

शंकर काँप उठा। हम पढ़े-लिखे आदमी होते तो कह देते, 'अच्छी बात है, ईश्वर के घर ही देंगे; वहाँ की तौल यहाँ से कुछ बड़ी तो न होगी। कम-से-कम इसका कोई प्रमाण हमारे पास नहीं, फिर उसकी क्या चिन्ता। किन्तु शंकर इतना तार्किक, इतना व्यवहार-चतुर न था। एक तो ऋण

वह भी ब्राह्मण का बही में नाम रह गया तो सीधे नरक में जाऊँगा, इस खयाल ही से उसे रोमांच हो गया। बोला, ' महाराज, तुम्हारा जितना होगा यहीं दूँगा, ईश्वर के यहाँ क्यों दूँ, इस जनम में तो ठोकर खा ही रहा हूँ, उस जनम के लिए क्यों काँटे बोऊँ ? मगर यह कोई नियाव नहीं है। तुमने राई का पर्वत बना दिया, ब्राह्मण हो के तुम्हें ऐसा नहीं करना चाहिए था। उसी घड़ी तगादा करके ले लिया होता, तो आज मेरे सिर पर इतना बड़ा बोझ क्यों पड़ता। मैं तो दे दूँगा, लेकिन तुम्हें भगवान् के यहाँ जवाब देना पड़ेगा। '

विप्र—'वहाँ का डर तुम्हें होगा, मुझे क्यों होने लगा। वहाँ तो सब अपने ही भाई-बन्धु हैं। ऋषि-मुनि, सब तो ब्राह्मण ही हैं; देवता ब्राह्मण हैं, जो कुछ बने-बिगड़ेगी, सँभाल लेंगे। तो कब देते हो ? '

शंकर—'मेरे पास रक्खा तो है नहीं, किसी से माँग-जाँचकर लाऊँगा तभी न दूँगा ! '

विप्र—'मैं यह न मानूँगा। सात साल हो गये, अब एक दिन का भी मुलाहिजा न करूँगा। गेहूँ नहीं दे सकते, तो दस्तावेज लिख दो। '

शंकर—'मुझे तो देना है, चाहे गेहूँ लो चाहे दस्तावेज लिखाओ; किस हिसाब से दाम रक्खोगे?'

विप्र—'बाजार-भाव पाँच सेर का है, तुम्हें सवा पाँच सेर का काट दूँगा।'

शंकर—' ज़ब दे ही रहा हूँ तो बाजार-भाव काटूँगा, पाव-भर छुड़ाकर क्यों दोषी बनूँ। '

हिसाब लगाया तो गेहूँ के दाम साठ रु. हुए। साठ रु. का दस्तावेज लिखा गया, तीन रु. सैकड़े सूद। साल-भर में न देने पर सूद की दर ढाई रुपये सैकड़े। आठ आने का स्टाम्प, चार आने दस्तावेज की तहरीर शंकर को ऊपर से देनी पड़ी।

गाँव भर ने विप्रजी की निन्दा की, लेकिन मुँह पर नहीं। महाजन से सभी का काम पड़ता है, उसके मुँह कौन आये। शंकर ने साल भर तक कठिन तपस्या की। मीयाद के पहले रुपये अदा करने का उसने व्रत-सा कर लिया। दोपहर को पहले भी चूल्हा न जलता था, चबैने पर बसर होती थी, अब वह भी बंद हुआ। केवल लड़के के लिए रात को रोटियाँ रख दी जातीं ! पैसे रोज का तंबाकू पी जाता था, यही एक व्यसन था जिसका वह कभी न त्याग कर सका था। अब वह व्यसन भी इस कठिन व्रत की भेंट हो गया। उसने चिलम पटक दी, हुक्का तोड़ दिया और तमाखू की हाँड़ी चूर-चूर कर डाली। कपड़े पहले भी त्याग की चरम सीमा तक पहुँच चुके थे, अब वह प्रकृति की न्यूनतम रेखाओं में आबद्ध हो गये। शिशिर की अस्थिबेधक शीत को उसने आग तापकर काट दिया। इस संकल्प का फल आशा से बढ़कर निकला। साल के अन्त में उसके पास साठ रु. जमा हो गये। उसने समझा पंडितजी को इतने रुपये दे दूँगा और कहूँगा महाराज, बाकी रुपये भी जल्द ही आपके सामने हाजिर करूँगा। पन्द्रह रु. की तो और बात है, क्या पंडितजी इतना भी न मानेंगे ! उसने रुपये लिये और ले जाकर पंडितजी के चरण-कमलों पर अर्पण कर दिये। पंडितजी ने विस्मित होकर पूछा, ' क़िसी से उधार लिये क्या ? '

शंकर—'नहीं महाराज, ' आपके असीस से अबकी मजूरी अच्छी मिली। '

विप्र—'लेकिन यह तो साठ रु. ही हैं ! '

शंकर—' हाँ महाराज, इतने अभी ले लीजिए, बाकी मैं दो-तीन महीने में दे दूँगा, मुझे उरिन कर दीजिए।'

विप्र—'उरिन तो जभी होगे जबकि मेरी कौड़ी-कौड़ी चुका दोगे। जाकर मेरे पंद्रह रु. और लाओ।'

शंकर—'महाराज, इतनी दया करो; अब साँझ की रोटियों का भी ठिकाना नहीं है, गाँव में हूँ तो कभी-न-कभी दे ही दूँगा।'

विप्र—'मैं यह रोग नहीं पालता, न बहुत बातें करना जानता हूँ। अगर मेरे पूरे रुपये न मिलेंगे तो आज से 3) रु. सैकड़े का ब्याज लगेगा। अपने रुपये चाहे अपने घर में रक्खो, चाहे मेरे यहाँ छोड़ जाओ।

शंकर—'अच्छा जितना लाया हूँ उतना रख लीजिए। मैं जाता हूँ, कहीं से पंद्रह रु. और लाने की फिक्र करता हूँ।

शंकर ने सारा गाँव छान मारा, मगर किसी ने रुपये न दिये, इसलिए नहीं कि उसका विश्वास न था, या किसी के पास रुपये न थे, बल्कि इसलिए कि पंडितजी के शिकार को छेड़ने की किसी की हिम्मत न थी।

क्रिया के पश्चात् प्रतिक्रिया नैसर्गिक नियम है। शंकर साल-भर तक तपस्या करने पर भी जब ऋण से मुक्त होने में सफल न हो सका तो उसका संयम निराशा के रूप में परिणत हो गया। उसने समझ लिया कि जब इतना कष्ट सहने पर भी साल-भर में 60/—रु. से अधिक न जमा कर सका, तो अब और कौन सा उपाय है जिसके द्वारा इसके दूने रुपये जमा हों। जब सिर पर ऋण का बोझ ही लादना है तो क्या मन-भर का और क्या सवा मन का। उसका उत्साह क्षीण हो गया, मिहनत से घृणा हो गयी। आशा उत्साह की जननी है, आशा में तेज है, बल है, जीवन है। आशा ही संसार की संचालक शक्ति है। शंकर आशाहीन होकर उदासीन हो गया। वह जरूरतें जिनको उसने साल-भर तक टाल रखा था, अब द्वार पर खड़ी होनेवाली भिखारिणी न थीं, बल्कि छाती पर सवार होनेवाली पिशाचनियाँ थीं, जो अपनी भेंट लिये बिना जान नहीं छोड़तीं। कपड़ों में चकत्तियों के लगने की भी एक सीमा होती है। अब शंकर को चिट्ठा मिलता तो वह रुपये जमा न करता, कभी कपड़े लाता, कभी खाने की कोई वस्तु। जहाँ पहले तमाखू ही पिया करता था, वहाँ अब गाँजे और चरस का चस्का भी लगा। उसे अब रुपये अदा करने की कोई चिन्ता न थी मानो उसके ऊपर किसी का एक पैसा भी नहीं आता। पहले जूड़ी चढ़ी होती थी, पर वह काम करने अवश्य जाता था, अब काम पर न जाने के लिए बहाना खोजा करता।

इस भाँति तीन वर्ष निकल गये। विप्रजी महाराज ने एक बार भी तकाजा न किया। वह चतुर शिकारी की भाँति अचूक निशाना लगाना चाहते थे। पहले से शिकार को चौंकाना उनकी नीति के विरुद्ध था। एक दिन पंडितजी ने शंकर को बुलाकर हिसाब दिखाया। साठ रु. जो जमा थे वह मिनहा करने पर अब भी शंकर के जिम्मे एक सौ बीस रुपये निकले। शंकर—'इतने रुपये तो उसी जन्म में दूँगा, इस जन्म में नहीं हो सकते।'

विप्र—'मैं इसी जन्म में लूँगा। मूल न सही, सूद तो देना ही पड़ेगा।'

शंकर—' एक बैल है, वह ले लीजिए और मेरे पास रक्खा क्या है।'

विप्र—'मुझे बैल-बधिया लेकर क्या करना है। मुझे देने को तुम्हारे पास बहुत कुछ है।'

शंकर—'और क्या है महाराज ?'

विप्र—'क़ुछ है, तुम तो हो। आखिर तुम भी कहीं मजूरी करने जाते ही हो, मुझे भी खेती के लिए मजूर रखना ही पड़ता है। सूद में तुम हमारे यहाँ काम किया करो, जब सुभीता हो मूल को दे देना। सच तो यों है कि अब तुम किसी दूसरी जगह काम करने नहीं जा सकते जब तक मेरे रुपये नहीं चुका दो। तुम्हारे पास कोई जायदाद नहीं है, इतनी बड़ी गठरी मैं किस एतबार पर छोड़ दूँ। कौन इसका जिम्मा लेगा कि तुम मुझे महीने-महीने सूद देते जाओगे। और कहीं कमाकर जब तुम मुझे सूद भी नहीं दे सकते, तो मूल की कौन कहे ?'

शंकर—'महाराज, सूद में तो काम करूँगा और खाऊँगा क्या ?'

विप्र—'तुम्हारी घरवाली है, लड़के हैं, क्या वे हाथ-पाँव कटाके बैठेंगे। रहा मैं, तुम्हें आधा सेर जौ रोज कलेवा के लिए दे दिया करूँगा। ओढ़ने को साल में एक कम्बल पा जाओगे, एक मिरजई भी बनवा दिया करूँगा, और क्या चाहिए। यह सच है कि और लोग तुम्हें छ: आने देते हैं लेकिन मुझे ऐसी गरज नहीं है, मैं तो तुम्हें रुपये भरने के लिए रखता हूँ।'

शंकर ने कुछ देर तक गहरी चिन्ता में पड़े रहने के बाद कहा, ' महाराज यह तो जन्म-भर की गुलामी हुई।'

विप्र—'ग़ुलामी समझो, चाहे मजूरी समझो। मैं अपने रुपये भराये बिना तुमको कभी न छोडूँगा। तुम भागोगे तो तुम्हारा लड़का भरेगा। हाँ, जब कोई न रहेगा तब की बात दूसरी है।'

इस निर्णय की कहीं अपील न थी। मजूर की जमानत कौन करता, कहीं शरण न थी, भागकर कहाँ जाता, दूसरे दिन से उसने विप्रजी के यहाँ काम करना शुरू कर दिया। सवा सेर गेहूँ की बदौलत उम्र-भर के लिए गुलामी की बेड़ी पैरों में डालनी पड़ी। उस अभागे को अब अगर किसी विचार से संतोष होता था तो यह था कि वह मेरे पूर्व-जन्म का संस्कार है। स्त्री को वे काम करने पड़ते थे, जो उसने कभी न किये थे, बच्चे दानों को तरसते थे, लेकिन शंकर चुपचाप देखने के सिवा और कुछ न कर सकता था। वह गेहूँ के दाने किसी देवता के शाप की भाँति यावज्जीवन उसके सिर से न उतरे।

शंकर ने विप्रजी के यहाँ बीस वर्ष तक गुलामी करने के बाद इस दुस्सार संसार से प्रस्थान किया। एक सौ बीस रूपये अभी तक उसके सिर पर सवार थे। पंडितजी ने उस गरीब को ईश्वर के दरबार में कष्ट देना उचित न समझा, इतने अन्यायी, इतने निर्दयी न थे। उसके जवान बेटे की गरदन पकड़ी। आज तक वह विप्रजी के यहाँ काम करता है। उसका उद्धार कब होगा; होगा भी या नहीं, ईश्वर ही जाने।

❐

9 मंदिर और मस्जिद

धार्मिक उन्माद असहिष्णुता का प्रतीक है और हिंसा से भी परहेज़ नहीं करता। हिंदुओं और मुसलमानों में भी उदार लोगों की संख्या कम नहीं है परन्तु जब परम्परागत धर्म के पालन या उसमें दखल की बात सामने आती है तो तलवारें खिंच जाती हैं।

चौधरी इसरतअली उदार स्वभाव के जागीरदार थे। दरबारी नहीं थे परन्तु हिन्दू—मुसलमानों के सभी सामाजिक कार्यक्रमों में उनकी सहभागिता रहती थी। ब्राह्मण कन्याओं के विवाह में दान-दक्षिणा निश्चित थी। उनकी बिरादरी के लोग उनसे जलते थे। कृष्ण जन्मोत्सव पर मुसलमान उपद्रवियों ने पत्थ्र बरसाने शुरू कर दिए, तो चौधरी ने अपने बलिष्ठि सेवादार भजन सिंह को वहां भेजा। भजन सिंह ने चौधरी के बेटे शाहिद पर ही वार कर दिया। वह अंधेरे में पहचान नहीं पाया था। ठाकुर भजनसिंह अपने आपको मारने का प्रयास करता है, चौधरी उसका छुरा पकड़ लेता है। छिपने-छिपाने के एक अंतराल के बाद भजनसिंह ने हामिद के सामने आत्मसमर्पण कर दिया। चौधरी ने मुकद्दमे की पैरवी की, और उसे फांसी से बचा लिया।

हिन्दुओं और मुसलमानों के मन-मुटाव, परस्प र विरोध, मंदिर-मस्जिद के शाश्वत झगड़े, सहिष्णु —असहिष्णु चरित्रों की कहानी है। चौधरी भी दीन का पक्का है। भजनसिंह मस्जिद में घुसा तो इसे दीन का अपमान माना गया, और चौधरी भजनसिंह को मृत्युदण्ड देने को तत्पर हुआ लेकिन पाले हुए नौकर को मारे कैसे ? भजनसिंह ने असमंजस देखा तो कहा — चौधरी साहिब आप कल मेरे घर से मेरा सिर मंगवा लिजिएगा। मैंने अपराध किया है, सजा भुगतूंगा।

चौधरी इशरतअली ‘कड़े’ के बड़े जागीरदार थे। उनके बुजुर्गो ने शाही जमाने में अंग्रेजी सरकार की बड़ी-बड़ी खिदमत की थी। उनके बदले में यह जागीर मिली थी। अपने सुप्रबन्धन से उन्होंने अपनी मिल्कियत और भी बढ़ा ली थी और अब इस इलाके में उनसे ज्यादा धनी-मानी कोई आदमी न था। अंग्रेज हुक्काम जब इलाके में दौरा करने जाते तो चौधरी साहब की मिजाजपुर्सी के लिए जरूर आते थे। मगर चौधरी साहब खुद किसी हाकिम को सलाम करने न जाते, चाहे वह कमिश्नर ही क्यों न हो। उन्होंने कचहरियों में न जाने का व्रत-सा कर लिया था। किसी इजलास-दरबार में भी न जाते थे। किसी हाकिम के सामने हाथ बांधकर खड़ा होना और उसकी हर एक बात पर ‘जी हुजूर’ करना अपनी शान के खिलाफ समझते थे। वह यथासाध्य किसी मामले-मुक़दमे में न पड़ते थे, चाहे अपना नुकसान ही क्यों न होता हो। यह काम सोलहों आने मुख्तारों के हाथ में था, वे एक के सौ करें या सौ के एक। फारसी और अरबी के आलिम थे, शरा के बड़े पाबंद, सूद को हराम समझते, पांचों वक्त की नमाज अदा करते, तीसों रोजे रखते और नित्य कुरान की तलावत (पाठ) करते थे। मगर धार्मिक संकीर्णता कहीं छू तक नहीं गयी थी। प्रातःकाल गंगा-स्नान करना उनका नित्य का नियम था। पानी बरसे, पाला पड़े, पर पांच बजे वह कोस-भर चलकर

गंगा तट पर अवश्य पहुंच जाते। लौटते वक्त अपनी चांदी की सुराही गंगाजल से भर लेते और हमेशा गंगाजल पीते। गंगाजल के सिवा वह और कोई पानी पीते ही न थे। शायद कोई योगी-यती भी गंगाजल पर इतनी श्रद्धा न रखता होगा। उनका सारा घर, भीतर से बाहर तक, सातवें दिन गऊ के गोबर से लीपा जाता था। इतना ही नही, उनके यहां बगीचे में एक पण्डित बारहों मास दुर्गा पाठ भी किया करते थे। साधु-संन्यासियों का आदर-सत्कार तो उनके यहां जितनी उदारता और भक्ति से किया जाता था, उस पर राजों को भी आश्चर्य होता था। यों कहिए कि सदाव्रत चलता था। उधर मुसलमान फकीरों का खाना बावर्चीखाने में पकता था और कोई सौ-सवा सौ आदमी नित्य एक दस्तरखान पर खाते थे। इतना दान-पुण्य करने पर भी उन पर किसी महाजन का एक कौड़ी का भी कर्ज न था। नीयत की कुछ ऐसी बरकत थी कि दिन-दिन उन्नति ही होती थी। उनकी रियासत में आम हुक्म था कि मुर्दो को जलाने के लिए, किसी यज्ञ या भोज के लिए, शादी-ब्याह के लिए सरकारी जंगल से जितनी लकड़ी चाहे काट लो, चौधरी साहब से पूछने की जरूरत न थी। हिंदू असामियों की बारात में उनकी ओर से कोई न कोई जरूर शरीक होता था। नवेद के रुपये बंधे हुए थे, लड़कियों के विवाह में कन्यादान के रुपये मुकर्रर थे, उनको हाथी, घोड़े, तंबू, शामियाने, पालकी-नालकी, फर्श-जाजिमें, पंखे-चंवर, चांदी के महफिली सामान उनके यहां से बिना किसी दिक्कत के मिल जाते थे, मांगने-भर की देर रहती थी। इस दानी, उदार, यशस्वी आदमी के लिए प्रजा भी प्राण देने को तैयार रहती थी।

चौधरी साहब के पास एक राजपूत चपरासी था भजनसिंह। पूरे छः फुट का जवान था, चौड़ा सीना, बाने का लठैत्, सैकड़ों के बीच से मारकर निकले आने वाला। उसे भय तो छू भी नहीं गया था। चौधरी साहब को उस पर असीम विश्वास था, यहां तक कि हज करने गये तो उसे भी साथ लेते गये थे। उनके दुश्मनों की कमी न थी, आस-पास के सभी जमींदार उनकी शक्ति और कीर्ति से जलते थे। चौधरी साहब के खौफ के मारे वे अपने असामियों पर मनमाना अत्याचार न कर सकते थे, क्योंकि वह निर्बलों का पक्ष लेने के लिए सदा तैयार रहते थे। लेकिन भजनसिंह साथ हो, तो उन्हें दुश्मन के द्वार पर भी सोने में कोई शंका न थी। कई बार ऐसा हुआ कि दुश्मनों ने उन्हें घेर लिया और भजनसिंह अकेला जान पर खेलकर उन्हें बेदाग निकाल लाया। ऐसा आग में कूद पड़ने वाला आदमी भी किसी ने कम देखा होगा। वह कहीं बाहर जाता तो जब तक खैरियत से घर न पहुंच जाय, चौधरी साहब को शंका बनी रहती थी कि कहीं किसी से लड़ न बैठा हो। बस, पालतू भेड़े की-सी दशा थी, जो जंजीर से छुटते ही किसी न किसी से टक्कर लेने दौड़ता है। तीनों लोक में चौधरी साहब कि सिवा उसकी निगाहों में और कोई था ही नही। बादशाह कहो, मालिक कहो, देवता कहो, जो कुछ थे चौधरी साहब थे।

मुसलान लोग चौधरी साहब से जला करते थे। उनका ख्याल था कि वह अपने दीन से फिर गये हैं। ऐसा विचित्र जीवन-सिद्धांत उनकी समझ में क्योंकर आता। मुसलमान, सच्चा मुसलमान है तो गंगाजल क्यों पिये, साधुओं का आदर-सत्कार क्यों करे, दुर्गापाठ क्यों करावे? मुल्लाओं में उनके खिलाफ हंडिया पकती रहती थी और हिन्दुओं को जक देने की तैयारियां होती रहती थीं। आखिर यह राय तय पायी कि ठीक जन्माष्टमी कि दिन ठाकुरद्वारे पर हमला किया जाय और

हिन्दुओं का सिर नीचा कर दिया जाय, दिखा दिया जाय कि चौधरी साहब के बल पर फूले-फूले फिरना तुम्हारी भूल है। चौधरी साहब कर ही क्या लेंगे। अगर उन्होंने हिन्दुओं की हिमायत की, तो उनकी भी खबर ली जायगी, सारा हिन्दूपन निकल जायगा।

अंधेरी रात थी, कड़े के बड़े ठाकुरद्वारे में कृष्ण का जन्मोत्सव मनाया जा रहा था। एक वृद्ध महात्मा पोपले मुंह से तंबूरो पर ध्रुपर अलाप रहे थे और भक्तजन ढोल-मजीरे लिये बैठे थे कि इनका गाना बंद हो, तो हम अपनी कीर्तन शुरू करें। भंडारी प्रसाद बना रहा था। सैकड़ों आदमी तमाशा देखने के लिए जमा थे।

सहसा मुसलमानों का एक दल लाठियां लिये हुए आ पहुंचा, और मंदिर पर पत्थर बरसाना शुरू किया। शोर मच गया—पत्थर कहां से आते हैं! ये पत्थर कौन फेंक रहा है! कुछ लोग मंदिर के बाहर निकलकर देखने लगे। मुसलमान लोग तो घात में बैठे ही थे, लाठियां जमानी शुरू कीं। हिन्दुओं के हाथ में उस समय ढोल-मंजीरे के सिवा और क्या था। कोई मंदिर में आ छिपा, कोई किसी दूसरी तरफ भागा। चारों तरफ शोर मच गया।

चौधरी साहब को भी खबर हुई। भजनसिंह से बोले—ठाकुर, देखो तो क्या शोर-गुल है? जाकर बदमाशों को समझा दो और न माने तो दो-चार हाथ चला भी देना मगर खून-खच्चर न होने पाये।

ठाकुर यह शोर-गुल सुन-सुनकर दांत पीस रहे थे, दिल पर पत्थर की सिल रक्खे बैठे थे। यह आदेश सुना तो मुंहमांगी मुराद पायी। शत्रु-भंजन डंडा कंधे पर रक्खा और लपके हुए मंदिर पहुंचे। वहां मुसलमानों ने घोर उपद्रव मचा रक्खा था। कई आदमियों का पीछा करते हुए मंदिर में घुस गये थे, और शीशे के सामान तोड़-फोड़ रहे थे।

ठाकुर की आंखों में खून उतर आया, सिर पर खून सवार हो गया। ललकारते हुए मंदिर मे घुस गया और बदमाशों को पीटना शुरू किया, एक तरफ तो वह अकेला और दूसरी तरफ पचासों आदमी! लेकिन वाह रे शेर! अकेले सबके छक्के छुड़ा दिये, कई आदमियों को मार गिराया। गुस्से में उसे इस वक्त कुछ न सूझता था, किसी के मरने-जीने की परवा न थी। मालूम नहीं, उसमें इतनी शक्ति कहां से आ गयी थी। उसे ऐसा जान पड़ता था कि कोई दैवी शक्ति मेरी मदद कर रही है। कृष्ण भगवान् स्वयं उसकी रक्षा करते हुए मालूम होते थे। धर्म-संग्राम में मनुष्यों से अलौकिक काम हो जाते हैं।

उधर ठाकुर के चले आने के बाद चौधरी साहब को भय हुआ कि कहीं ठाकुर किसी का खून न कर डाले, उसके पीछे खुद भी मंदिर में आ पहुंचे। देखा तो कुहराम मचा हुआ है। बदमाश लोग अपनी जान ले-लेकर बेतहाशा भागे जा रहे हैं, कोई पड़ा कराह रहा है, कोई हाय-हाय कर रहा है। ठाकुर को पुकारना ही चाहते थे कि सहसा एक आदमी भागा हुआ आया और उनके सामने आता-आता जमीन पर गिर पड़ा। चौधरी साहब ने उसे पहचान लिया और दुनिया आंखों में अंधेरी हो गयी। यह उनका इकलौता दामाद और उनकी जायदाद का वारिस शाहिद हुसेन था!

चौधरी ने दौड़कर शाहिद को संभाला और जोर से बोला—ठाकुर, इधर आओ—लालटेन!....लालटेन! आह, यह तो मेरा शाहिद है!

ठाकुर के हाथ-पांव फूल गये। लालटेन लेकर बाहर निकले। शाहिद हुसैन ही थे। उनका सिर फट गया था और रक्त उछलता हुआ निकल रहा था।

चौधरी ने सिर पीटते हुए कहा—ठाकुर, तुने तो मेरा चिराग ही गुल कर दिया।

ठाकुर ने थरथर कांपते हुए कहा—मालिक, भगवान् जानते हैं मैंने पहचाना नहीं।

चौधरी—नहीं, मैं तुम्हारे ऊपर इलजाम नहीं रखता। भगवान् के मंदिर में किसी को घुसने का अख्तियार नहीं है। अफसोस यही है कि खानदान का निशान मिट गया, और तुम्हारे हाथों! तुमने मेरे लिए हमेशा अपनी जान हथेली पर रक्खी, और खुदा ने तुम्हारे ही हाथों मेरा सत्यानाश करा दिया।

चौधरी साहब रोते जाते थे और ये बातें कहते जाते थे। ठाकुर ग्लानि और पश्चात्ताप से गड़ा जाता था। अगर उसका अपना लड़का मारा गया होता, तो उसे इतना दु:ख न होता। आह! मेरे हाथों मेरे मालिक का सर्वनाश हुआ! जिसके पसीने की जगह वह खून बहाने को तैयार रहता था, जो उसका स्वामी ही नहीं, इष्ट था, जिसके जरा-से इशारे पर वह आग में कूद सकता था, उसी के वंश की उसने जड़ काट दी! वह उसकी आस्तीन का सांप निकला! रुंधे हुए कंठ से बोला—सरकार, मुझसे बढ़कर अभागा और कौन होगा। मेरे मुंह में कालिख लग गयी।

यह कहते-कहते ठाकुर ने कमर से छुरा निकाल लिया। वह अपनी छाती में छुरा घोंपकर कालिमा को रक्त से धोना ही चाहते थे कि चौधरी साहब ने लपककर छुरा उनके हाथों से छीन लिया और बोले—क्या करते हो, होश संभालो। ये तकदीर के करिश्मे हैं, इसमें तुम्हारा कोई कसूर नहीं, खुदा को जो मंजूर था, वह हुआ। मैं अगर खुद शैतान के बहकावे में आकर मन्दिर में घुसता और देवता की तौहीन करता, और तुम मुझे पहचानकर भी कत्ल कर देते तो मैं अपना खून माफ कर देता। किसी के दीन की तौहीन करने से बड़ा और कोई गुनाह नहीं है। गो इस वक्त मेरा कलेजा फटा जाता है, और यह सदमा मेरी जान ही लेकर छोड़ेगा, पर खुदा गवाह है कि मुझे तुमसे जरा भी मलाल नहीं है। तुम्हारी जगह मैं होता, तो मैं भी यही करता, चाहे मेरे मालिक का बेटा ही क्यों न होता। घरवाले मुझे तानो से छेदेंगे, लड़की रो-रोकर मुझसे खून का बदला मांगेंगी, सारे मुसलान मेरे खून के प्यासे हो जाएंगे, मैं काफिर और बेदीन कहा जाऊंगा, शायद कोई दीन का पक्का नौजवान मुझे कत्ल करने पर भी तैयार हो जाय, लेकिन मै हक से मुंह न मोडूंगा। अंधेरी रात है, इसी दम यहां से भाग जाओ, और मेरे इलाके में किसी छावनी में छिप जाओ। वह देखो, कई मुसलमान चले आ रहे हैं—मेरे घरवाले भी हैं—भागो, भागो!

साल-भर भजनसिंह चौधरी साहब के इलाके में छिपा रहा। एक ओर मुसलमान लोग उसकी टोह में लगे रहते थे, दूसरी ओर पुलिस। लेकिन चौधरी उसे हमेशा छिपाते रहते थे। अपने समाज के ताने सहे, अपने घरवालों का तिरस्कार सहा, पुलिस के वार सहे, मुल्लाओं की धमकियां सहीं,

पर भजनसिंह की खबर किसी को कानों-कान न होने दी। ऐसे वफादार स्वामिभक्त सेवक को वह जीते जी निर्दय कनून के पंजे में न देना चाहते थे।

उनके इलाके की छावनियों में कई बार तलाशियां हुईं, मुल्लाओं ने घर के नौकारों, मामाओं, लौंडियों को मिलाया, लेकिन चौधरी ने ठाकुर को अपने एहसानों की भांति छिपाये रक्खा।

लेकिन ठाकुर को अपने प्राणों की रक्षा के लिए चौधरी साहब को संकट में पड़े देखकर असह्य वेदना होती थी। उसके जी में बार-बार आता था, चलकर मालिक से कह दूं—मुझे पुलिस के हवाले कर दीजिए। लेकिन चौधरी साहब बार-बार उसे छिपे रहने की ताकीद करते रहते थे।

जाड़ों के दिन थे। चौधरी साहब अपने इलाके का दौरा कर रहे थे। अब वह मकान पर बहुत कम रहते थे। घरवालों के शब्द-बाणों से बचने का यही उपाय था। रात को खाना खाकर लेटे ही थे कि भजनसिंह आकर सामने खड़ा हो गया। उसकी सूरत इतनी बदल गई थी कि चौधरी साहब देखकर चौंक पड़े। ठाकुर ने कहा—सरकार अच्छी तरह हैं?

चौधरी—हां, खुदा का फ़ज़ल है। तुम तो बिल्कुल पहचाने ही नही जाते। इस वक्त कहां से आ रहे हो?

ठाकुर—मालिक, अब तो छिपकर नहीं रहा जाता। हुक्म हो तो जाकर अदालत में हाजिर हो जाऊं। जो भाग्य में लिखा होगा, वह होगा। मेरे कारन आपको इतनी हैरानी हो रही है, यह मुझसे नहीं देखा जाता।

चौधरी—नहीं ठाकुर, मेरे जीते जी नही। तुम्हें जान-बूझकर भाड़ के मुंह में नहीं डाल सकता। पुलिस अपनी मर्जी के माफिक शहादातें बना लेगी, और मुफ्त में तुम्हें जान से हाथ धोना पड़ेगा। तुमने मेरे लिए बड़े-बड़े खतरे सहे हैं। अगर मैं तुम्हारे लिए इतना भी न कर सकूं, तो मुझसे कुछ मत कहना।

ठाकुर—कहीं किसी ने सरकार...

चौधरी—इसका बिल्कुल गम न करो। जब तक खुदा को मंजूर न होगा, कोई मेरा बाल भी बांका नहीं कर सकता। तुम अब जाओ, यहां ठहरना खतरनाक है।

ठाकुर—सुनता हूं, लोगों ने आपसे मिलना-जुलना छोड़ दिया है।

चौधरी—दुश्मनों का दूर रहना ही अच्छा। लेकिन ठाकुर के दिल में जो बात जम गई थी, वह न निकली। इस मुलाकात ने उसका इरादा और भी पक्का कर दिया। इन्हें मेरे कारन यों मारे-मारे फिरना पड़ रहा है। यहां इनका कौन अपना बैठा हुआ है? जो चाहे आकर हमला कर सकता है। मेरी इस जिंदगानी को धिक्कार!

प्रात:काल ठाकुर जिला हाकिम के बंगले पर पहुंचा। साहब ने पूछा—तुम अब तक चौधरी के कहने से छिपा था?

ठाकुर—नहीं हजूर, अपनी जान के खौफ से।

चौधरी साहब ने यह खबर सुनी, तो सन्नाटे में आ गए। अब क्या हो? अगर मुकदमे की पैरवी न की गई तो ठाकुर का बचना मुश्किल है। पैरवी करते हैं, तो इसलामी दुनिया में तहलका पड़ जाता है। चारों तरफ से फतवे निकलने लगेंगे। उधर मुसलमानों ने ठान ली कि इसे फांसी दिलाकर ही छोड़ेंगे। आपस में चंदा किया गया। मुल्लाओं ने मसजिद में चंदे की अपील की, द्वार-द्वार झोली बांधकर घूमे। इस पर कौमी मुकदमे का रंग चढ़ाया गया। मुसलमान वकीलों को नाम लूटने का मौका मिला। आसपास के जिलों में लोग जिहाद में शरीक होने के लिए आने लगे।

चौधरी साहब ने भी पैरवी करने का निश्चय किया, चाहे कितनी ही आफतें क्यों न सिर पर आ पड़ें। ठाकुर उन्हें इंसाफ की निगाह में बेकसूर मालूम होता था और बेकसूर की रक्षा करने में उन्हें किसी का खौफ न था, घर से निकल खड़े हुए और शहर में जाकर डेरा जमा लिया।

छ: महीने तक चौधरी साहब ने जान लड़ाकर मुकदमे की पैरवी की। पानी की तरह रुपये बहाये, आंधी की तरह दौड़े। वह सब किया जो जिन्दगी में कभी न किया था, और न पीछे कभी किया। अहलकारों की खुशामदें कीं, वकीलों के नाज उठाये, हकिमों को नजरें दीं और ठाकुर को छुड़ा लिया। सारे इलाके में धूम मच गई। जिसने सुना, दंग रह गया। इसे कहते हैं शराफत! अपने नौकर को फांसी से उतार लिया।

लेकिन साम्प्रदायिक द्वेष ने इस सत्कार्य को और ही आंखों से देखा—मुसलमान झल्लाये, हिन्दुओं ने बगलें बजाईं। मुसलामन समझे इनकी रही-सही मुसलमानी भी गायब हो गई। हिन्दुओं ने खयाल किया, अब इनकी शुद्धि कर लेनी चाहिए, इसका मौका आ गया। मुल्लाओं ने जारे-जोर से तबलीग की हांक लगानी शुरू की, हिन्दुओं ने भी संगठन का झंडा उठाया। मुसलमानों की मुलसमानी जाग उठी और हिन्दुओं का हिन्दुत्व। ठाकुर के कदम भी इस रेले में उखड़ गये। मनचले थे ही, हिन्दुओं के मुखिया बन बैठे। जिन्दगी में कभी एक लोटा जल तक शिव को न चढ़ाया था, अब देवी-देवताओं के नाम पर लठ चलाने के लिए उद्यत हो गए। शुद्धि करने को कोई मुसलमान न मिला, तो दो-एक चमारों ही की शुद्धि करा डाली। चौधरी साहब के दूसरे नौकरों पर भी असर पड़ा; जो मुसलमान कभी मसजिद के सामने खड़े न होते थे, वे पांचों वक्त की नमाज अदा करने लगे, जो हिन्दू कभी मन्दिरों में झांकते न थे, वे दोनों वक्त सन्ध्या करने लगे।

बस्ती में हिन्दुओं की संख्या अधिक थी। उस पर ठाकुर भजनसिंह बने उनके मुखिया, जिनकी लाठी का लोहा सब मानते थे। पहले मुसलमान, संख्या में कम होने पर भी, उन पर गालिब रहते थे, क्योंकि वे संगठित न थे, लेकिन अब वे संगठित हो गये थे, मुट्ठी-भर मुसलमान उनके सामने क्या ठहरते।

एक साल और गुजर गया। फिर जन्माष्टमी का उत्सव आया। हिन्दुओं को अभी तक अपनी हार भूली न थी। गुप्त रूप से बराबर तैयारियां होती रहती थी। आज प्रात:काल ही से भक्त लोग मन्दिर में जमा होने लगे। सबके हाथों में लाठियां थीं, कितने ही आदमियों ने कमर में छुरे छिपा लिए थे। छेड़कर लड़ने की राय पक्की हो गई थी। पहले कभी इस उत्सव में जुलूस न निकला था। आज धूम-धाम से जुलूस भी निकलने की ठहरी।

दीपक जल चुके थे। मसजिदों में शाम की नमाज होने लगी थी। जुलूस निकला। हाथी, घोड़े, झंडे-झंडियां, बाजे-गाजे, सब साथ थे। आगे-आगे भजनसिंह अपने अखाड़े के पट्ठों को लिए अकड़ते चले जाते थे।

जामा मसजिद सामने दिखाई दी। पट्ठों ने लाठियां संभालीं, सब लोग सतर्क हो गये। जो लोग इधर-उधर बिखरे हुए थे, आकर सिमट गये। आपस में कुछ काना-फूसी हुई। बाजे और जोर से बजने लगे। जय-जयकार की ध्वनि और जोर से उठने लगी। जुलूस मसजिद के सामने आ पहुंचा।

सहसा एक मुसलमान ने मसजिद से निकलकर कहा—नमाज का वक्त है, बाजे बन्द कर दो।

भजनसिंह—बाजे न बन्द होंगे।

मुसलमान—बन्द करने पड़ेंगे।

भजनसिंह—तुम अपनी नमाज क्यों नहीं बन्द कर देते?

मुसलमान—चौधरी साहब के बल पर मत फूलना। अबकी होश ठंडे हो जायेंगे।

भजनसिंह—चौधरी साहब के बल पर तुम फूलो, यहां अपने ही बल का भरोसा है यह धर्म का मामला है।

इतने में कुछ और मुसलमान निकल आए, और बाजे बन्द करने का आग्रह करने लगे, इधर और जोर से बाजे बजने लगे। बात बढ़ गई। एक मौलवी ने भजनसिंह को काफिर कह दिया। ठाकुर ने उसकी दाढ़ी पकड़ ली। फिर क्या था। सूरमा लोग निकल पड़े, मार-पीट शुरू हो गई। ठाकुर हल्ला मारकर मसजिद में घुस गये, और मसजिद के अन्दर मार-पीट होने लगी। यह नहीं कहा जा सकता कि मैदान किसके हाथ रहा। हिन्दू कहते थे, हमने खदेड़-खदेड़कर मारा, मुसलमान कहते थे, हमने वह मार मारी कि फिर सामने नहीं आएंगे। पर इन विवादों की बीच में एक बात मानते थे, और वह थी ठाकुर भजनसिंह की अलौकिक वीरता। मुसलमानों का कहना था कि ठाकुर न होता तो हम किसी को जिन्दा न छोड़ते। हिन्दू कहते थे कि ठाकुर सचमुच महावीर का अवतार है। इसकी लाठियों ने उन सबों के छक्के छुड़ा दिए।

उत्सव समाप्त हो चुका था। चौधरी साहब दीवानखाने में बैठे हुए हुक्का पी रहे थे। उनका मुख लाल था, त्यौरिया चढ़ी हुईं थीं, और आंखों से चिनगारियां-सी निकल रहीं थीं। 'खुदा का घर' नापाक किया गया। यह ख्याल रह-रहकर उनके कलेजे को मसोसता था।

खुदा का घर नापाक किया गया! जालिमों को लड़ने के लिए क्या नीचे मैदान में जगह न थी! खुदा के पाक घर में यह खून-खच्चर! मसजिद की यह बेहुरमती! मन्दिर भी खुदा का घर है और मसजिद भी। मुसलमान किसी मन्दिर को नापाक करने के लिए सजा के लायक है, क्या हिन्दू मसजिद को नापाक करने के लिए उसी सजा के लायक नहीं? और यह हरकत ठाकुर ने की! इसी कसूर के लिए तो उसने मेरे दामाद को कत्ल किया। मुझे मालूम होता है कि उसके हाथों ऐसा फेल होगा, तो उसे फांसी पर चढ़ने देता। क्यों उसके लिए इतना हैरान, इतना बदनाम, इतना जेरबार होता। ठाकुर मेरा वफादार नौकर है। उसने बारहा मेरी जान बचाई है। मेरे पसीने की जगह खून बहाने को तैयार रहता है। लेकिन आज उसने खुदा के घर को नापाक किया है, और उसे इसकी

सजा मिलनी चाहिए। इसकी सजा क्या है? जहन्नुम! जहन्नुम की आग के सिवा इसकी और कोई सजा नहीं है। जिसने खुदा के घर को नापाक किया, उसने खुदा की तौहीन की। खुदा की तौहीन!

सहसा ठाकुर भजनसिंह आकर खड़े हो गए।

चौधरी साहब ने ठाकुर को क्रोधोन्मत्त आंखों से देखकर कहा—तुम मसजिद में घुसे थे?

भजनसिंह—सरकार, मौलवी लोग हम लोगों पर टूट पड़े।

चौधरी—मेरी बात का जवाब दो जी—तुम मसजिद में घुसे थे?

भजनसिंह—जब उन लोगों ने मसजिद के भीतर से हमारे ऊपर पत्थर फेंकना शुरू किया तब हम लोग उन्हें पकड़ने के लिए मसजिद में घुस गए।

चौधरी—जानते हो मसजिद खुदा का घर है?

भजनसिंह—जानता हूं हुजूर, क्या इतना भी नहीं जानता।

चौधरी—मसजिद खुदा का वैसा ही पाक घर है, जैसे मंदिर।

भजनसिंह ने इसका कुछ जवाब न दिया।

चौधरी—अगर कोई मुसलमान मन्दिर को नापाक करने के लिए गर्दनजदनी है तो हिन्दू भी मसजिद को नापाक करने के लिए गर्दनजदनी है।

भजनसिंह इसका भी कुछ जवाब न दे सका। उसने चौधरी साहब को कभी इतने गुस्से में न देखा था।

चौधरी—तुमने मेरे दामाद को कत्ल किया, और मैंने तुम्हारी पैरवी की। जानते हो क्यों? इसलिए कि मै अपने दामाद को उस सजा के लायक समझता था जो तुमने उसे दी। अगर तुमने मेरे बेटे को, या मुझी को उस कसूर के लिए मार डाला होता तो मैं तुमसे खून का बदला न मांगता। वही कसूर आज तुमने किया है। अगर किसी मुसलमान ने मसजिद में तुम्हें जहन्नुम में पहुंचा दिया होता तो मुझे सच्ची खुशी होती। लेकिन तुम बेहयाओं की तरह वहां से बचकर निकल आये। क्या तुम समझते हो खुदा तुम्हें इस फेल की सजा न देगा? खुदा का हुक्म है कि जो उसकी तौहीन करे, उसकी गर्दन मार देनी चाहिए। यह हर एक मुसलमान का फर्ज है। चोर अगर सजा न पावे तो क्या वह चोर नहीं है? तुम मानते हो या नहीं कि तुमने खुदा की तौहीन की?

ठाकुर इस अपराध से इनकार न कर सके। चौधरी साहब के सत्संग ने हठधर्मी को दूर कर दिया था। बोले—हां साहब, यह कसूर तो हो गया।

चौधरी—इसकी जो सजा तुम दे चुके हो, वह सजा खुद लेने के लिए तैयार हो?

ठाकुर—मैंने जान-बूझकर तो दूल्हा मियां को नहीं मारा था।

चौधरी—तुमने न मारा होता, तो मैं अपने हाथों से मारता, समझ गए! अब मैं तुमसे खुदा की तौहीन का बदला लूंगा। बोलो, मेरे हाथों चाहते हो या अदालत के हाथों। अदालत से कुछ दिनों के लिए सजा पा जाओगे। मैं कत्ल करूंगा। तुम मेरे दोस्त हो, मुझे तुमसे मुतलक कीना नहीं है। मेरे

दिल को कितना रंज है, यह खुदा के सिवा और कोई नहीं जान सकता। लेकिन मैं तुम्हें कत्ल करूंगा। मेरे दीन का यह हुक्म है।

यह कहते हुए चौधरी साहब तलवार लेकर ठाकुर के सामने खड़े हो गये। विचित्र दृश्य था। एक बूढा आदमी, सिर के बाल पके, कमर झुकी, तलवार लिए एक देव के सामने खड़ा था। ठाकुर लाठी के एक ही वार से उनका काम तमाम कर सकता था। लेकिन उसने सिर झुका दिया। चौधरी के प्रति उसके रोम-रोम में श्रद्धा थी। चौधरी साहब अपने दीन के इतने पक्के हैं, इसकी उसने कभी कल्पना तक न की थी। उसे शायद धोखा हो गया था कि यह दिल से हिन्दू हैं। जिस स्वामी ने उसे फांसी से उतार लिया, उसके प्रति हिंसा या प्रतिकार का भाव उसके मन में क्यों कर आता? वह दिलेर था, और दिलेरों की भांति निष्कपट था। उसे इस समय क्रोध न था, पश्चात्ताप था। दीन कहता था—मारो। सज्जनता कहती थी—छोड़ो। दीन और धर्म में संघर्ष हो रहा था।

ठाकुर ने चौधरी का असमंजस देखा। गदगद कंठ से बोला—मालिक, आपकी दया मुझ पर हाथ न उठाने देगी। अपने पाले हुए सेवक को आप मार नहीं सकते। लेकिन यह सिर आपका है, आपने इसे बचाया था, आप इसे ले सकते हैं, यह मेरे पास आपकी अमानत थी। वह अमानत आपको मिल जाएगी। सबेरे मेरे घर किसी को भेजकर मंगवा लीजिएगा। यहां दूंगा, तो उपद्रव खड़ा हो जाएगा। घर पर कौन जायेगा, किसने मारा। जो भूल-चूक हुई हो, क्षमा कीजिएगा।

❐

10 मंत्र

धर्म परिवर्तन करवाने या उसे रोकने का प्रयास समाज में आम बात है, कहानी में धर्म परिवर्तन को रोकने दक्षिण में जाना, वहां प्रतिशोध होना और फिर लीलाधर चौबे को नीच समझे जाने वाले लोगों द्वारा बचाया जाना आदि घटनाएं वस्तुत: समाज की विषम मानसिकता को रेखांकित करती हैं। मानवीय सदाशयता अन्तत: सर्वोपरि रहती है।

पंडित लीलाधर चौबे की जबान में जादू था। जिस वक्त वह मंच पर खड़े हो कर अपनी वाणी की सुधावृष्टि करने लगते थे; श्रोताओं की आत्माएँ तृप्त हो जाती थीं, लोगों पर अनुराग का नशा छा जाता था। चौबेजी के व्याख्यानों में तत्त्व तो बहुत कम होता था, शब्द-योजना भी बहुत सुन्दर न होती थी; लेकिन बार-बार दुहराने पर भी उसका असर कम न होता, बल्कि घन की चोटों की भाँति और भी प्रभावोत्पादक हो जाता था। हमें तो विश्वास नहीं आता, किन्तु सुननेवाले कहते हैं, उन्होंने केवल एक व्याख्यान रट रखा है। और उसी को वह शब्दश: प्रत्येक सभा में एक नये अन्दाज से दुहराया करते हैं। जातीय गौरव-गान उनके व्याख्यानों का प्रधान गुण था; मंच पर आते ही भारत के प्राचीन गौरव और पूर्वजों की अमर-कीर्ति का राग छेड़ कर सभा को मुग्ध कर देते थे। यथा , 'सज्जनो ! हमारी अधोगति की कथा सुन कर किसकी आँखों से अश्रुधारा न निकल पड़ेगी ? हमें प्राचीन गौरव को याद करके संदेह होने लगता है कि हम वही हैं, या बदल गये। जिसने कल सिंह से पंजा लिया, वह आज चूहे को देख कर बिल खोज रहा है। इस पतन की भी सीमा है। दूर क्यों जाइए, महाराज चंद्रगुप्त के समय को ही ले लीजिए। यूनान का सुविज्ञ इतिहासकार लिखता है कि उस जमाने में यहाँ द्वार पर ताले न डाले जाते थे, चोरी कहीं सुनने में न आती थी, व्यभिचार का नाम-निशान न था, दस्तावेजों का आविष्कार ही न हुआ था, पुर्जों पर लाखों का लेन-देन हो जाता था, न्याय पद पर बैठे हुए कर्मचारी मक्खियाँ मारा करते थे। सज्जनो ! उन दिनों कोई आदमी जवान न मरता था। (तालियाँ) हाँ, उन दिनों कोई आदमी जवान न मरता था। बाप के सामने बेटे का अवसान हो जाना एक अभूतपूर्व , एक असंभव घटना थी। आज ऐसे कितने माता-पिता हैं, जिनके कलेजे पर जवान बेटे का दाग न हो ! वह भारत नहीं रहा, भारत गारत हो गया !'

यह चौबे जी की शैली थी। वह वर्तमान की अधोगति और दुर्दशा तथा भूत की समृद्धि और सुदशा का राग अलाप कर लोगों में जातीय स्वाभिमान जाग्रत कर देते थे। इसी सिद्धि की बदौलत उनकी नेताओं में गणना होती थी। विशेषत: हिंदू-सभा के तो वह कर्णधार ही समझे जाते थे। हिंदू-सभा के उपासकों में कोई ऐसा उत्साही, ऐसा दक्ष, ऐसा नीति-चतुर दूसरा न था। यों कहिए कि सभा के लिए उन्होंने अपना जीवन ही उत्सर्ग कर दिया था। धन तो उनके पास न था, कम से कम लोगों का विचार यही था; लेकिन साहस, धैर्य और बुद्धि जैसे अमूल्य रत्न उनके पास थे, और ये सभी सभा को अर्पण थे। 'शुद्धि' के तो मानो प्राण ही थे। हिंदू-जाति का उत्थान और पतन, जीवन और मरण उनके विचार में इसी प्रश्न पर अवलम्बित था। शुद्धि के सिवा अब हिंदू जाति के

पुनर्जीवन का और कोई उपाय न था। जाति की समस्त नैतिक, शारीरिक, मानसिक, सामाजिक, आर्थिक और धार्मिक बीमारियों की दवा इसी आंदोलन की सफलता में मर्यादित थी, और वह तन, मन से इसका उद्योग किया करते थे। चंदे वसूल करने में चौबे जी सिद्धहस्त थे। ईश्वर ने उन्हें वह 'गुन' बता दिया था कि पत्थर से भी तेल निकाल सकते थे। कंजूसों को तो वह ऐसा उलटे छुरे से मूंड़ते थे कि उन महाशयों को सदा के लिए शिक्षा मिल जाती थी ! इस विषय में पंडित जी साम, दाम, दंड और भेद इन चारों नीतियों से काम लेते थे, यहाँ तक कि राष्ट्र-हित के लिए डाका और चोरी को भी क्षम्य समझते थे।

गरमी के दिन थे। लीलाधर जी किसी शीतल पार्वत्य प्रदेश को जाने की तैयारियाँ कर रहे थे कि सैर की सैर हो जायगी, और बन पड़ा तो कुछ चंदा भी वसूल कर लायेंगे। उनको जब भ्रमण की इच्छा होती, तो मित्रों के साथ एक डेपुटेशन के रूप में निकल खड़े होते; अगर एक हजार रुपये वसूल करके वह इसका आधा सैर-सपाटे में खर्च भी कर दें, तो किसी की क्या हानि ? हिंदू सभा को तो कुछ न कुछ मिल ही जाता था। वह न उद्योग करते, तो इतना भी तो न मिलता ! पंडित जी ने अब की सपरिवार जाने का निश्चय किया था। जब से 'शुद्धि' का आविर्भाव हुआ था, उनकी आर्थिक दशा, जो पहले बहुत शोचनीय रहती थी, बहुत कुछ सम्हल गयी थी।

लेकिन जाति के उपासकों का ऐसा सौभाग्य कहाँ कि शांति—निवास का आनन्द उठा सकें। उनका तो जन्म ही मारे-मारे फिरने के लिए होता है। खबर आयी कि मद्रास-प्रांत में तबलीग वालों ने तूफान मचा रखा है। हिन्दुओं के गाँव के गाँव मुसलमान होते जाते हैं। मुल्लाओं ने बड़े जोश से तबलीग का काम शुरू किया है; अगर हिन्दू-सभा ने इस प्रवाह को रोकने की आयोजना न की, तो सारा प्रांत हिन्दुओं से शून्य हो जायगा , किसी शिखाधारी की सूरत तक न नजर आयेगी। हिन्दू-सभा में खलबली मच गयी। तुरन्त एक विशेष अधिवेशन हुआ और नेताओं के सामने यह समस्या उपस्थित की गयी। बहुत सोच-विचार के बाद निश्चय हुआ कि चौबे जी पर इस कार्य का भार रखा जाए। उनसे प्रार्थना की जाए कि वह तुरंत मद्रास चले जाएं, और धर्म-विमुख बंधुओं का उद्धार करें। कहने ही की देर थी। चौबे जी तो हिंदू-जाति की सेवा के लिए अपने को अर्पण ही कर चुके थे; पर्वत-यात्रा का विचार रोक दिया, और मद्रास जाने को तैयार हो गये। हिन्दू-सभा के मंत्री ने आँखों में आँसू भर कर उनसे विनय की कि महाराज, यह बीड़ा आप ही उठा सकते हैं। आप ही को परमात्मा ने इतनी सामर्थ्य दी है। आपके सिवा ऐसा कोई दूसरा मनुष्य भारतवर्ष में नहीं है, जो इस घोर विपत्ति में काम आये। जाति की दीन-हीन दशा पर दया कीजिए। चौबे जी इस प्रार्थना को अस्वीकार न कर सके। फौरन सेवकों की एक मंडली बनी और पंडित जी के नेतृत्व में रवाना हुई। हिन्दू-सभा ने उसे बड़ी धूम से बिदाई का भोज दिया। एक उदार रईस ने चौबे जी को एक थैली भेंट की, और रेलवे-स्टेशन पर हजारों आदमी उन्हें बिदा करने आये। यात्रा का वृत्तांत लिखने की जरूरत नहीं। हर एक बड़े स्टेशन पर सेवकों का सम्मानपूर्ण स्वागत हुआ। कई जगह थैलियाँ मिलीं। रतलाम की रियासत ने एक शामियाना भेंट किया। बड़ौदा ने एक मोटर दी कि सेवकों को पैदल चलने का कष्ट न उठाना पड़े, यहाँ तक कि मद्रास पहुँचते-पहुँचते सेवा-दल के पास एक माकूल रकम के अतिरिक्त जरूरत की कितनी चीजें जमा हो गयीं। वहाँ आबादी से दूर खुले हुए

मैदान में हिंदू-सभा का पड़ाव पड़ा। शामियाने पर राष्ट्रीय झंडा लहराने लगा। सेवकों ने अपनी-अपनी वर्दियाँ निकालीं, स्थानीय धन-कुबेरों ने दावत के सामान भेजे, रावटियाँ पड़ गयीं। चारों ओर ऐसी चहल-पहल हो गयी, मानो किसी राजा का कैम्प है। रात के आठ बजे थे। अछूतों की एक बस्ती के समीप, सेवक-दल का कैम्प गैस के प्रकाश से जगमगा रहा था। कई हजार आदमियों का जमाव था, जिनमें अधिकांश अछूत ही थे। उनके लिए अलग टाट बिछा दिये गये थे। ऊँचे वर्ण के हिंदू कालीनों पर बैठे हुए थे। पंडित लीलाधर का धुआँधार व्याख्यान हो रहा था , तुम उन्हीं ऋषियों की संतान हो, जो आकाश के नीचे एक नयी सृष्टि की रचना कर सकते थे ! जिनके न्याय, बुद्धि और विचार-शक्ति के सामने आज सारा संसार सिर झुका रहा है।

सहसा एक बूढ़े अछूत ने उठ कर पूछा , हम लोग भी उन्हीं ऋषियों की संतान हैं ? लीलाधर , निस्संदेह ! तुम्हारी धमनियों में भी उन्हीं ऋषियों का रक्त दौड़ रहा है और यद्यपि आज का निर्दयी, कठोर, विचारहीन और संकुचित हिंदू-समाज तुम्हें अवहेलना की दृष्टि से देख रहा है; तथापि तुम किसी हिन्दू से नीच नहीं हो, चाहे वह अपने को कितना ही ऊँचा समझता हो। बूढ़ा , तुम्हारी सभा हम लोगों की सुधि क्यों नहीं लेती ?

लीलाधर , हिंदू-सभा का जन्म अभी थोड़े ही दिन हुए हुआ है, और इस अल्पकाल में उसने जितने काम किये हैं, उस पर उसे अभिमान हो सकता है। हिंदू-जाति शताब्दियों के बाद गहरी नींद से चौंकी है, और अब वह समय निकट है, जब भारतवर्ष में कोई हिंदू किसी हिंदू को नीच न समझेगा, जब वे सब एक दूसरे को भाई समझेंगे। श्रीरामचन्द्र ने निषाद को छाती से लगाया था, शबरी के जूठे बेर खाये थे... बूढ़ा , आप जब इन्हीं महात्माओं की संतान हैं, तो फिर ऊँच-नीच में क्यों इतना भेद मानते हैं ? लीलाधर , इसलिए कि हम पतित हो गये हैं , अज्ञान में पड़कर उन महात्माओं को भूल गये हैं। बूढ़ा , अब तो आपकी निद्रा टूटी है, हमारे साथ भोजन करोगे ?

लीलाधर , मुझे कोई आपत्ति नहीं है।

बूढ़ा , मेरे लड़के से अपनी कन्या का विवाह कीजिएगा ?

लीलाधर , जब तक तुम्हारे जन्म-संस्कार न बदल जाएँ, जब तक तुम्हारे आहार-व्यवहार में परिवर्तन न हो जाए, हम तुमसे विवाह का सम्बन्ध नहीं कर सकते, मांस खाना छोड़ो, मदिरा पीना छोड़ो, शिक्षा ग्रहण करो, तभी तुम उच्च-वर्ण के हिंदुओं में मिल सकते हो।

बूढ़ा , हम कितने ही ऐसे कुलीन ब्राह्मणों को जानते हैं, जो रात-दिन नशे में डूबे रहते हैं, मांस के बिना कौर नहीं उठाते; और कितने ही ऐसे हैं, जो एक अक्षर भी नहीं पढ़े हैं; पर आपको उनके साथ भोजन करते देखता हूँ। उनसे विवाह-सम्बन्ध करने में आपको कदाचित् इनकार न होगा। जब आप खुद अज्ञान में पड़े हुए हैं, तो हमारा उद्धार कैसे कर सकते हैं ? आपका हृदय अभी तक अभिमान से भरा हुआ है। जाइए, अभी कुछ दिन और अपनी आत्मा का सुधार कीजिए। हमारा उद्धार आपके किये न होगा। हिंदू-समाज में रह कर हमारे माथे से नीचता का कलंक न मिटेगा। हम कितने ही विद्वान्, कितने ही आचारवान् हो जाएँ, आप हमें यों ही नीच समझते रहेंगे। हिंदुओं की आत्मा मर गयी है, और उसका स्थान अहंकार ने ले लिया है ! हम अब देवता की शरण जा

रहे हैं, जिनके माननेवाले हमसे गले मिलने को आज ही तैयार हैं। वे यह नहीं कहते कि तुम अपने संस्कार बदल कर आओ। हम अच्छे हैं या बुरे, वे इसी दशा में हमें अपने पास बुला रहे हैं। आप अगर ऊँचे हैं, तो ऊँचे बने रहिए। हमें उड़ना न पड़ेगा। लीलाधर , एक ऋषि-संतान के मुँह से ऐसी बातें सुन कर मुझे आश्चर्य हो रहा है। वर्ण-भेद तो ऋषियों ही का किया हुआ है। उसे तुम कैसे मिटा सकते हो ?

बूढ़ा, ऋषियों को मत बदनाम कीजिए। यह सब पाखंड आप लोगों का रचा हुआ है। आप कहते हैं , तुम मदिरा पीते हो; लेकिन आप मदिरा पीने वालों की जूतियाँ चाटते हैं। आप हमसे मांस खाने के कारण घिनाते हैं; लेकिन आप गो-मांस खानेवालों के सामने नाक रगड़ते हैं। इसलिए न कि वे आप से बलवान् हैं ! हम भी आज राजा हो जाएँ, तो आप हमारे सामने हाथ बाँध खड़े होंगे। आपके धर्म में वही ऊँचा है, जो बलवान् है; वही नीच है, जो निर्बल है। यही आपका धर्म है ? यह कह कर बूढ़ा वहाँ से चला गया और उसके साथ ही और लोग भी उठ खड़े हुए। केवल चौबे जी और उनके दलवाले मंच पर रह गये, मानो मंचगान समाप्त हो जाने के बाद उसकी प्रतिध्वनि वायु में गूँज रही हो। तबलीगवालों ने जब से चौबे जी के आने की खबर सुनी थी, इस फिक्र में थे कि किसी उपाय से इन सबको यहाँ से दूर करना चाहिए। चौबे जी का नाम दूर-दूर तक प्रसिद्ध था। जानते थे, यह यहाँ जम गया, तो हमारी सारी की-करायी मेहनत व्यर्थ हो जायगी। इसके कदम यहाँ जमने न पायें। मुल्लाओं ने उपाय सोचना शुरू किया। बहुत वाद-विवाद, हुज्जत और दलील के बाद निश्चय हुआ कि इस काफिर को कत्ल कर दिया जाए। ऐसा सवा लूटने के लिए आदमियों की क्या कमी ? उसके लिए तो जन्नत का दरवाजा खुल जायगा, हूरें उसकी बलाएँ लेंगी, फरिश्ते उसके कदमों की खाक़ का सुरमा बनायेंगे, रसूल उसके सर पर बरकत का हाथ रखेंगे, खुदाबन्द-करीम उसे सीने से लगाएंगे और कहेंगे, तू मेरा प्यारा दोस्त है। दो हट्टे —कट्टे जवानों ने तुरन्त बीड़ा उठा लिया।

रात के दस बज गये थे। हिन्दू-सभा के कैंप में सन्नाटा था। केवल चौबे जी अपनी रावटी में बैठे हिन्दू-सभा के मंत्री को पत्र लिख रहे थे , यहाँ सबसे बड़ी आवश्यकता धन की है। रुपया, रुपया, रुपया ! जितना भेज सकें, भेजिए। डेपुटेशन भेज कर वसूल कीजिए, मोटे महाजनों की जेब टटोलिए, भिक्षा माँगिए। बिना धन के इन अभागों का उद्धार न होगा। जब तक कोई पाठशाला न खुले, कोई चिकित्सालय न स्थापित हो, कोई वाचनालय न हो, इन्हें कैसे विश्वास आयेगा कि हिन्दू-सभा उनकी हितचिंतक है। तबलीगवाले जितना खर्च कर रहे हैं, उसका आधा भी मुझे मिल जाए, तो हिंदू-धर्म की पताका फहराने लगे। केवल व्याख्यानों से काम न चलेगा। असीसों से कोई जिंदा नहीं रहता। सहसा किसी की आहट पा कर वह चौंक पड़े। आँखें ऊपर उठायीं तो देखा, दो आदमी सामने खड़े हैं। पंडित जी ने शंकित हो कर पूछा , तुम कौन हो ? क्या काम है ?

उत्तर मिला , हम इजराईल के फरिश्ते हैं। तुम्हारी रूह कब्ज करने आये हैं। इजराईल ने तुम्हें याद किया है।

पंडित जी यों बहुत ही बलिष्ठ पुरुष थे, उन दोनों को एक धक्के में गिरा सकते थे। प्रात:काल तीन पाव मोहनभोग और दो सेर दूध का नाश्ता करते थे। दोपहर के समय पाव भर घी दाल में

खाते, तीसरे पहर दूधिया भंग छानते, जिसमें सेर भर मलाई और आधा सेर बदाम मिली रहती। रात को डट कर ब्यालू करते; क्योंकि प्रात:काल तक फिर कुछ न खाते थे। इस पर तुर्रा यह कि पैदल पग भर भी न चलते थे ! पालकी मिले, तो पूछना ही क्या, जैसे घर पर पलंग उड़ा जा रहा हो। कुछ न हो, तो इक्का तो था ही; यद्यपि काशी में ही दो ही चार इक्केवाले ऐसे थे जो उन्हें देख कर कह न दें कि 'इक्का खाली नहीं है।' ऐसा मनुष्य नर्म अखाड़े में पट पड़ कर ऊपर वाले पहलवान को थका सकता था, चुस्ती और फुर्ती के अवसर पर तो वह रेत पर निकला हुआ कछुआ था। पंडित जी ने एक बार कनखियों से दरवाजे की तरफ देखा। भागने का कोई मौका न था। तब उनमें साहस का संचार हुआ। भय की पराकाष्ठा ही साहस है। अपने सोंटे की तरफ हाथ बढ़ाया और गरज कर बोले , निकल जाओ यहाँ से !

बात मुँह से पूरी न निकली थी कि लाठियों का वार पड़ा। पंडित जी मूर्च्छित हो कर गिर पड़े। शत्रुओं ने समीप आ कर देखा, जीवन का कोई लक्षण न था। समझ गये, काम तमाम हो गया। लूटने का विचार न था; पर जब कोई पूछनेवाला न हो, तो हाथ बढ़ाने में क्या हर्ज ? जो कुछ हाथ लगा, ले-दे कर चलते बने।

प्रात:काल बूढ़ा भी उधर से निकला, तो सन्नाटा छाया हुआ था, न आदमी, न आदमजाद। छौलदारियाँ भी गायब ! चकराया, यह माजरा क्या है ? रात ही भर में अलादीन के महल की तरह सब कुछ गायब हो गया। उन महात्माओं में से एक भी नजर नहीं आता, जो प्रात:काल मोहनभोग उड़ाते और संध्या समय भंग घोटते दिखायी देते थे। जरा और समीप जा कर पंडित लीलाधर की रावटी में झाँका, तो कलेजा सन्न से हो गया ! पंडित जी जमीन पर मुर्दे की तरह पड़े हुए थे। मुँह पर मक्खियाँ भिनक रही थीं। सिर के बालों में रक्त ऐसा जम गया था, जैसे किसी चित्रकार के ब्रश में रंग। सारे कपड़े लहूलुहान हो रहे थे। समझ गया, पंडित जी के साथियों ने उन्हें मार कर अपनी राह ली। सहसा पंडित जी के मुँह से कराहने की आवाज निकली। अभी जान बाकी थी। बूढ़ा तुरन्त दौड़ा हुआ गाँव में आ गया और कई आदमियों को लाकर पंडित जी को अपने घर उठवा ले गया। मरहम-पट्टी होने लगी। बूढ़ा दिन के दिन और रात की रात पंडित जी के पास बैठा रहता। उसके घरवाले उनकी शुश्रुषा में लगे रहते। गाँव वाले भी यथाशक्ति सहायता करते। इस बेचारे का यहाँ कौन अपना बैठा हुआ है ? अपने हैं तो हम, बेगाने हैं तो हम। हमारे ही उद्धार के लिए तो बेचारा यहाँ आया था, नहीं तो यहाँ उसे क्यों आना था ? कई बार पंडित जी अपने घर पर बीमार पड़ चुके थे, पर उनके घरवालों ने इतनी तन्मयता से उनकी तीमारदारी न की थी। सारा घर, और घर ही नहीं; सारा गाँव उनका गुलाम बना हुआ था। अतिथि-सेवा उनके धर्म का एक अंग था। सभ्य-स्वार्थ ने अभी उस भाव का गला नहीं घोंटा था। साँप का मंत्र जाननेवाला देहाती अब भी माघ-पूस की अँधेरी मेघाच्छन्न रात्रि में मंत्र झाड़ने के लिए दस-पाँच कोस पैदल दौड़ता हुआ चला जाता है। उसे डबल फीस और सवारी की जरूरत नहीं होती। बूढ़ा मल-मूत्र तक अपने हाथों उठा कर फेंकता, पंडित जी की घुड़कियाँ सुनता, सारे गाँव से दूध माँग कर उन्हें पिलाता। पर उसकी त्योरियाँ कभी मैली न होतीं। अगर उसके कहीं चले जाने पर घरवाले लापरवाही करते तो आ कर सबको डांटता।

महीने भर के बाद पंडित जी चलने-फिरने लगे और अब उन्हें ज्ञात हुआ कि इन लोगों ने मेरे साथ कितना उपकार किया है। इन्हीं लोगों का काम था कि मुझे मौत के मुँह से निकाला, नहीं तो मरने में क्या कसर रह गयी थी ? उन्हें अनुभव हुआ कि मैं जिन लोगों को नीच समझता था, और जिनके उद्धार का बीड़ा उठा कर आया था वे मुझसे कहीं ऊँचे हैं। मैं इस परिस्थिति में कदाचित् रोगी को किसी अस्पताल में भेज कर ही अपनी कर्त्तव्य—निष्ठा पर गर्व करता; समझता मैंने दधीचि और हरिश्चन्द्र का मुख उज्ज्वल कर दिया। उनके रोएँ-रोएँ से इन देव-तुल्य प्राणियों के प्रति आशीर्वाद निकलने लगा। तीन महीने गुजर गये। न तो हिन्दू-सभा ने पंडित जी की खबर ली और न घरवालों ने। सभा के मुख-पत्र में उनकी मृत्यु पर आँसू बहाये गये, उनके कामों की प्रशंसा की गयी, और उनका स्मारक बनाने के लिए चन्दा खोल दिया गया। घरवाले भी रो-पीट कर बैठ रहे। उधर पंडित जी दूध और घी खा कर चौक-चौबंद हो गये। चेहरे पर खून की सुर्खी दौड़ गयी, देह भर आयी। देहात के जलवायु ने वह काम कर दिखाया जो कभी मलाई और मक्खन से न हुआ था। पहले की तरह तैयार तो वह न हुए; पर फुर्ती और चुस्ती दुगुनी हो गयी। मोटाई का आलस्य अब नाम को भी न था। उनमें एक नये जीवन का संचार हो गया।

जाड़ा शुरू हो गया था। पंडित जी घर लौटने की तैयारियाँ कर रहे थे। इतने में प्लेग का आक्रमण हुआ, और गाँव के तीन आदमी बीमार हो गये। बूढ़ा चौधरी भी उन्हीं में था। घरवाले इन रोगियों को छोड़कर भाग खड़े हुए। वहाँ का दस्तूर था कि जिन बीमारियों को वे लोग देवी का कोप समझते थे, उनके रोगियों को छोड़ कर चले जाते थे। उन्हें बचाना देवताओं से वैर मोल लेना था, और देवताओं से वैर कर के कहाँ जाते ? जिस प्राणी को देवता ने चुन लिया, उसे भला वे उसके हाथों से छीनने का साहस कैसे करते ? पंडित जी को भी लोगों ने साथ ले जाना चाहा; किंतु पंडित जी न गये। उन्होंने गाँव में रह कर रोगियों की रक्षा करने का निश्चय किया। जिस प्राणी ने उन्हें मौत के पंजे से छुड़ाया था; उसे इस दशा में छोड़कर वह कैसे जाते ? उपकार ने उनकी आत्मा को जगा दिया था। बूढ़े चौधरी ने तीसरे दिन होश आने पर जब उन्हें अपने पास खड़े देखा, तो बोला , महाराज, तुम यहाँ क्यों आ गये ? मेरे लिए देवताओं का हुक्म आ गया है। अब मैं किसी तरह नहीं रुक सकता। तुम क्यों अपनी जान जोखिम में डालते हो ? मुझ पर दया करो, चले जाओ। लेकिन पंडित जी पर कोई असर न हुआ। वह बारी-बारी से तीनों रोगियों के पास जाते और कभी उनकी गिल्टियाँ सेंकते, कभी उन्हें पुराणों की कथाएँ सुनाते। घरों में नाज, बरतन आदि सब ज्यों के त्यों रखे हुए थे। पंडित जी पथ्य बना कर रोगियों को खिलाते। रात को जब रोगी सो जाते और सारा गाँव भाँय-भाँय करने लगता तो पंडित जी को भयंकर जंतु दिखायी देते। उनके कलेजे में धड़कन होने लगती; लेकिन वहाँ से टलने का नाम न लेते। उन्होंने निश्चय कर लिया था कि या तो इन लोगों को बचा ही लूँगा या इन पर अपने को बलिदान ही कर दूँगा। जब तीन दिन सेंक-बाँध करने पर भी रोगियों की हालत न सँभली, तो पंडित जी को बड़ी चिंता हुई। शहर वहाँ से बीस मील पर था। रेल का कहीं पता नहीं, रास्ता बीहड़ और सवारी कोई नहीं। इधर यह भय कि अकेले रोगियों की न जाने क्या दशा हो। बेचारे बड़े संकट में पड़े। अंत को चौथे दिन, पहर रात रहे, वह अकेले शहर को चल दिये और दस बजते-बजते वहाँ जा पहुँचे। अस्पताल से दवा लेने में बड़ी कठिनाई

का सामना करना पड़ा। गँवारों से अस्पतालवाले दवाओं का मनमाना दाम वसूल करते थे। पंडित जी को मुफ्त क्यों देने लगे ? डाक्टर ने मुंशी से कहा , दवा तैयार नहीं है। पंडित जी ने गिड़गिड़ा कर कहा , सरकार, बड़ी दूर से आया हूँ। कई आदमी बीमार पड़े हैं। दवा न मिलेगी, तो सब मर जाएँगे।

मुंशी ने बिगड़ कर कहा , क्यों सिर खाये जाते हो ? कह तो दिया, दवा तैयार नहीं है, न तो इतनी जल्दी हो ही सकती है। पंडित जी अत्यंत दीनभाव से बोले , सरकार, ब्राह्मण हूँ; आपके बाल-बच्चों को भगवान चिरंजीवी करें, दया कीजिए। आपका अकबाल चमकता रहे।

रिश्वती कर्मचारी में दया कहाँ ? वे तो रुपये के गुलाम हैं। ज्यों-ज्यों पंडित जी उसकी खुशामद करते थे, वह और भी झल्लाता था। अपने जीवन में पंडित जी ने कभी इतनी दीनता न प्रकट की थी। उनके पास इस वक्त एक धेला भी न था; अगर वह जानते कि दवा मिलने में इतनी दिक्कत होगी, तो गाँववालों से ही कुछ माँग-जाँच कर लाये होते। बेचारे हतबुद्धि-से खड़े सोच रहे थे कि अब क्या करना चाहिए ? सहसा डाक्टर साहब स्वयं बँगले से निकल आये। पंडित जी लपक कर उनके पैरों पर गिर पड़े और करुण स्वर में बोले , दीनबंधु, मेरे घर के तीन आदमी ताऊन में पड़े हुए हैं। बड़ा गरीब हूँ, सरकार, कोई दवा मिले। डाक्टर साहब के पास ऐसे गरीब लोग नित्य आया करते थे। उनके चरण पर किसी का गिर पड़ना, उनके सामने पड़े हुए आत्तानाद करना, उनके लिए कुछ नयी बातें न थीं। अगर इस तरह वह दया करने लगते तो दवा ही भर को होते; यह ठाट-बाट कहाँ से निभता ? मगर दिल के चाहे कितने ही बुरे हों, बातें मीठी-मीठी करते थे। पैर हटा कर बोले , रोगी कहाँ है ?

पंडित जी—सरकार, वे तो घर पर हैं। इतनी दूर कैसे लाता ?

डाक्टर—रोगी घर, और तुम दवा लेने आया हो ? कितने मजे की बात है ! रोगी को देखे बिना कैसे दवा दे सकता हूँ ?

पंडित जी को अपनी भूल मालूम हुई। वास्तव में बिना रोगी को देखे रोग की पहचान कैसे हो सकती है; लेकिन तीन-तीन रोगियों को इतनी दूर लाना आसान न था। अगर गाँववाले उनकी सहायता करते तो डोलियों का प्रबंध हो सकता था; पर वहाँ तो सब कुछ अपने ही बूते पर करना था, गाँववालों से इसमें सहायता मिलने की कोई आशा न थी। सहायता की कौन कहे, वे तो उनके शत्रु हो रहे थे। उन्हें भय होता था कि यह दुष्ट देवताओं से वैर बढ़ा कर हम लोगों पर न-जाने क्या विपत्ति लायेगा। अगर कोई दूसरा आदमी होता, तो वह उसे कब का मार चुके होते। पंडित जी से उन्हें प्रेम हो गया था, इसलिए छोड़ दिया था। यह जवाब सुन कर पंडित जी को कुछ बोलने का साहस तो न था; पर कलेजा मजबूत करके बोले , सरकार, अब कुछ नहीं हो सकता ?

डाक्टर—अस्पताल से दवा नहीं मिल सकती। हम अपने पास से, दाम लेकर दवा दे सकते हैं।

पंडित जी—यह दवा कितने की होगी, सरकार।

डाक्टर साहब ने दवा का दाम 10 रु. बतलाया, और यह भी कहा कि इस दवा से जितना लाभ होगा, उतना अस्पताल की दवा से नहीं हो सकता। बोले , वहाँ पुरानी दवाई रखा रहता है। गरीब लोग आता है; दवाई ले जाता है; जिसको जीना होता है, जीता है; जिसे मरना होता है, मरता है; हमसे कुछ मतलब नहीं। हम तुमको जो दवा देगा, वह सच्चा दवा होगा। दस रुपये ! , इस समय पंडित जी को दस रुपये दस लाख जान पड़े।

इतने रुपये वह एक दिन में भंग बूटी में उड़ा दिया करते थे; पर इस समय तो धोले-धोले को मुहताज थे। किसी से उधार मिलने की आशा कहाँ। हाँ, सम्भव है, भिक्षा माँगने से कुछ मिल जाए; लेकिन इतनी जल्द दस रुपये किसी भी उपाय से न मिल सकते थे। आधे घंटे तक वह इसी उधेड़बुन में खड़े रहे। भिक्षा के सिवा दूसरा कोई उपाय न सूझता था, और भिक्षा उन्होंने कभी माँगी न थी। वह चंदे जमा कर चुके थे, एक-एक बार में हजारों वसूल कर लेते थे; पर वह दूसरी बात थी। धर्म के रक्षक, जाति के सेवक और दलितों के उद्धारक बन कर चंदा लेने में एक गौरव था, चंदा लेकर वह देनेवालों पर एहसान करते थे; पर यहाँ तो भिखारियों की तरह हाथ फैलाना, गिड़गिड़ाना और फटकारें सहनी पड़ेंगी। कोई कहेगा, इतने मोटे-ताजे तो हो, मिहनत क्यों नहीं करते, तुम्हें भीख माँगते शर्म भी नहीं आती ? कोई कहेगा, घास खोद लाओ, मैं तुम्हें अच्छी मजदूरी दूँगा। किसी को उनके ब्राह्मण होने का विश्वास न आयेगा। अगर यहाँ उनका रेशमी अचकन और रेशमी साफा होता, केसरिया रंगवाला दुपट्टा ही मिल जाता, तो वह कोई स्वाँग भर लेते। ज्योतिषी बन कर वह किसी धनी सेठ को फाँस सकते थे, और इस फन में वह उस्ताद भी थे; पर यहाँ वह सामान कहाँ , कपड़े-लत्ते तो सब कुछ लुट चुके थे। विपत्ति में कदाचित् बुद्धि भी भ्रष्ट हो जाती है। अगर वह मैदान में खड़े होकर कोई मनोहर व्याख्यान दे देते, तो शायद उनके दस-पाँच भक्त पैदा हो जाते, लेकिन इस तरफ उनका ध्यान ही न गया। वह सजे हुए पंडाल में, फूलों से सुसज्जित मेज के सामने, मंच पर खड़े हो कर अपनी वाणी का चमत्कार दिखला सकते थे। इस दुरवस्था में कौन उनका व्याख्यान सुनेगा। लोग समझेंगे, कोई पागल बक रहा है। मगर दोपहर ढली जा रही थी, अधिक सोच-विचार का अवकाश न था। यहीं संध्या हो गयी, तो रात को लौटना असम्भव हो जायगा। फिर रोगियों की न जाने क्या दशा हो। वह अब इस अनिश्चत दशा में खड़े न रह सके, चाहे जितना तिरस्कार हो, कितना ही अपमान सहना पड़े, भिक्षा के सिवा और कोई उपाय न था। वह बाजार में जाकर एक दूकान के सामने खड़े हो गये; पर कुछ माँगने की हिम्मत न पड़ी !

दूकानदार ने पूछा , क्या लोगे ?

पंडित जी बोले , चावल का क्या भाव है ?

मगर दूसरी दूकान पर पहुँच कर वह ज्यादा सावधान हो गये। सेठ जी गद्दी पर बैठे हुए थे। पंडित जी आ कर उनके सामने खड़े हो गये और गीता का एक श्लोक पढ़ सुनाया। उनका शुद्ध उच्चारण और मधुर वाणी सुन कर सेठ जी चकित हो गये, पूछा , कहाँ स्थान है ?

पंडित जी—काशी से आ रहा हूँ।

यह कह कर पंडित जी ने सेठ जी को धर्म के दसों लक्षण बतलाये और श्लोक की ऐसी अच्छी व्याख्या की कि वह मुग्ध हो गये। बोले , महाराज, आज चल कर मेरे स्थान को पवित्र कीजिए। कोई स्वार्थी आदमी होता, तो इस प्रस्ताव को सहर्ष स्वीकार कर लेता; लेकिन पंडित जी को लौटने की पड़ी थी। बोले , नहीं सेठ जी, मुझे अवकाश नहीं है।

सेठ—महाराज, आपको हमारी इतनी खातिरी करनी पड़ेगी।

पंडित जी जब किसी तरह ठहरने पर राजी न हुए, तो सेठ जी ने उदास होकर कहा , फिर हम आपकी क्या सेवा करें ? कुछ आज्ञा दीजिए। आपकी वाणी से तो तृप्ति नहीं हुई। फिर कभी इधर आना हो, तो अवश्य दर्शन दीजिएगा।

पंडित जी—आपकी इतनी श्रद्धा है तो अवश्य आऊँगा।

यह कह कर पंडित जी फिर उठ खड़े हुए। संकोच ने फिर उनकी जबान बंद कर दी। यह आदर-सत्कार इसीलिए तो है कि मैं अपना स्वार्थ-भाव छिपाये हुए हूँ। कोई इच्छा प्रकट की और इनकी आँखें बदलीं। सूखा जवाब चाहे न मिले; पर श्रद्धा न रहेगी। वह नीचे उतर गये और सड़क पर एक क्षण के लिए खड़े हो कर सोचने लगे , अब कहाँ जाऊँ ? उधर जाड़े का दिन किसी विलासी के धन की भाँति भागा चला जाता था। वह अपने ही ऊपर झुँझला रहे थे , जब किसी से माँगूँगा नहीं, तो कोई क्यों देने लगा ? कोई क्या मेरे मन का हाल जानता है ? वे दिन गये, जब धनी लोग ब्राह्मणों की पूजा किया करते थे। यह आशा छोड़ दो कि कोई महाशय आ कर तुम्हारे हाथ में रुपये रख देंगे। वह धीरे-धीरे आगे बढ़े। सहसा सेठ जी ने पीछे से पुकारा , पंडित जी, जरा ठहरिए।

पंडित जी ठहर गये। फिर घर चलने के लिए आग्रह करने आता होगा। यह तो न हुआ कि एक रुपये का नोट ला कर देता, मुझे घर ले जाकर न जाने क्या करेगा ? मगर जब सेठ जी ने सचमुच एक गिनी निकाल कर उनके पैरों पर रख दी; तो उनकी आँखों में एहसान के आँसू छलक आये। हैं ! अब भी सच्चे धर्मात्मा जीव संसार में हैं, नहीं तो यह पृथ्वी रसातल को न चली जाती ? अगर इस वक्त उन्हें सेठ जी के कल्याण के लिए अपनी देह का सेर-आधा सेर रक्त भी देना पड़ता, तो भी शौक से दे देते। गदगद कंठ से बोले , इसका तो कुछ काम न था, सेठ जी ! मैं भिक्षुक नहीं हूँ, आपका सेवक हूँ।

सेठ जी श्रद्धा-विनयपूर्ण शब्दों में बोले , भगवान्, इसे स्वीकार कीजिए। यह दान नहीं, भेंट है। मैं भी आदमी पहचानता हूँ। बहुतेरे साधु-संत, योगी-यती देश और धर्म के सेवक आते रहते हैं; पर न जाने क्यों किसी के प्रति मेरे मन में श्रद्धा नहीं उत्पन्न होती ? उनसे किसी तरह पिंड छुड़ाने की पड़ जाती है। आपका संकोच देख कर मैं समझ गया कि आपका यह पेशा नहीं है। आप विद्वान् हैं, धर्मात्मा हैं; पर किसी संकट में पड़े हुए हैं। इस तुच्छ भेंट को स्वीकार कीजिए और मुझे आशीर्वाद दीजिए।

पंडित जी दवाएँ लेकर घर चले, तो हर्ष, उल्लास और विजय से उनका हृदय उछला पड़ता था। हनुमान जी भी संजीवन-बूटी ला कर इतने प्रसन्न न हुए होंगे। ऐसा सच्चा आनंद उन्हें कभी प्राप्त न हुआ था। उनके हृदय में इतने पवित्र भावों का संचार कभी न हुआ था।

दिन बहुत थोड़ा रह गया था। सूर्यदेव अविरल गति से पश्चिम की ओर दौड़ते चले जाते थे। क्या उन्हें भी किसी रोगी को दवा देनी थी ? वह बड़े वेग से दौड़ते हुए पर्वत की ओट में छिप गये। पंडित जी और भी फुर्ती से पाँव बढ़ाने लगे, मानो उन्होंने सूर्यदेव को पकड़ लेने की ठानी है। देखते-देखते अँधेरा छा गया। आकाश में दो-एक तारे दिखायी देने लगे। अभी दस मील की मंजिल बाकी थी। जिस तरह काली घटा को सिर पर मँड़राते देख कर गृहिणी दौड़-दौड़ कर सुखावन समेटने लगती है, उसी भाँति लीलाधर ने भी दौड़ना शुरू किया। उन्हें अकेले पड़ जाने का भय न था, भय था अँधेरे में राह भूल जाने का। दायें-बायें बस्तियाँ छूटती जाती थीं।

पंडित जी को ये गाँव इस समय बहुत ही सुहावने मालूम होते थे। कितने आनंद से लोग अलाव के सामने बैठे ताप रहे हैं ? सहसा उन्हें एक कुत्ता दिखायी दिया। न-जाने किधर से आ कर वह उनके सामने पगडंडी पर चलने लगा। पंडित जी चौंक पड़े; पर एक क्षण में उन्होंने कुत्ते को पहचान लिया। वह बूढ़े चौधरी का कुत्ता मोती था। वह गाँव छोड़ कर आज इधर इतनी दूर कैसे आ निकला ? क्या वह जानता है ? पंडित जी दवा ले कर आ रहे होंगे, कहीं रास्ता भूल जाएँ ? कौन जानता है ? पंडित जी ने एक बार मोती कह कर पुकारा, तो कुत्ते ने दुम हिलायी; पर रुका नहीं। वह इससे अधिक परिचय दे कर समय नष्ट न करना चाहता था। पंडित जी को ज्ञात हुआ कि ईश्वर मेरे साथ है, वही मेरी रक्षा कर रहे हैं। अब उन्हें कुशल से घर पहुँचने का विश्वास हो गया। दस बजते-बजते पंडित जी घर पहुँच गये।

रोग घातक न था; पर यश पंडित जी को बदा था। एक सप्ताह के बाद तीनों रोगी चंगे हो गये। पंडित जी की कीर्ति दूर-दूर तक फैल गयी। उन्होंने यम-देवता से घोर संग्राम करके इन आदमियों को बचा लिया था। उन्होंने देवताओं पर भी विजय पा ली थी , असम्भव को सम्भव कर दिखाया था। वह साक्षात् भगवान् थे। उनके दर्शनों के लिए लोग दूर-दूर से आने लगे; किंतु पंडित जी को अपनी कीर्ति से इतना आनन्द न होता था, जितना रोगियों को चलते-फिरते देख कर।

चौधरी ने कहा , महाराज, तुम साक्षात् भगवान् हो। तुम न आ जाते, तो हम न बचते।

पंडित जी बोले , मैंने कुछ नहीं किया। यह सब ईश्वर की दया है।

चौधरी—अब हम तुम्हें कभी न जाने देंगे। जा कर अपने बाल-बच्चों को भी ले आओ।

पंडित जी—हाँ, मैं भी यही सोच रहा हूँ। तुमको छोड़ कर अब नहीं जा सकता।

मुल्लाओं ने मैदान खाली पा कर आस-पास के देहातों में खूब जोर बाँध रखा था। गाँव के गाँव मुसलमान होते जाते थे। उधर हिन्दू-सभा ने सन्नाटा खींच लिया था। किसी की हिम्मत न पड़ती थी कि इधर आये। लोग दूर बैठे हुए मुसलमानों पर गोला-बारूद चला रहे थे। इस हत्या का बदला कैसे लिया जाए, यही उनके सामने सबसे बड़ी समस्या थी। अधिकारियों के पास बार-बार प्रार्थना-पत्र भेजे जा रहे थे कि इस मामले की छानबीन की जाए और बार-बार यही जवाब मिलता था कि हत्याकारियों का पता नहीं चलता। उधर पंडित जी के स्मारक के लिए चंदा भी जमा किया जा रहा था। मगर इस नयी ज्योति ने मुल्लाओं का रंग फीका कर दिया। वहाँ एक ऐसे देवता का अवतार हुआ था, जो मुर्दों को जिला देता था, जो अपने भक्तों के कल्याण के लिए अपने प्राणों का बलिदान

कर सकता था। मुल्लाओं के यहाँ यह सिद्धि कहाँ, यह विभूति कहाँ, यह चमत्कार कहाँ ? इस ज्वलंत उपकार के सामने जन्नत और अखूबत (भातृ-भाव) की कोरी दलीलें कब ठहर सकती थीं? पंडित जी अब वह अपने ब्राह्मणत्व पर घमंड करनेवाले पंडित जी न थे। उन्होंने शूद्रों और भीलों का आदर करना सीख लिया था। उन्हें छाती से लगाते हुए अब पंडित जी को घृणा न होती थी। अपना घर अँधेरा पा कर ही ये इसलामी दीपक की ओर झुके थे। जब अपने घर में सूर्य का प्रकाश हो गया, तो उन्हें दूसरों के यहाँ जाने की क्या जरूरत थी। सनातन-धर्म की विजय हो गयी। गाँव-गाँव में मंत्र बनने लगे और शाम-सबेरे मन्दिरों से शंख और घंटे की ध्वनि सुनायी देने लगी। लोगों के आचरण आप ही आप सुधरने लगे। पंडित जी ने किसी को शुद्ध नहीं किया। उन्हें अब शुद्धि का नाम लेते शर्म आती थी , मैं भला इन्हें क्या शुद्ध करूँगा, पहले अपने को तो शुद्ध कर लूँ। ऐसी निर्मल एवं पवित्र आत्माओं को शुद्धि के ढोंग से अपमानित नहीं कर सकता।

यह मंत्र था, जो उन्होंने उन चांडालों से सीखा था और इसी बल से वह अपने धर्म की रक्षा करने में सफल हुए थे। पंडित जी अभी जीवित हैं; पर अब सपरिवार उसी प्रांत में, उन्हीं भीलों के साथ रहते हैं।

❐

11 कज़ाकी

बाल-मनोविज्ञान की रोचक कहानी है परन्तु, अन्त दुखद होने से मन पर उदासी छोड़ जाती है। कज़ाकी और बालक की आत्मीयतापूर्ण कहानी। ज़रा सी भी लापरवाही दुखद स्थितियां पैदा कर सकती है।

मेरी बाल-स्मृतियों में 'कजाकी' एक न मिटने वाला व्यक्ति है। आज चालीस साल गुजर गये; कजाकी की मूर्ति अभी तक आँखों के सामने नाच रही है। मैं उन दिनों अपने पिता के साथ आजमगढ़ की एक तहसील में था। कजाकी जाति का पासी था, बड़ा ही हँसमुख, बड़ा ही साहसी, बड़ा ही जिंदादिल। वह रोज शाम को डाक का थैला लेकर आता, रात-भर रहता और सबेरे डाक लेकर चला जाता। शाम को फिर उधर से डाक लेकर आ जाता।

मैं दिन भर एक उद्विग्न दशा में उसकी राह देखा करता। ज्यों ही चार बजते, व्याकुल हो कर, सड़क पर आ कर, खड़ा हो जाता, और थोड़ी देर में कजाकी कंधों पर बल्लम रखे, उसकी झुँझुनी बजाता, दूर से दौड़ता हुआ आता दिखलायी देता। वह साँवले रंग का गठीला, लम्बा जवान था। शरीर साँचे में ऐसा ढला हुआ कि चतुर मूर्तिकार भी उसमें कोई दोष न निकाल सकता। उसकी छोटी-छोटी मूँछें, उसके सुडौल चेहरे पर बहुत ही अच्छी मालूम होती थीं। मुझे देख कर वह और तेज दौड़ने लगता, उसकी झुँझुनी और तेजी से बजने लगती, और मेरे हृदय में और जोर से खुशी की धड़कन होने लगती। हर्षातिरेक में मैं भी दौड़ पड़ता और एक क्षण में कजाकी का कंधा मेरा सिंहासन बन जाता। वह स्थान मेरी अभिलाषाओं का स्वर्ग था। स्वर्ग के निवासियों को भी शायद वह आंदोलित आनंद न मिलता होगा जो मुझे कजाकी के विशाल कंधों पर मिलता था। संसार मेरी आँखों में तुच्छ हो जाता और जब कजाकी मुझे कंधों पर लिये हुए दौड़ने लगता, तब तो ऐसा मालूम होता, मानो मैं हवा के घोड़े पर उड़ा जा रहा हूँ।

कजाकी डाकखाने में पहुँचता, तो पसीने से तर रहता; लेकिन आराम करने की आदत न थी। थैला रखते ही वह हम लोगों को ले कर किसी मैदान में निकल जाता, कभी हमारे साथ खेलता, कभी बिरहे गा कर सुनाता और कभी कहानियाँ सुनाता। उसे चोरी और डाके, मार-पीट, भूत-प्रेत की सैकड़ों कहानियाँ याद थीं। मैं ये कहानियाँ सुनकर विस्मयपूर्ण आनंद में मग्न हो जाता; उसकी कहानियों के चोर और डाकू सच्चे योद्धा होते थे, जो अमीरों को लूट कर दीन-दुखी प्राणियों का पालन करते थे। मुझे उन पर घृणा के बदले श्रद्धा होती थी।

एक दिन कजाकी को डाक का थैला ले कर आने में देर हो गयी। सूर्यास्त हो गया और वह दिखलायी न दिया। मैं खोया हुआ-सा सड़क पर दूर तक आँखें फाड़-फाड़ कर देखता था; पर वह परिचित रेखा न दिखलायी पड़ती थी। कान लगा कर सुनता था; 'झुन-झुन' की वह आमोदमय ध्वनि न सुनायी देती थी। प्रकाश के साथ मेरी आशा भी मलिन होती जाती थी। उधर से

किसी को आते देखता, तो पूछता , कजाकी आता है ? पर या तो कोई सुनता ही न था, या केवल सिर हिला देता था। सहसा 'झुन-झुन' की आवाज कानों में आयी। मुझे अँधेरे में चारों ओर भूत ही दिखलायी देते थे , यहाँ तक कि माता जी के कमरे में ताक पर रखी हुई मिठाई भी अँधेरा हो जाने के बाद, मेरे लिए त्याज्य हो जाती थी; लेकिन वह आवाज सुनते ही मैं उसकी तरफ जोर से दौड़ा। हाँ, वह कजाकी ही था। उसे देखते ही मेरी विकलता क्रोध में बदल गयी। मैं उसे मारने लगा, फिर रूठ करके अलग खड़ा हो गया।

कजाकी ने हँस कर कहा—मारोगे, तो मैं एक चीज लाया हूँ, वह न दूँगा। मैंने साहस करके कहा—जाओ, मत देना, मैं लूँगा ही नहीं। कजाकी , अभी दिखा दूँ, तो दौड़ कर गोद में उठा लोगे। मैंने पिघल कर कहा—अच्छा, दिखा दो। कजाकी , तो आ कर मेरे कंधो पर बैठ जाओ भाग चलूँ। आज बहुत देर हो गयी है। बाबू जी बिगड़ रहे होंगे। मैंने अकड़ कर कहा—पहिले दिखा। मेरी विजय हुई। अगर कजाकी को देर का डर न होता और वह एक मिनट भी और रुक सकता, तो शायद पाँसा पलट जाता। उसने कोई चीज दिखलायी, जिसे वह एक हाथ से छाती से चिपटाये हुए था; लम्बा मुँह था, और दो आँखें चमक रही थीं।

मैंने उसे दौड़ कर कजाकी की गोद से ले लिया। यह हिरन का बच्चा था। आह ! मेरी उस खुशी का कौन अनुमान करेगा ? तब से कठिन परीक्षाएँ पास कीं, अच्छा पद भी पाया, रायबहादुर भी हुआ; पर वह खुशी फिर न हासिल हुई। मैं उसे गोद में लिये, उसके कोमल स्पर्श का आनंद उठाता घर की ओर दौड़ा। कजाकी को आने में क्यों इतनी देर हुई इसका खयाल ही न रहा।

मैंने पूछा—यह कहाँ मिला, कजाकी ? कजाकी , भैया, यहाँ से थोड़ी दूर पर एक छोटा-सा जंगल है। उसमें बहुत-से हिरन हैं। मेरा बहुत जी चाहता था कि कोई बच्चा मिल जाए, तो तुम्हें दूँ। आज यह बच्चा हिरनों के झुंड के साथ दिखलायी दिया। मैं झुंड की ओर दौड़ा, तो सब के सब भागे। यह बच्चा भी भागा; लेकिन मैंने पीछा न छोड़ा। और हिरन तो बहुत दूर निकल गये, यही पीछे रह गया। मैंने इसे पकड़ लिया। इसी से इतनी देर हुई।

यों बातें करते हम दोनों डाकखाने पहुँचे। बाबू जी ने मुझे न देखा, हिरन के बच्चे को भी न देखा, कजाकी ही पर उनकी निगाह पड़ी। बिगड़ कर बोले —आज इतनी देर कहाँ लगायी ? अब थैला ले कर आया है, उसे लेकर क्या करूँ? डाक तो चली गयी। बता, तूने इतनी देर कहाँ लगायी? कजाकी के मुँह से आवाज न निकली।

बाबू जी ने कहा—तुझे शायद अब नौकरी नहीं करनी है। नीच है न, पेट भरा तो मोटा हो गया! जब भूखों मरने लगेगा, तो आँखें खुलेंगी। कजाकी चुपचाप खड़ा रहा। बाबू जी का क्रोध और बढ़ा। बोले—अच्छा, थैला रख दे और अपने घर की राह ले। सूअर, अब डाक ले के आया है। तेरा क्या बिगड़ेगा, जहाँ चाहेगा, मजूरी कर लेगा। माथे तो मेरे जायगी, जवाब तो मुझसे तलब होगा। कजाकी ने रुआँसे हो कर कहा—सरकार, अब कभी देर न होगी। बाबू जी , आज क्यों देर की, इसका जवाब दे ?

कजाकी के पास इसका कोई जवाब न था। आश्चर्य तो यह था कि मेरी भी जबान बंद हो गयी। बाबू जी बड़े गुस्सेवर थे। उन्हें काम करना पड़ता था, इसी से बात-बात पर झुंझला पड़ते थे। मैं तो उनके सामने कभी जाता ही न था। वह भी मुझे कभी प्यार न करते थे। घर में केवल दो बार घंटे-घंटे भर के लिए भोजन करने आते थे, बाकी सारे दिन दफ्तर में लिखा करते थे। उन्होंने बार-बार एक सहकारी के लिए अफसरों से विनय की थी; पर इसका कुछ असर न हुआ था। यहाँ तक कि तातील के दिन भी बाबू जी दफ्तर ही में रहते थे। केवल माता जी उनका क्रोध शांत करना जानती थीं; पर वह दफ्तर में कैसे आतीं। बेचारा कजाकी उसी वक्त मेरे देखते-देखते निकाल दिया गया। उसका बल्लम, चपरास और साफा छीन लिया गया और उसे डाकखाने से निकल जाने का नादिरी हुक्म सुना दिया। आह ! उस वक्त मेरा ऐसा जी चाहता था कि मेरे पास सोने की लंका होती, तो कजाकी को दे देता और बाबू जी को दिखा देता कि आपके निकाल देने से कजाकी का बाल भी बाँका नहीं हुआ। किसी योद्धा को अपनी तलवार पर जितना घमंड होता है, उतना ही घमंड कजाकी को अपनी चपरास पर था। जब वह चपरास खोलने लगा, तो उसके हाथ काँप रहे थे और आँखों से आँसू बह रहे थे।

और इस सारे उपद्रव की जड़ वह कोमल वस्तु थी, जो मेरी गोद में मुँह छिपाये ऐसे चैन से बैठी हुई थी, मानो माता की गोद में हो। जब कजाकी चला तो मैं धीरे-धीरे उसके पीछे-पीछे चला। मेरे घर के द्वार पर आ कर कजाकी ने कहा—भैया, अब घर जाओ; साँझ हो गयी। मैं चुपचाप खड़ा अपने आँसुओं के वेग को सारी शक्ति से दबा रहा था। कजाकी फिर बोला—भैया, मैं कहीं बाहर थोड़े ही चला जाऊँगा। फिर आऊँगा और तुम्हें कंधों पर बैठा कर कुदाऊँगा। बाबू जी ने नौकरी ले ली है, तो क्या इतना भी न करने देंगे ! तुमको छोड़ कर मैं कहीं न जाऊँगा, भैया ! जाकर अम्माँ से कह दो, कजाकी जाता है। उसका कहा-सुना माफ करें।

मैं दौड़ा हुआ घर गया, लेकिन अम्माँ जी को कुछ कहने के बदले बिलख-बिलख कर रोने लगा। अम्माँ जी रसोई के बाहर निकल कर पूछने लगीं , क्या हुआ बेटा ? किसने मारा ! बाबू जी ने कुछ कहा है ? अच्छा, रह तो जाओ, आज घर आते हैं, तो पूछती हूँ। जब देखो, मेरे लड़के को मारा करते हैं। चुप रहो बेटा, अब तुम उनके पास कभी मत जाना।

मैंने बड़ी मुश्किल से आवाज सँभाल कर कहा—कजाकी... अम्माँ ने समझा, कजाकी ने मारा है; बोलीं , अच्छा, आने दो कजाकी को, देखो, खड़े-खड़े निकलवा देती हूँ। हरकारा हो कर मेरे राजा बेटा को मारे ! आज ही तो साफा, बल्लम, सब छिनवाये लेती हूँ। वाह ! मैंने जल्दी से कहा—नहीं, कजाकी ने नहीं मारा। बाबू जी ने उसे निकाल दिया है; उसका साफा, बल्लम छीन लिया , चपरास भी ले ली। अम्माँ , यह तुम्हारे बाबू जी ने बहुत बुरा किया। वह बेचारा अपने काम में इतना चौकस रहता है। फिर उसे क्यों निकाला ? मैंने कहा—आज उसे देर हो गयी थी।

यह कह कर मैंने हिरन के बच्चे को गोद से उतार दिया। घर में उसके भाग जाने का भय न था। अब तक अम्माँ जी की निगाह भी उस पर न पड़ी थी। उसे फुदकते देख कर वह सहसा चौंक पड़ीं और लपक कर मेरा हाथ पकड़ लिया कि कहीं यह भयंकर जीव मुझे काट न खाय ! मैं कहाँ

तो फूट-फूट कर रो रहा था और कहाँ अम्माँ की घबराहट देख कर खिलखिला कर हँस पड़ा। अम्माँ , अरे, यह तो हिरन का बच्चा है ! कहाँ मिला ? मैंने हिरन के बच्चे का सारा इतिहास और उसका भीषण परिणाम आदि से अंत तक कह सुनाया , अम्माँ, यह इतना तेज भागता था कि कोई दूसरा होता, तो पकड़ ही न सकता। सन्-सन्, हवा की तरह उड़ता चला जाता था। कजाकी पाँच-छ: घंटे तक इसके पीछे दौड़ता रहा। तब कहीं जा कर बच्चा मिले। अम्माँ जी, कजाकी की तरह कोई दुनिया भर में नहीं दौड़ सकता, इसी से तो देर हो गयी। इसलिए बाबू जी ने बेचारे को निकाल दिया , चपरास, साफा, बल्लम, सब छीन लिया। अब बेचारा क्या करेगा ? भूखों मर जायगा। अम्माँ ने पूछा—कहाँ है कजाकी, जरा उसे बुला तो लाओ। मैंने कहा—बाहर तो खड़ा है। कहता था, अम्माँ जी से मेरा कहा—सुना माफ करवा देना।

अब तक अम्माँ जी मेरे वृत्तांत को दिल्लगी समझ रही थीं। शायद वह समझती थीं कि बाबू जी ने कजाकी को डाँटा होगा; लेकिन मेरा अंतिम वाक्य सुनकर संशय हुआ कि सचमुच तो कजाकी बरखास्त नहीं कर दिया गया। बाहर आ कर 'कजाकी ! कजाकी' पुकारने लगीं, पर कजाकी का कहीं पता न था। मैंने बार-बार पुकारा; लेकिन कजाकी वहाँ न था। खाना तो मैंने खा लिया, बच्चे शोक में खाना नहीं छोड़ते, खास कर जब रबड़ी भी सामने हो; मगर बड़ी रात तक पड़े-पड़े सोचता रहा , मेरे पास रुपये होते, तो एक लाख रुपये कजाकी को दे देता और कहता , बाबू जी से कभी मत बोलना। बेचारा भूखों मर जायगा ! देखूँ, कल आता है कि नहीं। अब क्या करेगा आ कर ? मगर आने को तो कह गया है। मैं कल उसे अपने साथ खाना खिलाऊँगा। यही हवाई किले बनाते-बनाते मुझे नींद आ गयी। दूसरे दिन मैं दिन भर अपने हिरन के बच्चे की सेवा-सत्कार में व्यस्त रहा।

पहले उसका नामकरण संस्कार हुआ। 'मुन्नू' नाम रखा गया। फिर मैंने उसका अपने सब हमजोलियों और सहपाठियों से परिचय कराया। दिन ही भर में वह मुझसे इतना हिल गया कि मेरे पीछे-पीछे दौड़ने लगा। इतनी ही देर में मैंने उसे अपने जीवन में एक महत्त्वपूर्ण स्थान दे दिया। अपने भविष्य में बननेवाले विशाल भवन में उसके लिए अलग कमरा बनाने का भी निश्चय कर लिया; चारपाई, सैर करने की फिटन आदि की भी आयोजना कर ली।

लेकिन संध्या होते ही मैं सब कुछ छोड़-छाड़ कर सड़क पर जा खड़ा हुआ और कजाकी की बाट जोहने लगा। जानता था कि कजाकी निकाल दिया गया है, अब उसे यहाँ आने की कोई जरूरत नहीं रही। फिर न-जाने मुझे क्यों यह आशा हो रही थी कि वह आ रहा है। एकाएक मुझे खयाल आया कि कजाकी भूखों मर रहा होगा। मैं तुरंत घर आया। अम्माँ दिया-बत्ती कर रही थीं। मैंने चुपके से एक टोकरी में आटा निकाला; आटा हाथों में लपेटे, टोकरी से गिरते आटे की एक लकीर बनाता हुआ भागा। जा कर सड़क पर खड़ा हुआ ही था कि कजाकी सामने से आता दिखलायी दिया। उसके पास बल्लम भी था, कमर में चपरास भी थी, सिर पर साफा भी बँधा हुआ था। बल्लम में डाक का थैला भी बँधा हुआ था। मैं दौड़ कर उसकी कमर से चिपट गया और विस्मित हो कर बोला—तुम्हें चपरास और बल्लम कहाँ से मिल गया, कजाकी ? कजाकी ने मुझे उठा कर कंधो पर बैठाते हुए कहा—वह चपरास किस काम की थी, भैया ? वह तो गुलामी की

चपरास थी, यह पुरानी खुशी की चपरास है। पहले सरकार का नौकर था, अब तुम्हारा नौकर हूँ। यह कहते-कहते उसकी निगाह टोकरी पर पड़ी, जो वहीं रखी थी।

बोला—यह आटा कैसा है, भैया ? मैंने सकुचाते हुए कहा—तुम्हारे ही लिए तो लाया हूँ। तुम भूखे होगे, आज क्या खाया होगा ? कजाकी की आँखें तो मैं न देख सका, उसके कंधो पर बैठा हुआ था; हाँ, उसकी आवाज से मालूम हुआ कि उसका गला भर आया है। बोला—भैया, क्या रूखी ही रोटियाँ खाऊँगा ? दाल, नमक, घी , और तो कुछ नहीं है। मैं अपनी भूल पर बहुत लज्जित हुआ। सच तो है, बेचारा रूखी रोटियाँ कैसे खायगा ? लेकिन नमक, दाल, घी कैसे लाऊँ ? अब तो अम्माँ चौके में होंगी। आटा ले कर तो किसी तरह भाग आया था (अभी तक मुझे न मालूम था कि मेरी चोरी पकड़ ली गयी; आटे की लकीर ने सुराग दे दिया है)। अब ये तीन-तीन चीजें कैसे लाऊँगा ? अम्माँ से माँगूँगा, तो कभी न देंगी। एक-एक पैसे के लिए तो घण्टों रुलाती हैं, इतनी सारी चीजें क्यों देने लगीं ? एकाएक मुझे एक बात याद आयी। मैंने अपनी किताबों के बस्तों में कई आने पैसे रख छोड़े थे। मुझे पैसे जमा करके रखने में बड़ा आनन्द आता था। मालूम नहीं अब वह आदत क्यों बदल गयी। अब भी वही हालत होती तो शायद इतना फाकेमस्त न रहता। बाबू जी मुझे प्यार तो कभी न करते थे; पर पैसे खूब देते थे, शायद अपने काम में व्यस्त रहने के कारण, मुझसे पिंड छुड़ाने के लिए इसी नुस्खे को सबसे आसान समझते थे। इनकार करने में मेरे रोने और मचलने का भय था। इस बाधा को वह दूर ही से टाल देते थे। अम्माँ जी का स्वभाव इससे ठीक प्रतिकूल था। उन्हें मेरे रोने और मचलने से किसी काम में बाधा पड़ने का भय न था। आदमी लेटे-लेटे दिन भर रोना सुन सकता है; हिसाब लगाते हुए जोर की आवाज से ध्यान बँट जाता है। अम्माँ मुझे प्यार तो बहुत करती थीं, पर पैसे का नाम सुनते ही उनकी त्योरियाँ बदल जाती थीं। मेरे पास किताबें न थीं। हाँ, एक बस्ता था, जिसमें डाकखाने के दो-चार फार्म तह करके पुस्तक रूप में रखे हुए थे। मैंने सोचा , दाल, नमक और घी के लिए क्या उतने पैसे काफी न होंगे ? मेरी तो मुट्ठी में नहीं आते। यह निश्चय करके मैंने कहा—अच्छा, मुझे उतार दो, तो मैं दाल और नमक ला दूँ, मगर रोज आया करोगे न ?

कजाकी , भैया, खाने को दोगे, तो क्यों न आऊँगा। मैंने कहा—मैं रोज खाने को दूँगा। कजाकी बोला—तो मैं रोज आऊँगा। मैं नीचे उतरा और दौड़ कर सारी पूँजी उठा लाया। कजाकी को रोज बुलाने के लिए उस वक्त मेरे पास कोहनूर हीरा भी होता, तो उसको भेंट करने में मुझे पसोपेश न होता। कजाकी ने विस्मित हो कर पूछा—ये पैसे कहाँ पाये, भैया ? मैंने गर्व से कहा—मेरे ही तो हैं। कजाकी , तुम्हारी अम्माँ जी तुमको मारेंगी, कहेंगी , कजाकी ने फुसला कर मँगवा लिये होंगे। भैया, इन पैसों की मिठाई ले लेना और मटके में रख देना। मैं भूखों नहीं मरता। मेरे दो हाथ हैं। मैं भला भूखों मर सकता हूँ ?

मैंने बहुत कहा कि पैसे मेरे हैं, लेकिन कजाकी ने न लिए। उसने बड़ी देर तक इधर-उधर की सैर करायी, गीत सुनाये और मुझे घर पहुँचा कर चला गया। मेरे द्वार पर आटे की टोकरी भी रख दी। मैंने घर में कदम रखा ही था कि अम्माँ जी ने डाँट कर कहा—क्यों रे चोर, तू आटा कहाँ ले गया था ? अब चोरी करना सीखता है ? बता, किसको आटा दे आया, नहीं तो तेरी खाल उधेड़

कर रख दूँगी। मेरी नानी मर गयी। अम्माँ क्रोध में सिंहनी हो जाती थीं। सिटपिटा कर बोला—किसी को तो नहीं दिया। अम्माँ, तूने आटा नहीं निकाला ? देख कितना आटा सारे आँगन में बिखरा पड़ा है ? मैं चुप खड़ा था। वह कितना ही धमकाती थीं, चुमकारती थीं, पर मेरी जबान न खुलती थी। आनेवाली विपत्ति के भय से प्राण सूख रहे थे। यहाँ तक कि यह भी कहने की हिम्मत न पड़ती थी कि बिगड़ती क्यों हो, आटा तो द्वार पर रखा हुआ है, और न उठा कर लाते ही बनता था, मानो क्रिया-शक्ति ही लुप्त हो गयी हो, मानो पैरों में हिलने की सामर्थ्य ही नहीं। सहसा कजाकी ने पुकारा, बहू जी, आटा द्वार पर रखा हुआ है। भैया मुझे देने को ले गये थे।

यह सुनते ही अम्माँ द्वार की ओर चली गयीं। कजाकी से वह परदा न करती थीं। उन्होंने कजाकी से कोई बात की या नहीं, यह तो मैं नहीं जानता; लेकिन अम्माँ जी खाली टोकरी लिये हुए घर में आयीं। फिर कोठरी में जाकर संदूक से कुछ निकाला और द्वार की ओर गयीं। मैंने देखा कि उनकी मुट्ठी बंद थी। अब मुझसे वहाँ खड़े न रहा गया। अम्माँ जी के पीछे-पीछे मैं भी गया। अम्माँ ने द्वार पर कई बार पुकारा; मगर कजाकी चला गया था। मैंने बड़ी अधीरता से कहा—मैं जा कर खोज लाऊँ, अम्माँ जी ? अम्माँ जी ने किवाड़ें बंद करते हुए कहा—तुम अँधेरे में कहाँ जाओगे, अभी तो यहीं खड़ा था। मैंने कहा कि यहीं रहना; मैं आती हूँ। तब तक न-जाने कहाँ खिसक गया। बड़ा संकोची है ! आटा तो लेता ही न था। मैंने जबरदस्ती उसके अँगोछे में बाँध दिया। मुझे तो बेचारे पर बड़ी दया आती है। न-जाने बेचारे के घर में कुछ खाने को है कि नहीं। रुपये लायी थी कि दे दूँगी; पर न-जाने कहाँ चला गया। अब तो मुझे भी साहस हुआ। मैंने अपनी चोरी की पूरी कथा कह डाली। बच्चों के साथ समझदार बच्चे बन कर माँ-बाप उन पर जितना असर डाल सकते हैं, जितनी शिक्षा दे सकते हैं, उतने बूढ़े बन कर नहीं। अम्माँ जी ने कहा—तुमने मुझसे पूछ क्यों न लिया ? क्या मैं कजाकी को थोड़ा-सा आटा न देती ?

मैंने इसका उत्तर न दिया। दिल में कहा—इस वक्त तुम्हें कजाकी पर दया आ गयी है, जो चाहे दे डालो; लेकिन मैं माँगता, तो मारने दौड़तीं। हाँ, यह सोच कर चित्त प्रसन्न हुआ कि अब कजाकी भूखों न मरेगा। अम्माँ जी उसे रोज खाने को देंगी और वह रोज मुझे कंधो पर बिठा कर सैर करायेगा। दूसरे दिन मैं दिन भर मुन्नू के साथ खेलता रहा। शाम को सड़क पर जा कर खड़ा हो गया। मगर अँधेरा हो गया और कजाकी का कहीं पता नहीं। दिये जल गये, रास्ते में सन्नाटा छा गया; पर कजाकी न आया ! मैं रोता हुआ घर आया। अम्माँ जी ने पूछा—क्यों रोते हो, बेटा ? क्या कजाकी नहीं आया ? मैं और जोर से रोने लगा। अम्माँ जी ने मुझे छाती से लगा लिया। मुझे ऐसा मालूम हुआ कि उनका भी कंठ गदगद हो गया है। उन्होंने कहा—बेटा, चुप हो जाओ, मैं कल किसी हरकारे को भेज कर कजाकी को बुलवाऊँगी। मैं रोते ही रोते सो गया। सबेरे ज्यों ही आँखें खुलीं, मैंने अम्माँ जी से कहा—कजाकी को बुलवा दो। अम्माँ ने कहा—आदमी गया है, बेटा ! कजाकी आता होगा। खुश हो कर खेलने लगा। मुझे मालूम था कि अम्माँ जी जो बात कहती हैं, उसे पूरा जरूर करती हैं। उन्होंने सबेरे ही एक हरकारे को भेज दिया था। दस बजे जब मैं मुन्नू को लिये हुए घर आया, तो मालूम हुआ कि कजाकी अपने घर पर नहीं मिला। वह रात को भी घर न गया था। उसकी स्त्री रो रही थी कि न-जाने कहाँ चले गये। उसे भय था कि वह कहीं भाग गया है।

बालकों का हृदय कितना कोमल होता है, इसका अनुमान दूसरा नहीं कर सकता। उनमें अपने भावों को व्यक्त करने के लिए शब्द नहीं होते। उन्हें यह भी ज्ञात नहीं होता कि कौन-सी बात उन्हें विकल कर रही है, कौन-सा काँटा उनके हृदय में खटक रहा है, क्यों बार-बार उन्हें रोना आता है, क्यों वे मन मारे बैठे रहते हैं, क्यों खेलने में जी नहीं लगता ? मेरी भी यही दशा थी। कभी घर में आता, कभी बाहर जाता, कभी सड़क पर जा पहुँचता। आँखें कजाकी को ढूँढ़ रही थीं। वह कहाँ चला गया ? कहीं भाग तो नहीं गया ? तीसरे पहर को मैं खोया हुआ-सा सड़क पर खड़ा था। सहसा मैंने कजाकी को एक गली में देखा। हाँ, वह कजाकी ही था। मैं उसकी ओर चिल्लाता हुआ दौड़ा; पर गली में उसका पता न था, न-जाने किधर गायब हो गया।

मैंने गली के इस सिरे से उस सिरे तक देखा; मगर कहीं कजाकी की गंधा तक न मिली। घर जा कर मैंने अम्माँ जी से यह बात कही। मुझे ऐसा जान पड़ा कि वह यह बात सुन कर बहुत चिंतित हो गयीं। इसके बाद दो-तीन दिन तक कजाकी न दिखलायी दिया। मैं भी अब उसे कुछ-कुछ भूलने लगा। बच्चे पहले जितना प्रेम करते हैं, बाद को उतने ही निष्ठुर भी हो जाते हैं। जिस खिलौने पर प्राण देते हैं, उसी को दो-चार दिन के बाद पटक कर फोड़ भी डालते हैं। दस-बारह दिन और बीत गये। दोपहर का समय था। बाबू जी खाना खा रहे थे। मैं मुन्नू के पैरों में पीनस की पैजनियाँ बाँध रहा था। एक औरत घूँघट निकाले हुए आयी और आँगन में खड़ी हो गयी। उसके कपड़े फटे हुए और मैले थे, पर गोरी, सुन्दर स्त्री थी।

उसने मुझसे पूछा—भैया, बहू जी कहाँ हैं ? मैंने उसके पास जा कर उसका मुँह देखते हुए कहा—तुम कौन हो, क्या बेचती हो ? औरत , कुछ बेचती नहीं हूँ, तुम्हारे लिए ये कमलगट्टे लायी हूँ। भैया, तुम्हें तो कमलगट्टे बहुत अच्छे लगते हैं न ? मैंने उसके हाथों से लटकती हुई पोटली को उत्सुक नेत्रों से देख कर पूछा—कहाँ से लायी हो ? देखें। औरत , तुम्हारे हरकारे ने भेजा है, भैया ! मैंने उछल कर पूछा—कजाकी ने ? औरत ने सिर हिला कर 'हाँ' कहा और पोटली खोलने लगी। इतने में अम्माँ जी भी रसोई से निकल आयीं। उसने अम्माँ के पैरों का स्पर्श किया। अम्माँ ने पूछा—तू कजाकी की घरवाली है ? औरत ने सिर झुका लिया। अम्माँ , आजकल कजाकी क्या करता है। औरत ने रो कर कहा—बहू जी, जिस दिन से आपके पास से आटा ले कर गये हैं, उसी दिन से बीमार पड़े हैं। बस, भैया-भैया किया करते हैं। भैया ही में उनका मन बसा रहता है। चौंक-चौंक कर 'भैया ! भैया !' कहते हुए द्वार की ओर दौड़ते हैं। न जाने उन्हें क्या हो गया है, बहू जी ! एक दिन मुझसे कुछ कहा न सुना, घर से चल दिये और एक गली में छिप कर भैया को देखते रहे। जब भैया ने उन्हें देख लिया, तो भागे। तुम्हारे पास आते हुए लजाते हैं। मैंने कहा—हाँ-हाँ, मैंने उस दिन तुमसे जो कहा था अम्माँ जी ! अम्माँ , घर में कुछ खाने-पीने को है ? औरत , हाँ बहू जी, तुम्हारे आसिरवाद से खाने-पीने का दु:ख नहीं है। आज सबेरे उठे और तालाब की ओर चले गये। बहुत कहती रही, बाहर मत जाओ, हवा लग जायगी। मगर न माने ! मारे कमजोरी के पैर काँपने लगते हैं, मगर तालाब में घुस कर ये कमलगट्टे तोड़ लाये। तब मुझसे कहा—ले जा, भैया को दे आ। उन्हें कमलगट्टे बहुत अच्छे लगते हैं। कुशल-छेम पूछती आना। मैंने पोटली से कमलगट्टे निकाल लिये थे और मजे से चख रहा था। अम्माँ ने बहुत आँखें दिखायीं, मगर यहाँ इतनी सब्र

कहाँ ! अम्माँ ने कहा—कह देना सब कुशल है। मैंने कहा—यह भी कह देना कि भैया ने बुलाया है। न जाओगे तो फिर तुमसे कभी न बोलेंगे, हाँ ! बाबू जी खाना खा कर निकल आये थे। तौलिये से हाथ-मुँह पोंछते हुए बोले—और यह भी कह देना कि साहब ने तुमको बहाल कर दिया है। जल्दी जाओ, नहीं तो कोई दूसरा आदमी रख लिया जायगा। औरत ने अपना कपड़ा उठाया और चली गयी। अम्माँ ने बहुत पुकारा, पर वह न रुकी। शायद अम्माँ जी उसे सीधा देना चाहती थीं। अम्माँ ने पूछा—सचमुच बहाल हो गया ? बाबू जी , और क्या झूठे ही बुला रहा हूँ। मैंने तो पाँचवें ही दिन बहाली की रिपोर्ट की थी। अम्माँ , यह तुमने अच्छा किया। बाबू जी , उसकी बीमारी की यही दवा है। प्रातःकाल मैं उठा, तो क्या देखता हूँ कि कजाकी लाठी टेकता हुआ चला आ रहा है। वह बहुत दुबला हो गया था, मालूम होता था, बूढ़ा हो गया है। हरा-भरा पेड़ सूख कर ठूँठा हो गया था। मैं उसकी ओर दौड़ा और उसकी कमर से चिमट गया। कजाकी ने मेरे गाल चूमे और मुझे उठा कर कन्धों पर बैठाने की चेष्टा करने लगा; पर मैं न उठ सका। तब वह जानवरों की भाँति भूमि पर हाथों और घुटनों के बल खड़ा हो गया और मैं उसकी पीठ पर सवार हो कर डाकखाने की ओर चला। मैं उस वक्त फूला न समाता था और शायद कजाकी मुझसे भी ज्यादा खुश था। बाबू जी ने कहा—कजाकी, तुम बहाल हो गये। अब कभी देर न करना। कजाकी रोता हुआ पिता जी के पैरों पर गिर पड़ा; मगर शायद मेरे भाग्य में दोनों सुख भोगना न लिखा था , मुन्नू मिला, तो कजाकी छूटा; कजाकी आया तो मुन्नू हाथ से गया और ऐसा गया कि आज तक उसके जाने का दु:ख है। मुन्नू मेरी ही थाली में खाता था। जब तक मैं खाने न बैठूँ, वह भी कुछ न खाता था। उसे भात से बहुत ही रुचि थी; लेकिन जब तक खूब घी न पड़ा हो, उसे संतोष न होता था। वह मेरे ही साथ सोता था और मेरे ही साथ उठता भी था। सफाई तो उसे इतनी पसंद थी कि मल-मूत्र त्याग करने के लिए घर से बाहर मैदान में निकल जाता था। कुत्तों से उसे चिढ़ थी, कुत्तों को घर में न घुसने देता। कुत्ते को देखते ही थाली से उठ जाता और उसे दौड़ कर घर से बाहर निकाल देता था। कजाकी को डाकखाने में छोड़ कर जब मैं खाना खाने गया, तो मुन्नू भी आ बैठा। अभी दो-चार ही कौर खाये थे कि एक बड़ा-सा झबरा कुत्ता आँगन में दिखायी दिया। मुन्नू उसे देखते ही दौड़ा। दूसरे घर में जा कर कुत्ता चूहा हो जाता है। झबरा कुत्ता उसे आते देख कर भागा। मुन्नू को अब लौट आना चाहिए था; मगर वह कुत्ता उसके लिए यमराज का दूत था। मुन्नू को उसे घर से निकाल कर भी संतोष न हुआ। वह उसे घर के बाहर मैदान में भी दौड़ाने लगा। मुन्नू को शायद खयाल न रहा कि यहाँ मेरी अमलदारी नहीं है। वह उस क्षेत्र में पहुँच गया था, जहाँ झबरे का भी उतना ही अधिकार था, जितना मुन्नू का। मुन्नू कुत्तों को भगाते-भगाते कदाचित् अपने बाहुबल पर घमंड करने लगा था। वह यह न समझता था कि घर में उसकी पीठ पर घर के स्वामी का भय काम किया करता है। झबरे ने इस मैदान में आते ही उलट कर मुन्नू की गरदन दबा दी। बेचारे मुन्नू के मुँह से आवाज तक न निकली। जब पड़ोसियों ने शोर मचाया, तो मैं दौड़ा। देखा, तो मुन्नू मरा पड़ा है और झबरे का कहीं पता नहीं।

❐

12 बाबाजी का भोग

कभी-कभी अन्धविश्वास हमारे लिए समस्याएं एवं प्रताड़ना उत्पन्न करता है। निर्धन किसान रामधन द्वार पर आए साधु-संन्यासी के लिए भोज हेतु आटा, घी मांगकर लाता है। साधु पूरी तरह तृप्त हो चला जाता है और परिवार भूखा रह जाता है।

रामधन अहीर के द्वार पर एक साधु आकर बोला—बच्चा तेरा कल्याण हो, कुछ साधु पर श्रद्धा कर। रामधन ने जाकर स्त्री से कहा—साधु द्वार पर आये हैं, उन्हें कुछ दे दे।

स्त्री—बरतन माँज रही थी, और इस घोर चिंता में मग्न थी कि आज भोजन क्या बनेगा, घर में अनाज का एक दाना भी न था। चैत का महीना था। किंतु यहाँ दोपहर ही को अंधकार छा गया था। उपज सारी-की-सारी खलिहान से उठ गयी। आधी महाजन ने ले ली, आधी जमींदार के प्यादों ने वसूल की। भूसा बेचा तो बैल के व्यापारी से गला छूटा, बस थोड़ी-सी गाँठ अपने हिस्से में आयी। उसी को पीट-पीटकर एक मन-भर दाना निकाला था। किसी तरह चैत का महीना पार हुआ। अब आगे क्या होगा। क्या बैल खायेंगे, क्या घर के प्राणी खायेंगे, यह ईश्वर ही जाने ! पर द्वार पर साधु आ गया है, उसे निराश कैसे लौटायें, अपने दिल में क्या कहेगा।

स्त्री ने कहा—क्या दे दूँ, कुछ तो रहा नहीं ?

रामधन—जा, देख तो मटके में, कुछ आटा-वाटा मिल जाय तो ले आ।

स्त्री ने कहा—मटके झाड़-पोंछकर तो कल ही चूल्हा जला था। क्या उसमें बरक्कत होगी ?

रामधन—तो मुझसे तो यह न कहा जायगा कि बाबा घर में कुछ नहीं है। किसी के घर से माँग ला।

स्त्री—जिससे लिया उसे देने की नौबत नहीं आयी, अब और किस मुँह से माँगूँ ?

रामधन—देवताओं के लिए कुछ अँगौवा निकाला है न, वही ला, दे आऊँ !

स्त्री—देवताओं की पूजा कहाँ से होगी ?

रामधन—देवता माँगने तो नहीं आते ? समाई होगी करना, न समाई हो न करना।

स्त्री—अरे तो कुछ अँगौवा भी पंसेरी दो पंसेरी है ? बहुत होगा तो आध सेर। इसके बाद क्या फिर कोई साधु न आयेगा। उसे तो जवाब देना ही पड़ेगा।

रामधन—यह बला तो टलेगी, फिर देखी जायगी।

स्त्री झुंझलाकर उठी और एक छोटी-सी हाँड़ी उठा लायी, जिसमें मुश्किल से आध सेर आटा था। वह गेहूँ का आटा बड़े यत्न से देवताओं के लिए रखा हुआ था। रामधन कुछ देर खड़ा सोचता रहा, तब आटा एक कटोरे में रखकर बाहर आया और साधु की झोली में डाल दिया।

महात्मा ने आटा लेकर कहा—बच्चा, अब तो साधु आज यहीं रमेंगे। कुछ थोड़ी-सी दाल दे, तो साधु का भोग लग जाय। रामधन ने फिर आकर स्त्री से कहा। संयोग से दाल घर में थी। रामधन ने दाल, नमक, उपले जुटा दिये। फिर कुएँ से पानी खींच लाया। साधु ने बड़ी विधि से बाटियाँ बनायीं, दाल पकायी और आलू झोली में से निकालकर भुरता बनाया। जब सब सामग्री तैयार हो गयी, तो रामधन से बोले—बच्चा, भगवान के भोग के लिए कौड़ी-भर घी चाहिए। रसोई पवित्र न होगी, तो भोग कैसे लगेगा?

रामधन—बाबाजी, घी तो घर में न होगा।

साधु—बच्चा, भगवान् का दिया तेरे पास बहुत है। ऐसी बातें न कह।

रामधन—महाराज, मेरे गाय-भैंस कुछ नहीं हैं, घी कहाँ से होगा ?

साधु—बच्चा, भगवान् के भंडार में सबकुछ है ?

रामधन ने जाकर स्त्री से कहा—घी माँगते हैं, माँगने को भीख, पर घी बिना कौर नहीं धँसता !

स्त्री—तो इसी दाल में से थोड़ी लेकर बनिये के यहाँ से ला दो। जब सब किया है तो इतने के लिए उन्हें क्यों नाराज करते हो ? घी आ गया। साधुजी ने ठाकुरजी की पिंडी निकाली, घंटी बजायी और भोग लगाने बैठे। खूब तन कर खाया, फिर पेट पर हाथ फेरते हुए द्वार पर लेट गये। थाली, बटली और कलछुली रामधन घर में माँजने के लिए उठा ले गया।

उस रात रामधन के घर चूल्हा नहीं जला। खाली दाल पकाकर ही पी ली।

रामधन लेटा, तो सोच रहा था—मुझसे तो यही अच्छे !

❐

13 पिसनहारी का कुआँ

लालच किस प्रकार वायदों को भूल जाने पर विवश करता है और स्वार्थ कैसे हावी होता है, इस भावना का मनोहारी चित्रण कहानी में है। पति की याद में कुआँ बनवाने की इच्छा अन्ततः वह स्वयं मरकर पूरी करती है।

गोमती ने मृत्यु-शय्या पर पड़े हुए चौधरी विनायकसिंह से कहा—चौधरी, मेरे जीवन की यही लालसा थी।

चौधरी ने गम्भीर हो कर कहा—इसकी कुछ चिंता न करो काकी; तुम्हारी लालसा भगवान् पूरी करेंगे। मैं आज ही से मजूरों को बुला कर काम पर लगाये देता हूँ। दैव ने चाहा, तो तुम अपने कुएँ का पानी पियोगी। तुमने तो गिना होगा, कितने रुपये हैं ?

गोमती ने एक क्षण आँखें बंद करके, बिखरी हुई स्मृति को एकत्र करके कहा—भैया, मैं क्या जानूँ, कितने रुपये हैं ? जो कुछ हैं, वह इसी हाँड़ी में हैं। इतना करना कि इतने ही में काम चल जाए। किसके सामने हाथ फैलाते फिरोगे?

चौधरी ने बंद हाँड़ी को उठा कर हाथों से तौलते हुए कहा—ऐसा तो करेंगे ही काकी; कौन देनेवाला है। एक चुटकी भीख तो किसी के घर से निकलती नहीं, कुआँ बनवाने को कौन देता है। धन्य हो तुम कि अपनी उम्र भर की कमाई इस धर्म-काज के लिए दे दी।

गोमती ने गर्व से कहा—भैया, तुम तो तब बहुत छोटे थे। तुम्हारे काका मरे तो मेरे हाथ में एक कौड़ी भी न थी। दिन-दिन भर भूखी पड़ी रहती। जो कुछ उनके पास था, वह सब उनकी बीमारी में उठ गया। वह भगवान् के बड़े भक्त थे। इसीलिए भगवान् ने उन्हें जल्दी से बुला लिया। उस दिन से आज तक तुम देख रहे हो कि किस तरह दिन काट रही हूँ। मैंने एक-एक रात में मन-मन भर अनाज पीसा है; बेटा! देखनेवाले अचरज मानते थे। न-जाने इतनी ताकत मुझमें कहाँ से आ जाती थी। बस, यही लालसा रही कि उनके नाम का एक छोटा-सा कुआँ गाँव में बन जाए। नाम तो चलना चाहिए। इसीलिए तो आदमी बेटे-बेटी को रोता है।

इस तरह चौधरी विनायकसिंह को वसीयत करके, उसी रात को बुढ़िया गोमती परलोक सिधारी। मरते समय अंतिम शब्द, जो उसके मुख से निकले, वे यही थे , कुआँ बनवाने में देर न करना। उसके पास धन है यह तो लोगों का अनुमान था; लेकिन दो हजार है, इसका किसी को अनुमान न था। बुढ़िया अपने धन को ऐब की तरह छिपाती थी। चौधरी गाँव का मुखिया और नीयत का साफ आदमी था। इसलिए बुढ़िया ने उसे यह अंतिम आदेश किया था।

चौधरी ने गोमती के क्रिया-कर्म में बहुत रुपये खर्च न किये। ज्योंही इन संस्कारों से छुट्टी मिली, वह अपने बेटे हरनाथसिंह को बुला कर ईंट, चूना, पत्थर का तखमीना करने लगे। हरनाथ

अनाज का व्यापार करता था। कुछ देर तक तो वह बैठा सुनता रहा, फिर बोला—अभी दो-चार महीने कुआँ न बने तो कोई बड़ा हरज है ?

चौधरी ने 'हुँह !' करके कहा—हरज तो कुछ नहीं, लेकिन देर करने का काम ही क्या है। रुपये उसने दे ही दिये हैं, हमें तो सेंत में यश मिलेगा। गोमती ने मरते-मरते जल्द कुआँ बनवाने को कहा था।

हरनाथ , हाँ, कहा तो था, लेकिन आजकल बाजार अच्छा है। दो-तीन हजार का अनाज भर लिया जाए, तो अगहन-पूस तक सवाया हो जायगा। मैं आपको कुछ सूद दे दूँगा। चौधरी का मन शंका और भय के दुविधा में पड़ गया। दो हजार के कहीं ढाई हजार हो गये, तो क्या कहना। जगमोहन में कुछ बेल-बूटे बनवा दूँगा। लेकिन भय था कि कहीं घाटा हो गया तो ?

इस शंका को वह छिपा न सके, बोले—जो कहीं घाटा हो गया तो ?

हरनाथ ने तड़प कर कहा—घाटा क्या हो जायगा, कोई बात है ?

'मान लो, घाटा हो गया तो ?'

हरनाथ ने उत्तेजित होकर कहा—यह कहो कि तुम रुपये नहीं देना चाहते,बड़े धर्मात्मा बने हो !

अन्य वृद्धजनों की भाँति चौधरी भी बेटे से दबते थे। कातर स्वर में बोले—मैं यह कब कहता हूँ कि रुपये न दूँगा। लेकिन पराया धन है, सोच-समझ कर ही तो उसमें हाथ लगाना चाहिए। बनिज-व्यापार का हाल कौन जानता है। कहीं भाव और गिर जाए तो ? अनाज में घुन ही लग जाए, कोई मुद्दई घर में आग ही लगा दे। सब बातें सोच लो अच्छी तरह।

हरनाथ ने व्यंग्य से कहा—इस तरह सोचना है, तो यह क्यों नहीं सोचते कि कोई चोर ही उठा ले जाए; या बनी-बनायी दीवार बैठ जाए ? ये बातें भी तो होती ही हैं।

चौधरी के पास अब और कोई दलील न थी, कमजोर सिपाही ने ताल तो ठोंकी, अखाड़े में उतर पड़ा; पर तलवार की चमक देखते ही हाथ-पाँव फूल गये। बगलें झाँक कर चौधरी ने कहा—तो कितना लोगे ?

हरनाथ कुशल योद्धा की भाँति, शत्रु को पीछे हटता देख कर, बफर कर बोला—सब का सब दीजिए, सौ-पचास रुपये ले कर क्या खिलवाड़ करना है ?

चौधरी राजी हो गये। गोमती को उन्हें रुपये देते किसी ने न देखा था। लोक-निंदा की संभावना भी न थी। हरनाथ ने अनाज भरा। अनाजों के बोरों का ढेर लग गया। आराम की मीठी नींद सोनेवाले चौधरी अब सारी रात बोरों की रखवाली करते थे, मजाल न थी कि कोई चुहिया बोरों में घुस जाए। चौधरी इस तरह झपटते थे कि बिल्ली भी हार मान लेती। इस तरह छः महीने बीत गये। पौष में अनाज बिका, पूरे 500 रु. का लाभ हुआ।

हरनाथ ने कहा—इसमें से 50 रु. आप ले लें।

चौधरी ने झल्ला कर कहा—50 रु. क्या खैरात ले लूँ ? किसी महाजन से इतने रुपये लिये होते तो कम से कम दो सौ रु. सूद के होते; मुझे तुम दो-चार रुपये कम दे दो, और क्या करोगे ?

हरनाथ ने ज्यादा बतबढ़ाव न किया। 150 रु. चौधरी को दे दिया। चौधरी की आत्मा इतनी प्रसन्न कभी न हुई थी। रात को वह अपनी कोठरी में सोने गया, तो उसे ऐसा प्रतीत हुआ कि बुढ़िया गोमती खड़ी मुस्करा रही है। चौधरी का कलेजा धक्-धक् करने लगा। वह नींद में न था। कोई नशा न खाया था। गोमती सामने खड़ी मुस्करा रही थी। हाँ, उस मुरझाये हुए मुख पर एक विचित्र स्फूर्ति थी।

कई साल बीत गये ! चौधरी बराबर इसी फिक्र में रहते कि हरनाथ से रुपये निकाल लूँ; लेकिन हरनाथ हमेशा ही हीले-हवाले करता रहता था। वह साल में थोड़ा-सा ब्याज दे देता, पर मूल के लिए हजार बातें बनाता था। कभी लेने का रोना था, कभी चुकते का। हाँ, कारोबार बढ़ता जाता था। आखिर एक दिन चौधरी ने उससे साफ-साफ कह दिया कि तुम्हारा काम चले या डूबे, मुझे परवा नहीं, इस महीने में तुम्हें अवश्य रुपये चुकाने पड़ेंगे। हरनाथ ने बहुत उड़नघाइयाँ बतायीं, पर चौधरी अपने इरादे पर जमे रहे।

हरनाथ ने झुँझला कर कहा—कहता हूँ कि दो महीने और ठहरिए। माल बिकते ही मैं रुपये दे दूँगा।

चौधरी ने दृढ़ता से कहा—तुम्हारा माल कभी न बिकेगा, और न तुम्हारे दो महीने कभी पूरे होंगे। मैं आज रुपये लूँगा।

हरनाथ उसी वक्त क्रोध में भरा हुआ उठा, और दो हजार रुपये ला कर चौधरी के सामने जोर से पटक दिये।

चौधरी ने कुछ झेंप कर कहा—रुपये तो तुम्हारे पास थे।

'और क्या बातों से रोजगार होता है ?'

'तो मुझे इस समय 500 रुपये दे दो, बाकी दो महीने में देना। सब आज ही तो खर्च न हो जाएंगे।'

हरनाथ ने ताव दिखा कर कहा—आप चाहे खर्च कीजिए, चाहे जमा कीजिए, मुझे रुपयों का काम नहीं। दुनिया में क्या महाजन मर गये हैं, जो आपकी धौंस सहूँ ?

चौधरी ने रुपये उठा कर एक ताक पर रख दिये। कुएँ की दागबेल डालने का सारा उत्साह ठंडा पड़ गया।

हरनाथ ने रुपये लौटा तो दिये थे, पर मन में कुछ और मनसूबा बाँध रखा था। आधी रात को जब घर में सन्नाटा छा गया, तो हरनाथ चौधरी के कोठरी की चूल खिसका कर अंदर घुसा। चौधरी बेखबर सोये थे। हरनाथ ने चाहा कि दोनों थैलियाँ उठा कर बाहर निकल आऊँ, लेकिन ज्यों ही हाथ बढ़ाया उसे अपने सामने गोमती खड़ी दिखायी दी। वह दोनों थैलियों को दोनों हाथों से पकड़े हुए थी। हरनाथ भयभीत हो कर पीछे हट गया।

फिर यह सोच कर कि शायद मुझे धोखा हो रहा हो, उसने फिर हाथ बढ़ाया, पर अबकी वह मूर्ति इतनी भयंकर हो गयी कि हरनाथ एक क्षण भी वहाँ खड़ा न रह सका। भागा, पर बरामदे ही में अचेत होकर गिर पड़ा।

हरनाथ ने चारों तरफ से अपने रुपये वसूल करके व्यापारियों को देने के लिए जमा कर रखे थे। चौधरी ने आँखें दिखायीं, तो वही रुपये ला कर पटक दिया। दिल में उसी वक्त सोच लिया था कि रात को रुपये उड़ा लाऊँगा। झूठमूठ चोर का गुल मचा दूँगा, तो मेरी ओर संदेह भी न होगा। पर जब यह पेशबंदी ठीक न उतरी, तो उस पर व्यापारियों के तगादे होने लगे। वादों पर लोगों को कहाँ तक टालता, जितने बहाने हो सकते थे, सब किये। आखिर वह नौबत आ गयी कि लोग नालिश करने की धमकियाँ देने लगे। एक ने तो 300 रु. की नालिश कर भी दी। बेचारे चौधरी बड़ी मुश्किल में फँसे। दूकान पर हरनाथ बैठता था, चौधरी का उससे कोई वास्ता न था, पर उसकी जो साख थी वह चौधरी के कारणा लोग चौधरी को खरा और लेन-देन का साफ आदमी समझते थे। अब भी यद्यपि कोई उनसे तकाजा न करता था, पर वह सबसे मुँह छिपाते फिरते थे। लेकिन उन्होंने यह निश्चय कर लिया था कि कुएँ के रुपये न छुऊँगा चाहे कुछ आ पड़े। रात को एक व्यापारी के मुसलमान चपरासी ने चौधरी के द्वार पर आ कर हजारों गालियाँ सुनायीं। चौधरी को बार-बार क्रोध आता था कि चल कर मूँछें उखाड़ लूँ, पर मन को समझाया, 'हमसे मतलब ही क्या है, बेटे का कर्ज चुकाना बाप का धर्म नहीं है।'

जब भोजन करने गये, तो पत्नी ने कहा—यह सब क्या उपद्रव मचा रखा है ?

चौधरी ने कठोर स्वर में कहा—मैंने मचा रखा है ?

'और किसने मचा रखा है ? बच्चा कसम खाते हैं कि मेरे पास केवल थोड़ा-सा माल है, रुपये तो सब तुमने माँग लिये।'

चौधरी—माँग न लेता तो क्या करता, हलवाई की दूकान पर दादा का फातेहा पढ़ना मुझे पसंद नहीं।

स्त्री , यह नाक-कटाई अच्छी लगती है ?

चौधरी—तो मेरा क्या बस है भाई, कभी कुआँ बनेगा कि नहीं ? पाँच साल हो गये।

स्त्री , इस वक्त उसने कुछ नहीं खाया। पहली जून भी मुँह जूठा करके उठ गया था।

चौधरी—तुमने समझाकर खिलाया नहीं, दाना-पानी छोड़ देने से तो रुपये न मिलेंगे।

स्त्री , तुम क्यों नहीं जा कर समझा देते ?

चौधरी—मुझे तो इस वक्त बैरी समझ रहा होगा !

स्त्री , मैं रुपये ले जा कर बच्चा को दिये आती हूँ, हाथ में जब रुपये आ जाएँ, तो कुआँ बनवा देना।

चौधरी—नहीं, नहीं, ऐसा गजब न करना, मैं इतना बड़ा विश्वासघात न करूँगा, चाहे घर मिट्टी ही में मिल जाए।

लेकिन स्त्री ने इन बातों की ओर ध्यान न दिया। वह लपक कर भीतर गयी और थैलियों पर हाथ डालना चाहती थी कि एक चीख मार कर हट गयी। उसकी सारी देह सितार के तार की भाँति काँपने लगी।

चौधरी ने घबरा कर पूछा—क्या हुआ, क्या ? तुम्हें चक्कर तो नहीं आ गया ?

स्त्री ने ताक की ओर भयातुर नेत्रों से देख कर कहा—चुड़ैल वहाँ खड़ी है ?

चौधरी ने ताक की ओर देख कर कहा—कौन चुड़ैल ? मुझे तो कोई नहीं दीखता।

स्त्री , मेरा तो कलेजा धक्-धक् कर रहा है। ऐसा मालूम हुआ, जैसे उस बुढ़िया ने मेरा हाथ पकड़ लिया है।

चौधरी—यह सब भ्रम है। बुढ़िया को मरे पाँच साल हो गये, अब तक वह यहाँ बैठी है ?

स्त्री, मैंने साफ देखा, वही थी। बच्चा भी कहते थे कि उन्होंने रात को थैलियों पर हाथ रखे देखा था !

चौधरी—वह रात को मेरी कोठरी में कब आया ?

स्त्री , तुमसे कुछ रुपयों के विषय ही में कहने आया था। उसे देखते ही भागा।

चौधरी—अच्छा; फिर तो अंदर जाओ, मैं देख रहा हूँ।

स्त्री ने कान पर हाथ रख कर कहा—न बाबा, अब मैं उस कमरे में कदम न रखूँगी।

चौधरी—अच्छा, मैं जा कर देखता हूँ।

चौधरी ने कोठरी में जा कर दोनों थैलियाँ ताक पर से उठा लीं। किसी प्रकार की शंका न हुई। गोमती की छाया का कहीं नाम भी न था। स्त्री द्वार पर खड़ी झाँक रही थी। चौधरी ने आ कर गर्व से कहा—मुझे तो कहीं कुछ न दिखायी दिया। वहाँ होती, तो कहाँ चली जाती ?

स्त्री , क्या जाने, तुम्हें क्यों नहीं दिखायी दी ? तुमसे उसे स्नेह था, इसी से हट गयी होगी।

चौधरी—तुम्हें भ्रम था, और कुछ नहीं।

स्त्री, बच्चा को बुला कर पुछाये देती हूँ।

चौधरी—खड़ा तो हूँ, आ कर देख क्यों नहीं लेती ?

स्त्री को कुछ आश्वासन हुआ। उसने ताक के पास जा कर डरते-डरते हाथ बढ़ाया , जोर से चिल्ला कर भागी और आँगन में आ कर दम लिया। चौधरी भी उसके साथ आँगन में आ गया और विस्मय से बोला – क्या था, क्या ? व्यर्थ में भागी चली आयी। मुझे तो कुछ न दिखायी दिया। स्त्री ने हाँफते हुए तिरस्कारपूर्ण स्वर में कहा—चलो हटो, अब तक तो तुमने मेरी जान ही ले ली थी। न-जाने तुम्हारी आँखों को क्या हो गया है।

खड़ी तो है वह डायन !

इतने में हरनाथ भी वहाँ आ गया। माता को आँगन में खड़े देख कर बोला—क्या है अम्माँ, कैसा जी है ?

स्त्री, वह चुड़ैल आज दो बार दिखायी दी, बेटा। मैंने कहा—लाओ, तुम्हें रुपये दे दूँ। फिर जब हाथ में जा जाएँगे, तो कुआँ बनवा दिया जायगा। लेकिन ज्यों ही थैलियों पर हाथ रखा, उस चुड़ैल ने मेरा हाथ पकड़ लिया। प्राण-से निकल गये।

हरनाथ ने कहा—किसी अच्छे ओझा को बुलाना चाहिए, जो इसे मार भगाये।

चौधरी—क्या रात को तुम्हें भी दिखाई दी थी ?

हरनाथ , हाँ, मैं तुम्हारे पास एक मामले में सलाह करने आया था। ज्यों ही अंदर कदम रखा, वह चुड़ैल ताक के पास खड़ी दिखायी दी, मैं बदहवास हो कर भागा।

चौधरी—अच्छा, फिर तो जाओ।

स्त्री , कौन, अब तो मैं न जाने दूँ, चाहे कोई लाख रुपये ही क्यों न दे।

हरनाथ, मैं आप न जाऊँगा।

चौधरी—मगर मुझे कुछ दिखायी नहीं देता। यह बात क्या है ?

हरनाथ , क्या जाने, आपसे डरती होगी। आज किसी ओझा को बुलाना चाहिए।

चौधरी—कुछ समझ में नहीं आता, क्या माजरा है। क्या हुआ बैजू पांडे की डिग्री का ?

हरनाथ इन दिनों चौधरी से इतना जलता था कि अपनी दूकान के विषय की कोई बात उनसे न कहता था। आँगन की तरफ ताकता हुआ मानो हवा से बोला—जो होना होगा, वह होगा, मेरी जान के सिवा और कोई क्या ले लेगा ? जो खा गया हूँ, वह तो उगल नहीं सकता।

चौधरी—कहीं उसने डिग्री जारी कर दी तो ?

हरनाथ, तो क्या ? दूकान में चार-पाँच सौ का माल है, वह नीलाम हो जायगा।

चौधरी—कारोबार तो सब चौपट हो जायगा ?

हरनाथ, अब कारोबार के नाम को कहाँ तक रोऊँ। अगर पहले से मालूम होता कि कुआँ बनवाने की इतनी जल्दी है, तो यह काम छेड़ता ही क्यों ? रोटी-दाल तो पहले भी मिल जाती थी। बहुत होगा, तो-चार महीने हवालात में रहना पड़ेगा। इसके सिवा और क्या हो सकता है ? माता ने कहा—जो तुम्हें हवालात में ले जाए, उसका मुँह झुलस दूँ ! हमारे जीते-जी तुम हवालात में जाओगे !

हरनाथ ने दार्शनिक बन कर कहा—माँ-बाप जन्म के साथी होते हैं, किसी के कर्म के साथी नहीं होते।

चौधरी को पुत्र से प्रगाढ़ प्रेम था। उन्हें शंका हो गयी थी कि हरनाथ रुपये हजम करने के लिए टाल-मटोल कर रहा है। इसलिए उन्होंने आग्रह करके रुपये वसूल कर लिये थे। अब उन्हें अनुभव हुआ कि हरनाथ के प्राण सचमुच संकट में हैं। सोचा , अगर लड़के को हवालात हो गयी, या दूकान पर कुर्की आ गयी; तो कुल-मर्यादा धूल में मिल जायगी। क्या हरज है, अगर गोमती के रुपये दे दूँ। आखिर दूकान चलती ही है, कभी न कभी तो रुपये हाथ में आ ही जाएँगे।

एकाएक किसी ने बाहर से पुकारा , 'हरनाथसिंह !' हरनाथ के मुख पर हवाइयाँ उड़ने लगीं। चौधरी ने पूछा—कौन है ?

'कुर्क अमीन।'

'क्या दूकान कुर्क कराने आया है ?'

'हाँ, मालूम तो होता है।'

'कितने रुपयों की डिग्री है ?'

'1500 रु. की।'

'कुर्क-अमीन कुछ लेने-देने से न टलेगा ?'

'टल तो जाता पर महाजन भी तो उसके साथ होगा। उसे जो कुछ लेना है, उधर से ले चुका होगा।'

'न हो, 1500 रु. गोमती के रुपयों में से दे दो।'

'उसके रुपये कौन छुएगा। न-जाने घर पर क्या आफत आये।'

'उसके रुपये कोई हजम थोड़ी ही किये लेता है; चलो, मैं दे दूँ !'

चौधरी को इस समय भय हुआ, कहीं मुझे भी वह न दिखायी दे। लेकिन उनकी शंका निर्मूल थी। उन्होंने एक थैली से 550 रु. निकाले और दूसरी थैली में रख कर हरनाथ को दे दिये। संध्या तक इन दो हजार रु. में एक रुपया भी न बचा।

बारह साल गुजर गये। न चौधरी अब इस संसार में हैं, न हरनाथ। चौधरी जब तक जिये, उन्हें कुएँ की चिंता बनी रही; यहाँ तक कि मरते दम भी उनकी जबान पर कुएँ की रट लगी हुई थी। लेकिन दूकान में सदैव रुपयों का तोड़ा रहा। चौधरी के मरते ही सारा कारोबार चौपट हो गया। हरनाथ ने आने रुपये लाभ से संतुष्ट न हो कर दूने-तिगुने लाभ पर हाथ मारा , जुआ खेलना शुरू किया। साल भी न गुजरने पाया था कि दूकान बंद हो गयी।

गहने-पाती, बरतन भाँड़े, सब मिट्टी में मिल गये। चौधरी की मृत्यु के ठीक साल भर बाद, हरनाथ ने भी इस हानि-लाभ के संसार से पयान किया। माता के जीवन का अब कोई सहारा न रहा। बीमार पड़ी, पर दवा-दर्पन न हो सकी। तीन-चार महीने तक नाना प्रकार के कष्ट झेल कर वह भी चल बसी। अब केवल बहू थी, और वह भी गर्भिणी। उस बेचारी के लिए अब कोई आधार न था। इस दशा में मजदूरी भी न कर सकती थी। पड़ोसियों के कपड़े सी-सी कर उसने किसी भाँति पाँच-छ: महीने काटे। तेरे लड़का होगा। सारे लक्षण बालक के-से थे। यही एक जीवन का आधार था। जब कन्या हुई, तो यह आधार भी जाता रहा। माता ने अपना हृदय इतना कठोर कर लिया कि नवजात शिशु को छाती भी न लगाती थी। पड़ोसियों के बहुत समझाने-बुझाने पर छाती से लगाया, पर उसकी छाती में दूध की एक बूँद भी न थी। उस समय अभागिनी माता के हृदय में करुणा, वात्सल्य और मोह का एक भूकम्प-सा आ गया। अगर किसी उपाय से उसके स्तन की अंतिम बूँद दूध बन जाती, तो वह अपने को धन्य मानती। बालिका की वह भोली, दीन, याचनामय, सतृष्ण

छवि देख कर उसका मातृ-हृदय मानो सहस्त्र नेत्रों से रुदन करने लगा था। उसके हृदय की सारी शुभेच्छाएँ, सारा आशीर्वाद, सारी विभूति, सारा अनुराग मानो उसकी आँखों से निकाल कर उस बालिका को उसी भाँति रंजित कर देता था जैसे इंदु का शीतल प्रकाश पुष्प को रंजित कर देता है; पर उस बालिका के भाग्य में मातृप्रेम के सुख न बदे थे ! माता ने कुछ अपना रक्त, कुछ ऊपर का दूध पिला कर उसे जिलाया; पर उसकी दशा दिनोंदिन जीर्ण होती जाती थी।

एक दिन लोगों ने जा कर देखा, तो वह भूमि पर पड़ी हुई थी, और बालिका उसकी छाती से चिपटी उसके स्तनों को चूस रही थी। शोक और दरिद्रता से आहत शरीर में रक्त कहाँ जिससे दूध बनता। वही बालिका पड़ोसियों की दया-भिक्षा से पल-पल कर एक दिन घास खोदती हुई उस स्थान पर जा पहुँची, जहाँ बुढ़िया गोमती का घर था। छप्पर कब के पंचभूतों में मिल चुके थे। केवल जहाँ-तहाँ दीवारों के चिह्न बाकी थे। कहीं-कहीं आधी-आधी दीवारें खड़ी थीं। बालिका ने न-जाने क्या सोच कर खुरपी से गड्ढा खोदना शुरू किया। दोपहर से साँझ तक वह गड्ढा खोदती रही। न खाने की सुध थी, न पीने की। न कोई शंका थी, न भय। अँधेरा हो गया; पर वह ज्यों की त्यों बैठी गड्ढा खोद रही थी। उस समय किसान लोग भूल कर भी उधर से न निकलते थे; पर बालिका निश्शंक बैठी भूमि से मिट्टी निकाल रही थी। जब अँधेरा हो गया तो वह चली गयी।

दूसरे दिन वह बड़े सबेरे उठी और इतनी घास खोदी, जितनी वह कभी दिन भर में न खोदती थी। दोपहर के बाद वह अपनी खाँची और खुरपी लिये फिर उसी स्थान पर पहुँची; पर वह आज अकेली न थी, उसके साथ दो बालक और भी थे। तीनों वहाँ साँझ तक 'कुआँ-कुआँ' खोदते रहे। बालिका गड्ढे के अंदर खोदती थी और दोनों बालक मिट्टी निकाल-निकाल कर फेंकते थे।

तीसरे दिन दो लड़के और भी उस खेल में मिल गये। शाम तक खेल होता रहा। आज गड्ढे दो हाथ गहरा हो गया था। गाँव के बालक-बालिकाओं में इस विलक्षण खेल ने अभूतपूर्व उत्साह भर दिया था। चौथे दिन और भी कई बालक आ मिले। सलाह हुई, कौन अंदर जाए, कौन मिट्टी उठाये, कौन झौआ खींचे। गड्ढा अब चार हाथ गहरा हो गया था, पर अभी तक बालकों के सिवा और किसी को उसकी खबर न थी। एक दिन रात को एक किसान अपनी खोयी हुई भैंस ढूँढ़ता हुआ उस खंडहर में जा निकला। अंदर मिट्टी का ऊँचा ढेर, एक बड़ा-सा गड्ढा और एक टिमटिमाता हुआ दीपक देखा, तो डर कर भागा। औरों ने भी आ कर देखा, कई आदमी थे। कोई शंका न थी। समीप जा कर देखा, तो बालिका बैठी थी। एक आदमी ने पूछा—अरे, क्या तूने यह गड्ढा खोदा है ?

बालिका ने कहा—हाँ।

'गड्ढा खोद कर क्या करेगी ?'

'यहाँ कुआँ बनाऊँगी ?'

'कुआँ कैसे बनायेगी ?'

'जैसे इतना खोदा है वैसे ही इतना और खोद लूँगी। गाँव के सब लड़के खेलने आते हैं।'

'मालूम होता है, तू अपनी जान देगी और अपने साथ और लड़कों को भी मारेगी। खबरदार, जो कल से गड्ढा खोदा !'

दूसरे दिन और लड़के न आये, बालिका भी दिन भर मजूरी करती रही। लेकिन संध्या-समय वहाँ फिर दीपक जला और फिर वह खुरपी हाथ में लिये वहाँ बैठी दिखायी दी।

गाँव वालों ने उसे मारा-पीटा, कोठरी में बंद किया, पर वह अवकाश पाते ही वहाँ जा पहुँचती। गाँव के लोग प्राय: श्रद्धालु होते ही हैं, बालिका के इस अलौकिक अनुराग ने आखिर उनमें भी अनुराग उत्पन्न किया। कुआँ खुदने लगा। इधर कुआँ खुद रहा था, उधर बालिका मिट्टी से ईंटें बनाती थी। इस खेल में सारे गाँव के लड़के शरीक होते थे। उजाली रातों में जब सब लोग सो जाते, तब भी वह ईंटें थापती दिखायी देती। न-जाने इतनी लगन उसमें कहाँ से आ गयी थी। सात वर्ष की उम्र कोई उम्र होती है ? लेकिन सात वर्ष की वह लड़की बुद्धि और बातचीत में अपनी तिगुनी उम्र वालों के कान काटती थी। आखिर एक दिन वह भी आया कि कुआँ बँध गया और उसकी पक्की जगत तैयार हो गयी। उस दिन बालिका उसी जगत पर सोयी । आज उसके हर्ष की सीमा न थी। गाती थी, चहकती थी।

प्रात:काल उस जगत पर केवल उसकी लाश मिली। उस दिन से लोगों ने कहना शुरू किया, यह वही बुढ़िया गोमती थी ! इस कुएँ का नाम 'पिसनहारी का कुआँ' पड़ा।

❐

14 प्रायश्चित

दो मित्रों के बड़े-छोटे पदों पर पहुंचकर असमानता महसूस करने से कभी-कभी व्यर्थ के भ्रम उत्पन्न हो जाते हैं, जो दुखद स्थितियों में परिणत हो जाते हैं। यथार्थ का भान होने पर हमें प्राश्चित के लिए विवश होना पड़ता है।

दफ्तर में जरा देर से आना अफसरों की शान है। जितना ही बड़ा अधिकारी होता है, उत्तनी ही देर में आता है; और उतने ही सबेरे जाता भी है। चपरासी की हाजिरी चौबीसों घंटे की। वह छुट्टी पर भी नहीं जा सकता। अपना एवज देना पड़ता है। खैर, जब बरेली जिला-बोर्ड के हेड क्लर्क बाबू मदारीलाल ग्यारह बजे दफ्तर आये, तब मानो दफ्तर नींद से जाग उठा। चपरासी ने दौड़ कर पैरगाड़ी ली, अरदली ने दौड़कर कमरे की चिक उठा दी और जमादार ने डाक की किश्त मेज पर ला कर रख दी। मदारीलाल ने पहला ही सरकारी लिफाफा खोला था कि उनका रंग फक हो गया। वे कई मिनट तक आश्चर्यान्वित हालत में खड़े रहे, मानो सारी ज्ञानेन्द्रियाँ शिथिल हो गयी हों। उन पर बड़े-बड़े आघात हो चुके थे; पर इतने बहदवास वे कभी न हुए थे। बात यह थी कि बोर्ड के सेक्रेटरी की जो जगह एक महीने से खाली थी, सरकार ने सुबोधचन्द्र को वह जगह दी थी और सुबोधचन्द्र वह व्यक्ति था, जिसके नाम ही से मदारीलाल को घृणा थी। वह सुबोधचन्द्र, जो उनका सहपाठी था, जिस जक देने की उन्होंने कितनी ही चेष्टा की; पर कभी सफल न हुए थे। वही सुबोध आज उनका अफसर होकर आ रहा था। सुबोध की इधर कई सालों से कोई खबर न थी। इतना मालूम था कि वह फौज में भरती हो गया था। मदारीलाल ने समझा-वहीं मर गया होगा; पर आज वह मानों जी उठा और सेक्रेटरी होकर आ रहा था। मदारीलाल को उसकी मातहती में काम करना पड़ेगा। इस अपमान से तो मर जाना कहीं अच्छा था। सुबोध को स्कूल और कालेज की सारी बातें अवश्य ही याद होंगी। मदारीलाल ने उसे कालेज से निकलवा देने के लिए कई बार मंत्र चलाए, झूठे आरोप किये, बदनाम किया। क्या सुबोध सब कुछ भूल गया होगा? नहीं, कभी नहीं। वह आते ही पुरानी कसर निकालेगा। मदारी बाबू को अपनी प्राणरक्षा का कोई उपाय न सूझता था।

मदारी और सुबोध के ग्रहों में ही विरोध था दोनों एक ही दिन, एक ही शाला में भरती हुए थे, और पहले ही दिन से दिल में ईर्ष्या और द्वेष की वह चिनगारी पड़ गयी, जो आज बीस वर्ष बीतने पर भी न बुझी थी। सुबोध का अपराध यही था कि वह मदारीलाल से हर एक बात में बढ़ा हुआ था डील-डौल,रंग-रूप, रीति-व्यवहार, विद्या-बुद्धि ये सारे मैदान उसके हाथ थे। मदारीलाल ने उसका यह अपराध कभी क्षमा नहीं किया सुबोध बीस वर्ष तक निरन्तर उनके हृदय का काँटा बना रहा। जब सुबोध डिग्री लेकर अपने घर चला गया और मदारी फेल होकर इस दफ्तर में नौकर हो गये, तब उनका चित शांत हुआ। किन्तु जब यह मालूम हुआ कि सुबोध बसरे जा रहा है, जब तो मदारीलाल का चेहरा खिल उठा। उनके दिल से वह पुरानी फाँस निकल गयी। पर हा हतभाग्य!

आज वह पुराना नासूर शतगुण टीस और जलन के साथ खुल गया। आज उनकी किस्मत सुबोध के हाथ में थी। ईश्वर इतना अन्यायी है! विधि इतना कठोर!

जब जरा चित शांत हुआ, तब मदारी ने दफ्तर के क्लर्को को सरकारी हुक्म सुनाते हुए कहा- अब आप लोग जरा हाथ-पाँव सँभाल कर रहिएगा। सुबोधचन्द्र वे आदमी नहीं हैं, जो भूलों को क्षमा कर दें?

एक क्लर्क ने पूछा—क्या बहुत सख्त है।

मदारीलाल ने मुस्करा कर कहा—वह तो आप लोगों को दो-चार दिन ही में मालूम हो जाएगा। मै अपने मुँह से किसी की क्यों शिकायत करूँ? बस, चेतावनी दे दी कि जरा हाथ-पाँव सँभाल कर रहिएगा। आदमी योग्य है, पर बड़ा ही क्रोधी, बड़ा दम्भी। गुस्सा तो उसकी नाक पर रहता है। खुद हजारों हजम कर जाए और डकार तक न ले; पर क्या मजाल कि कोई मातहत एक कौड़ी भी हजम करने जाए। ऐसे आदमी से ईश्वर ही बचाये! में तो सोच रहा हूँ कि छुट्टी लेकर घर चला जाऊँ। दोनों वक्त घर पर हाजिरी बजानी होगी। आप लोग आज से सरकार के नौकर नहीं, सेक्रटरी साहब के नौकर हैं। कोई उनके लड़के को पढ़ायेगा। कोई बाजार से सौदा-सुलुफ लायेगा और कोई उन्हें अखबार सुनायेगा। और चपरासियों के तो शायद दफ्तर में दर्शन ही न हों।

इस प्रकार सारे दफ्तर को सुबोधचन्द्र की तरफ से भड़का कर मदारीलाल ने अपना कलेजा ठंडा किया।

इसके एक सप्ताह बाद सुबोधचन्द्र गाड़ी से उतरे, तब स्टेशन पर दफ्तर के सब कर्मचारियों को हाजिर पाया। सब उनका स्वागत करने आये थे। मदारीलाल को देखते ही सुबोध लपक कर उनके गले से लिपट गये और बोले-तुम खूब मिले भाई। यहाँ कैसे आये? ओह! आज एक युग के बाद भेंट हुई!

मदारीलाल बोले—यहाँ जिला-बोर्ड के दफ्तर में हेड क्लर्क हूँ। आप तो कुशल से हैं?

सुबोध—अजी, मेरी न पूछो। बसरा, फ्रांस, मिस्र और न-जाने कहाँ-कहाँ मारा-मारा फिरा। तुम दफ्तर में हो, यह बहुत ही अच्छा हुआ। मेरी तो समझ ही में न आता था कि कैसे काम चलेगा। मैं तो बिलकुल कोरा हूँ; मगर जहाँ जाता हूँ, मेरा सौभाग्य ही मेरे साथ जाता है। बसरे में सभी अफसर खूश थे। फांस में भी खूब चैन किये। दो साल में कोई पचीस हजार रुपये बना लाया और सब उड़ा दिया। वहाँ से आकर कुछ दिनों को-आपरेशन दफ्तर में मटरगश्त करता रहा। यहाँ आया तब तुम मिल गये। (क्लर्को को देख कर) ये लोग कौन हैं?

मदारीलाल के हृदय में बछिंया-सी चल रही थी। दुष्ट पचीस हजार रुपये बसरे में कमा लाया! यहाँ कलम घिसते-घिसते मर गये और पाँच सौ भी न जमा कर सके। बोले—कर्मचारी हैं। सलाम करने आये हैं।

सुबोध ने उन सब लोगों से बारी-बारी से हाथ मिलाया और बोला-आप लोगों ने व्यर्थ यह कष्ट किया। बहुत आभारी हूँ। मुझे आशा है कि आप सब सज्जनों को मुझसे कोई शिकायत न होगी। मुझे अपना अफसर नहीं, अपना भाई समझिए। आप सब लोग मिल कर इस तरह काम

कीजिए कि बोर्ड की नेकनामी हो और मैं भी सुखरू रहूँ। आपके हेड क्लर्क साहब तो मेरे पुराने मित्र और लँगोटिया यार हैं।

एक वाकचतुर क्लर्क ने कहा—हम सब हुजूर के ताबेदार हैं। यथाशक्ति आपको असंतुष्ट न करेंगे; लेकिन आदमी ही है, अगर कोई भूल हो भी जाए, तो हुजूर उसे क्षमा करेंगे।

सुबोध ने नम्रता से कहा—यही मेरा सिद्धान्त है और हमेशा से यही सिद्धान्त रहा है। जहाँ रहा, मातहतों से मित्रों का-सा बर्ताव किया। हम और आप दोनों ही किसी तीसरे के गुलाम हैं। फिर रोब कैसा और अफसरी कैसी? हाँ, हमें नेकनीयत के साथ अपना कर्तव्य पालन करना चाहिए।

जब सुबोध से विदा होकर कर्मचारी लोग चले, तब आपस में बातें होने लगीं—'आदमी तो अच्छा मालूम होता है।'

'हेड क्लर्क के कहने से तो ऐसा मालूम होता था कि सबको कच्चा ही खा जायगा।'

'पहले सभी ऐसे ही बातें करते हैं।'

'ये दिखाने के दाँत हैं।'

सुबोध को आये एक महीना गुजर गया। बोर्ड के क्लर्क, अरदली, चपरासी सभी उसके बर्ताव से खुश हैं। वह इतना प्रसन्नचित है, इतना नम्र है कि जो उससे एक बार मिला है, सदैव के लिए उसका मित्र हो जाता है। कठोर शब्द तो उनकी जबान पर आता ही नहीं। इनकार को भी वह अप्रिय नहीं होने देता; लेकिन द्वेष की आँखों में गुण और भी भयंकर हो जाता है। सुबोध के ये सारे सदगुण मदारीलाल की आँखों में खटकते रहते हैं। उसके विरूद्ध कोई न कोई गुप्त षडयंत्र रचते ही रहते हैं। पहले कर्मचारियों को भड़काना चाहा, सफल न हुए। बोर्ड के मेम्बरों को भड़काना चाहा, मुँह की खायी। ठेकेदारों को उभारने का बीड़ा उठाया, लज्जित होना पड़ा। वे चाहते थे कि भुसे में आग लगा कर दूर से तमाशा देखें। सुबोध से यों हँस कर मिलते, यों चिकनी-चुपड़ी बातें करते, मानों उसके सच्च मित्र हैं, पर घात में लगे रहते। सुबोध में सब गुण थे, पर आदमी पहचानना न जानते थे। वे मदारीलाल को अब भी अपना दोस्त समझते हैं।

एक दिन मदारीलाल सेक्रटरी साहब के कमरे में गए तब कुर्सी खाली देखी। वे किसी काम से बाहर चले गए थे। उनकी मेज पर पाँच हजार के नोट पुलिदों में बँधे हुए रखे थे। बोर्ड के मदरसों के लिए कुछ लकड़ी के सामान बनवाये गये थे। उसी के दाम थे। ठेकेदार वसूली के लिए बुलाया गया थां आप ही सेक्रटरी साहब ने चेक भेज कर खजाने से रुपये मँगवाये थे। मदारीलाल ने बरामदे में झाँक कर देखा, सुबोध का कहीं जाता नहीं। उनकी नीयत बदल गयी। ईर्ष्या में लोभ का सम्मिश्रण हो गया। कँापते हुए हाथों से पुलिंदे उठाये; पतलून की दोनों जेबों में भर कर तुरन्त कमरे से निकले और चपरासी को पुकार कर बोले—बाबू जी भीतर हैं? चपरासी आप ठेकेदार से कुछ वसूल करने की खुशी में फूला हुआ था सामने वाले तमोली के दूकान से आकर बोला—जी नहीं, कचहरी में किसी से बातें कर रहे हैं। अभी-अभी तो गये हैं।

मदारीलाल ने दफ्तर में आकर एक क्लर्क से कहा—यह मिसिल ले जाकर सेक्रटरी साहब को दिखाओ।

क्लर्क मिसिल लेकर चला गया। जरा देर में लौट कर बोला—सेक्रटरी साहब कमरे में न थे। फाइल मेज पर रख आया हूँ।

मदारीलाल ने मुँह सिकोड़ कर कहा—कमरा छोड़ कर कहाँ चले आया करते हैं? किसी दिन धोखा उठायेंगे।

क्लर्क ने कहा—उनके कमरे में दफ्तरवालों के सिवा और जाता ही कौन है?

मदारीलाल ने तीव्र स्वर में कहा—तो क्या दफ्तरवाले सब के सब देवता हैं? कब किसकी नीयत बदल जाए, कोई नहीं कह सकता। मैंने छोटी-छोटी रकमों पर अच्छों-अच्छों की नीयतें बदलते देखी हैं।इस वक्त हम सभी साह हैं; लेकिन अवसर पाकर शायद ही कोई चूके। मनुष्य की यही प्रकृति है। आप जाकर उनके कमरे के दोनों दरवाजे बन्द कर दीजिए।

क्लर्क ने टाल कर कहा—चपरासी तो दरवाजे पर बैठा हुआ है।

मदारीलाल ने झुँझला कर कहा—आप से मैं जो कहता हूँ, वह कीजिए। कहने लगे, चपरासी बैठा हुआ है। चपरासी कोई ऋषि है, मुनि है? चपरासी ही कुछ उड़ा दे, तो आप उसका क्या कर लेंगे? जमानत भी है तो तीन सौ की। यहाँ एक-एक कागज लाखों का है।

यह कह कर मदारीलाल खुद उठे और दफ्तर के द्वार दोनों तरफ से बन्द कर दिये। जब चित् शांत हुआ तब नोटों के पुलिंदे जेब से निकाल कर एक आलमारी में कागजों के नीचे छिपा कर रख दिये फिर आकर अपने काम में व्यस्त हो गये।

सुबोधचन्द्र कोई घंटे-भर में लौटे। तब उनके कमरे का द्वार बन्द था। दफ्तर में आकर मुस्कराते हुए बोले-मेरा कमरा किसने बन्द कर दिया है, भाई क्या मेरी बेदखली हो गयी?

मदारीलाल ने खड़े होकर मृदु तिरस्कार दिखाते हुए कहा—साहब, गुस्ताखी माफ हो, आप जब कभी बाहर जाएँ, चाहे एक ही मिनट के लिए क्यों न हो, तब दरवाजा-बन्द कर दिया करें। आपकी मेज पर रुपये-पैसे और सरकारी कागज-पत्र बिखरे पड़े रहते हैं, न जाने किस वक्त किसकी नीयत बदल जाए। मैंने अभी सुना कि आप कहीं गये हैं, जब दरवाजे बन्द कर दिये।

सुबोधचन्द्र द्वार खोल कर कमरे में गये और सिगार पीने लगे, मेज पर नोट रखे हुए हैं, इसकी खबर ही न थी।

सहसा ठेकेदार ने आकर सलाम किया, सुबोध कुर्सी से उठ बैठे और बोले—तुमने बहुत देर कर दी, तुम्हारा ही इन्तजार कर रहा था। दस ही बजे रुपये मँगवा लिये थे। रसीद लिखवा लाये हो न?

ठेकेदार—हुजूर रसीद लिखवा लाया हूँ।

सुबोध—तो अपने रुपये ले जाओ। तुम्हारे काम से मैं बहुत खुश नहीं हूँ। लकड़ी तुमने अच्छी नहीं लगायी और काम में सफाई भी नहीं है। अगर ऐसा काम फिर करोंगे, तो ठेकेदारों के रजिस्टर से तुम्हारा नाम निकाल दिया जायगा।

यह कह कर सुबोध ने मेज पर निगाह डाली, तब नोटों के पुलिंदे न थे। सोचा, शायद किसी फाइल के नीचे दब गये हों। कुरसी के समीप के सब कागज उलट-पुलट डाले; मगर नोटों का कहीं पता नहीं। ऐं नोट कहाँ गये! अभी तो यहीं मैंने रख दिये थे। जा कहाँ सकते हैं। फिर फाइलों को उलटने—पुलटने लगे। दिल में जरा-जरा धड़कन होने लगी। सारी मेज के कागज छान डाले, पुलिंदों का पता नहीं। तब वे कुरसी पर बैठकर इस आध घंटे में होने वाली घटनाओं की मन में आलोचना करने लगे-चपरासी ने नोटों के पुलिंदे लाकर मुझे दिये, खूब याद है। भला, यह भी भूलने की बात है और इतनी जल्द! मैंने नोटों को लेकर यहीं मेज पर रख दिया, गिना तक नहीं। फिर वकील साहब आ गये, पुराने मुलाकाती हैं। उनसे बातें करता जरा उस पेड़ तक चला गया। उन्होंने पान मँगवाये, बस इतनी ही देर हुई। जब गया हूँ तब पुलिंदे रखे हुए थे। खूब अच्छी तरह याद है। तब ये नोट कहाँ गायब हो गये? मैंने किसी संदूक, दराज या आलमारी में नहीं रखे। फिर गये तो कहाँ? शायद दफ्तर में किसी ने सावधानी के लिए उठा कर रख दिये हों, यही बात है। मैं व्यर्थ ही इतना घबरा गया। छि:!

तुरन्त दफ्तर में आकर मदारीलाल से बोले—आपने मेरी मेज पर से नोट तो उठा कर नहीं रख दिया?

मदारीलाल ने भौंचक्के होकर कहा—क्या आपकी मेज पर नोट रखे हुए थे? मुझे तो खबर ही नहीं। अभी पंडित सोहनलाल एक फाइल लेकर गये थे, तब आपको कमरे में न देखा। जब मुझे मालूम हुआ कि आप किसी से बातें करने चले गये हैं, तब दरवाजे बन्द करा दिये। क्या कुछ नोट नहीं मिल रहे हैं?

सुबोध आँखें फैला कर बोले-अरे साहब, पूरे पाँच हजार के हैं। अभी-अभी चेक भुनाया है।

मदारीलाल ने सिर पीट कर कहा—पूरे पाँच हजार! हा भगवान! आपने मेज पर खूब देख लिया है?

'अजी पंद्रह मिनट से तलाश कर रहा हूँ।'

'चपरासी से पूछ लिया कि कौन-कौन आया था?'

'आइए, जरा आप लोग भी तलाश कीजिए। मेरे तो होश उड़े हुए हैं।'

सारा दफ्तर सेक्रेटरी साहब के कमरे की तलाशी लेने लगा। मेज, आलमारियाँ, संदूक सब देखे गये। रजिस्टरों के वर्क उलट-पुलट कर देखे गये; मगर नोटों का कहीं पता नहीं। कोई उड़ा ले गया, अब इसमें कोई शबहा न था। सुबोध ने एक लम्बी साँस ली और कुर्सी पर बैठ गये। चेहरे का रंग फक हो गया। जरा-सा मुँह निकल आया। इस समय कोई उन्हें देखता तो समझता कि महीनों से बीमार हैं।

मदारीलाल ने सहानुभूति दिखाते हुए कहा—गजब हो गया और क्या! आज तक कभी ऐसा अंधेर न हुआ था। मुझे यहाँ काम करते दस साल हो गये, कभी धेले की चीज भी गायब न हुई। मैं आपको पहले दिन सावधान कर देना चाहता था कि रुपये-पैसे के विषय में होशियार रहिएगा; मगर शुदनी थी, ख्याल न रहा। जरूर बाहर से कोई आदमी आया और नोट उड़ा कर गायब हो

गया। चपरासी का यही अपराध है कि उसने किसी को कमरे में जाने ही क्यों दिया। वह लाख कसम खाये कि बाहर से कोई नहीं आया; लेकिन मैं इसे मान नहीं सकता। यहाँ से तो केवल पण्डित सोहनलाल एक फाइल लेकर गये थे; मगर दरवाजे ही से झाँक कर चले आये।

सोहनलाल ने सफाई दी—मैंने तो अन्दर कदम ही नहीं रखा, साहब! अपने जवान बेटे की कसम खाता हूँ, जो अन्दर कदम रखा भी हो।

मदारीलाल ने माथा सिकोड़कर कहा—आप व्यर्थ में कसम क्यों खाते हैं। कोई आपसे कुछ कहता? (सुबोध के कान में) बैंक में कुछ रुपये हों तो निकाल कर ठेकेदार को दे दिये जाएँ, वरना बड़ी बदनामी होगी। नुकसान तो हो ही गया, अब उसके साथ अपमान क्यों हो।

सुबोध ने करूण-स्वर में कहा—बैंक में मुश्किल से दो-चार सौ रुपये होंगे, भाईजान! रुपये होते तो क्या चिन्ता थी। समझ लेता, जैसे पचीस हजार उड़ गये, वैसे ही तीस हजार भी उड़ गये। यहाँ तो कफन को भी कौड़ी नहीं।

उसी रात को सुबोधचन्द्र ने आत्महत्या कर ली। इतने रुपयों का प्रबन्ध करना उनके लिए कठिन था। मृत्यु के परदे के सिवा उन्हें अपनी वेदना, अपनी विवशता को छिपाने की और कोई आड़ न थी।

दूसरे दिन प्रात: चपरासी ने मदारीलाल के घर पहुँच कर आवाज दी मदारी को रात-भर नींद न आयी थी। घबरा कर बाहर आये। चपरासी उन्हें देखते ही बोला—हुजूर! बड़ा गजब हो गया, सिकट्टरी साहब ने रात को गर्दन पर छुरी फेर ली।

मदारीलाल की आँखे ऊपर चढ़ गयीं, मुँह फैल गया ओर सारी देह सिहर उठी, मानों उनका हाथ बिजली के तार पर पड़ गया हो।

'छुरी फेर ली?'

'जी हाँ, आज सबेरे मालूम हुआ। पुलिसवाले जमा हैं। आपको बुलाया है।'

'लाश अभी पड़ी हुई है?'

'जी हाँ, अभी डाक्टरी होने वाली है।'

'बहुत से लोग जमा हैं?'

'सब बड़े-बड़े अफसर जमा हैं। हुजूर, लहास की ओर ताकते नहीं बनता। कैसा भलामानुष हीरा आदमी था! सब लोग रो रहे हैं। छोटे-छोटे दो बच्चे हैं, एक सयानी लड़की है ब्याहने लायक। बहू जी को लोग कितना रोक रहे हैं, पर बार-बार दौड़ कर लहास के पास आ जाती हैं। कोई ऐसा नहीं है, जो रूमाल से आँखें न पोछ रहा हो। अभी इतने ही दिन आये हुए, पर सबसे कितना मेल-जोल हो गया था। रुपये की तो कभी परवा ही नहीं थी। दिल दरिया था!'

मदारीलाल के सिर में चक्कर आने लगा। द्वार की चौखट पकड़ कर अपने को सँभाल न लेते, तो शायद गिर पड़ते। पूछा—बहू जी बहुत रो रही थीं?

'कुछ न पूछिए, हुजूर। पेड़ की पत्तियाँ झड़ी जाती हैं। आँख फूल कर गूलर हो गयी है।'

'कितने लड़के बतलाये तुमने?'

'हुजूर, दो लड़के हैं और एक लड़की।'

'नोटों के बारे में भी बातचीत हो रही होगी?'

'जी हाँ, सब लोग यही कहते हैं कि दफ्तर के किसी आदमी का काम है। दारोगा जी तो सोहनलाल को गिरफ्तार करना चाहते थे; पर साइत आपसे सलाई लेकर करेंगे। सिकट्टरी साहब तो लिख गए हैं कि मेरा किसी पर शक नहीं है।'

'क्या सेक्रेटरी साहब कोई खत लिख कर छोड़ गये हैं?'

'हाँ, मालूम होता है, छुरी चलाते बखत याद आयी कि शुबहे में दफ्तर के सब लोग पकड़ लिए जाएंगे। बस, कलक्टर साहब के नाम चिट्ठी लिख दी।'

'चिट्ठी में मेरे बारे में भी कुछ लिखा है? तुम्हें यह क्या मालूम होगा?'

'हुजूर, अब मैं क्या जानूँ, मुदा इतना सब लोग कहते थे कि आपकी बड़ी तारीफ लिखी है।'

मदारीलाल की साँस और तेज हो गयी। आँख से आँसू की दो बड़ी-बड़ी बूँदें गिर पड़ी। आँखें

पोंछतें हुए बोले-वे और मैं एक साथ के पढ़े थे, नन्दू! आठ-दस साल साथ रहा। साथ उठते-बैठते, साथ खाते, साथ खेलते। बस, इसी तरह रहते थे, जैसे दो सगे भाई रहते हों। खत में मेरी क्या तारीफ लिखी है? मगर तुम्हें क्या मालूम होगा?

'आप तो चल ही रहे हैं, देख लीजिएगा।'

'कफन का इन्तजाम हो गया है?'

'नही हुजूर, कहा न कि अभी लहास की डाक्टरी होगी। मुदा अब जल्दी चलिए। ऐसा न हो, कोई दूसरा आदमी बुलाने आता हो।'

'हमारे दफ्तर के सब लोग आ गये होंगे?'

'जी हाँ; इस मुहल्लेवाले तो सभी थे।'

'मदारीलाल जब सुबोधचन्द्र के घर पहुँचे, तब उन्हें ऐसा मालूम हुआ कि सब लोग उनकी तरफ संदेह की आँख से देख रहे हैं। पुलिस इंस्पेक्टर ने तुरन्त उन्हें बुला कर कहा—आप भी अपना बयान लिखा दें और सबके बयान तो लिख चुका हूँ।'

मदारीलाल ने ऐसी सावधानी से अपना बयान लिखाया कि पुलिस के अफसर भी दंग रह गये। उन्हें मदारीलाल पर शुबहा होता था, पर इस बयान ने उसका अंकुर भी निकाल डाला।

इसी वक्त सुबोध के दोनों बालक रोते हुए मदारीलाल के पास आये और कहा—चलिए, आपको अम्माँ बुलाती हैं। दोनों मदारीलाल से परिचित थे। मदारीलाल यहाँ तो रोज ही आते थे; पर घर में कभी नहीं गये थे। सुबोध की स्त्री उनसे पर्दा करती थी। यह बुलावा सुन कर उनका दिल धड़क उठा-कहीं इसका मुझ पर शुबहा न हो। कहीं सुबोध ने मेरे विषय में कोई संदेह न प्रकट किया हो। कुछ झिझकते और कुछ डरते हुए भीतर गए, तब विधवा का करुण-विलाप सुन कर

कलेजा काँप उठा। इन्हें देखते ही उस अबला के आँसुओं का कोई दूसरा स्रोत खुल गया और लड़की तो दौड़ कर इनके पैरों से लिपट गई। दोनों लड़कों ने भी घेर लिया। मदारीलाल को उन तीनों की आँखों में ऐसी अथाह वेदना, ऐसी विदारक याचना भरी हुई मालूम हुई कि वे उनकी ओर देख न सके। उनकी आत्मा उन्हें धिक्कारने लगी। जिन बेचारों को उन पर इतना विश्वास, इतना भरोसा, इतनी आत्मीयता, इतना स्नेह था, उन्हीं की गर्दन पर उन्होंने छुरी फेरी! उन्हीं के हाथों यह भरा-पूरा परिवार धूल में मिल गया! इन असहायों का अब क्या हाल होगा? लड़की का विवाह करना है; कौन करेगा? बच्चों के लालन-पालन का भार कौन उठाएगा? मदारीलाल को इतनी आत्मग्लानि हुई कि उनके मुँह से तसल्ली का एक शब्द भी न निकला। उन्हें ऐसा जान पड़ा कि मेरे मुख में कालिख पुती है, मेरा कद कुछ छोटा हो गया है। उन्होंने जिस वक्त नोट उड़ाये थे, उन्हें गुमान भी न था कि उसका यह फल होगा। वे केवल सुबोध को जिच करना चाहते थें उनका सर्वनाश करने की इच्छा न थी।

शोकातुर विधवा ने सिसकते हुए कहा। भैया जी, हम लोगों को वे मझधार में छोड़ गए। अगर मुझे मालूम होता कि मन में यह बात ठान चुके हैं तो अपने पास जो कुछ था; वह सब उनके चरणों पर रख देती। मुझसे तो वे यही कहते रहे कि कोई न कोई उपाय हो जायेगा। आप ही के मार्फत वे कोई महाजन ठीक करना चाहते थे। आपके ऊपर उन्हें कितना भरोसा था कि कह नहीं सकती।

मदारीलाल को ऐसा मालूम हुआ कि कोई उनके हृदय पर नश्तर चला रहा है। उन्हें अपने कंठ में कोई चीज फँसी हुई जान पड़ती थी।

रामेश्वरी ने फिर कहा—रात सोये, तब खूब हँस रहे थे। रोज की तरह दूध पिया, बच्चो को प्यार किया, थोड़ी देर हारमोनियम बजाया और तब कुल्ला करके लेटे। कोई ऐसी बात न थी जिससे लेशमात्र भी संदेह होता। मुझे चिन्तित देखकर बोले—तुम व्यर्थ घबराती हो बाबू मदारीलाल से मेरी पुरानी दोस्ती है। आखिर वह किस दिन काम आयेगी? मेरे साथ के खेले हुए हैं। इस नगर में उनका सबसे परिचय है। रुपयों का प्रबन्ध आसानी से हो जायगा। फिर न जाने कब मन में यह बात समायी। मैं नसीबों-जली ऐसी सोयी कि रात को मिनकी तक नहीं। क्या जानती थी कि वे अपनी जान पर खेल जाएँगे?

मदारीलाल को सारा विश्व आँखों में तैरता हुआ मालूम हुआ। उन्होंने बहुत जब्त किया; मगर आँसुओं के प्रभाव को न रोक सके।

रामेश्वरी ने आँखें पोंछ कर फिर कहा—भैया जी, जो कुछ होना था, वह तो हो चुका; लेकिन आप उस दुष्ट का पता जरूर लगाइए, जिसने हमारा सर्वनाश कर दिया है। यह दफ्तर ही के किसी आदमी का काम है। वे तो देवता थे। मुझसे यही कहते रहे कि मेरा किसी पर संदेह नहीं है, पर है यह किसी दफ्तरवाले का ही काम। आप से केवल इतनी विनती करती हूँ कि उस पापी को बच कर न जाने दीजिएगा। पुलिस वाले शायद कुछ रिश्वत लेकर उसे छोड़ दें। आपको देख कर उनका यह हौसला न होगा। अब हमारे सिर पर आपके सिवा कौन है। किससे अपना दुःख कहें? लाश की यह दुर्गति होनी भी लिखी थी।

मदारीलाल के मन में एक बार ऐसा उबाल उठा कि सब कुछ खोल दें। साफ कह दें, मै ही वह दुष्ट, वह अधम, वह पामर हूँ। विधवा के पैरों पर गिर पड़ें और कहें, वही छुरी इस हत्यारे की गर्दन पर फेर दो। पर जबान न खुली; इसी दशा में बैठे-बैठे उनके सिर में ऐसा चक्कर आया कि वे जमीन पर गिर पड़े।

तीसरे पहर लाश की परीक्षा समाप्त हुई। अर्थी जलाशय की ओर चली। सारा दफ्तर, सारे हुक्काम और हजारों आदमी साथ थे। दाह-संस्कार लड़कों को करना चाहिए था पर लड़के नाबालिग थे। इसलिए विधवा चलने को तैयार हो रही थी कि मदारीलाल ने जाकर कहा—बहू जी, यह संस्कार मुझे करने दो। तुम क्रिया पर बैठ जाओगी, तो बच्चों को कौन सँभालेगा। सुबोध मेरे भाई थे। जिंदगी में उनके साथ कुछ सलूक न कर सका, अब जिंदगी के बाद मुझे दोस्ती का कुछ हक अदा कर लेने दो। आखिर मेरा भी तो उन पर कुछ हक था। रामेश्वरी ने रोकर कहा—आपको भगवान ने बड़ा उदार हृदय दिया है भैया जी, नहीं तो मरने पर कौन किसको पूछता है। दफ्तर के और लोग जो आधी-आधी रात तक हाथ बाँधे खड़े रहते थे झूठी बात पूछने न आये कि जरा ढाढ़स होता।

मदारीलाल ने दाह-संस्कार किया। तेरह दिन तक क्रिया पर बैठे रहे। तेरहवें दिन पिंडदान हुआ; ब्राह्मणों ने भोजन किया, भिखारियों को अन्न-दान दिया गया, मित्रों की दावत हुई, और यह सब कुछ मदारीलाल ने अपने खर्च से किया। रामेश्वरी ने बहुत कहा कि आपने जितना किया उतना ही बहुत है। अब मैं आपको और जेरबार नहीं करना चाहती। दोस्ती का हक इससे ज्यादा और कोई क्या अदा करेगा, मगर मदारीलाल ने एक न सुनी। सारे शहर में उनके यश की धूम मच गयीं, मित्र हो तो ऐसा हो।

सोलहवें दिन विधवा ने मदारीलाल से कहा—भैया जी, आपने हमारे साथ जो उपकार और अनुग्रह किये हैं, उनसे हम मरते दम तक उऋण नहीं हो सकते। आपने हमारी पीठ पर हाथ न रखा होता, तो न-जाने हमारी क्या गति होती। कहीं रूख की भी छाँह तो नहीं थी। अब हमें घर जाने दीजिए। वहाँ देहात में खर्च भी कम होगा और कुछ खेती बारी का सिलसिला भी कर लूँगी। किसी न किसी तरह विपत्ति के दिन कट ही जाएँगे। इसी तरह हमारे ऊपर दया रखिएगा।

मदारीलाल ने पूछा—घर पर कितनी जायदाद है?

रामेश्वरी—जायदाद क्या है, एक कच्चा मकान है और दर-बारह बीघे की काश्तकारी है। पक्का मकान बनवाना शुरू किया था; मगर रुपये पूरे न पड़े। अभी अधूरा पड़ा हुआ है। दस-बारह हजार खर्च हो गये और अभी छत पड़ने की नौबत नहीं आयी।

मदारीलाल—कुछ रुपये बैंक में जमा है, या बस खेती ही का सहारा है?

विधवा—जमा तो एक पाई भी नहीं है, भैया जी! उनके हाथ में रुपये रहने ही नहीं पाते थे। बस, वही खेती का सहारा है।

मदारीलाल—तो उन खेतों में इतनी पैदावार हो जायगी कि लगान भी अदा हो जाए और तुम लोगो की गुजर-बसर भी हो?

रामेश्वरी—और कर ही क्या सकते हैं, भैया जी! किसी न किसी तरह जिंदगी तो काटनी ही है। बच्चे न होते तो मै जहर खा लेती।

मदारीलाल—और अभी बेटी का विवाह भी तो करना है।

विधवा—उसके विवाह की अब कोई चिंता नहीं। किसानों में ऐसे बहुत से मिल जाएंगे, जो बिना कुछ लिये-दिये विवाह कर लेंगे।

मदारीलाल ने एक क्षण सोचकर कहा—अगर मैं कुछ सलाह दूँ, तो उसे मानेंगी आप?

रामेश्वरी—भैया जी, आपकी सलाह न मानूँगी तो किसकी सलाह मानूँगी और दूसरा है ही कौन?

मदारीलाल—तो आप अपने घर जाने के बदले मेरे घर चलिए। जैसे मेरे बाल-बच्चे रहेंगे, वैसे ही आप के भी रहेंगे। आपको कष्ट न होगा। ईश्वर ने चाहा तो कन्या का विवाह भी किसी अच्छे कुल में हो जायगा।

विधवा की आँखें सजल हो गयीं। बोली—मगर भैया जी, सोचिए.....मदारीलाल ने बात काट कर कहा—मैं कुछ न सोचूँगा और न कोई उज्र सुनुँगा। क्या दो भाइयों के परिवार एक साथ नहीं रहते? सुबोध को मैं अपना भाई समझता था और हमेशा समझूँगा।

विधवा का कोई उज्र न सुना गया। मदारीलाल सबको अपने साथ ले गये और आज दस साल से उनका पालन कर रहे हैं। दोनों बच्चे कालेज में पढ़ते हैं और कन्या का एक प्रतिष्ठित कुल में विवाह हो गया हैं। मदारीलाल और उनकी स्त्री तन-मन से रामेश्वरी की सेवा करते हैं और उनके इशारों पर चलते हैं। मदारीलाल सेवा से अपने पाप का प्रायश्चित कर रहे हैं।

❐

15 अलग्योझा

निम्न मध्यम वर्ग के परिवारों के टूटने और पुन: जुड़ने की कथा है। परिस्थितियां बड़ों-बड़ों को रास्ते पर ले आती है। छोटी-छोटी समस्याओं एवं स्वार्थपरक प्रवृत्तियों का मनोहारी चित्रण।

भोला महतो ने पहली स्त्री के मर जाने के बाद दूसरी सगाई की तो उसके लड़के रग्घू के लिये बुरे दिन आ गये। रग्घू की उम्र उस समय केवल दस वर्ष की थी। चैन से गाँव में गुल्ली-डंडा खेलता फिरता था। माँ के आते ही चक्की में जुतना पड़ा। पन्ना रूपवती स्त्री थी और रूप और गर्व में चोली-दामन का नाता है। वह अपने हाथों से कोई काम न करती। गोबर रग्घू निकालता, बैलों को सानी रग्घू देता। रग्घू ही जूठे बरतन माँजता। भोला की आँखें कुछ ऐसी फिरीं कि उसे अब रग्घू में सब बुराइयाँ-ही—बुराइयाँ नजर आतीं। पन्ना की बातों को वह प्राचीन मर्यादानुसार आँखें बंद करके मान लेता था। रग्घू की शिकायतों की जरा परवाह न करता। नतीजा यह हुआ कि रग्घू ने शिकायत करना ही छोड़ दिया। किसके सामने रोये? बाप ही नहीं, सारा गाँव उसका दुश्मन था। बड़ा जिद्दी लड़का है, पन्ना को तो कुछ समझता ही नहीं; बेचारी उसका दुलार करती है, खिलाती-पिलाती है यह उसी का फल है। दूसरी औरत होती, तो निबाह न होता। वह तो कहो, पन्ना इतनी सीधी-सादी है कि निबाह होता जाता है। सबल की शिकायतें सब सुनते हैं, निर्बल की फरियाद भी कोई नहीं सुनता! रग्घू का हृदय माँ की ओर से दिन-दिन फटता जाता था। यहाँ तक कि आठ साल गुजर गये और एक दिन भोला के नाम भी मृत्यु का संदेश आ पहुँचा।

पन्ना के चार बच्चे थे—तीन बेटे और एक बेटी। इतना बड़ा खर्च और कमानेवाला कोई नहीं। रग्घू अब क्यों बात पूछने लगा? यह मानी हुई बात थी। अपनी स्त्री लाएगा और अलग रहेगा। स्त्री आकर और भी आग लगायेगी। पन्ना को चारों ओर अंधेरा—ही—अंधेरा दिखाई देता था। पर कुछ भी हो, वह रग्घू की आसरैत बनकर घर में न रहेगी। जिस घर में उसने राज किया, उसमें अब लौंडी न बनेगी। जिस लौंडे को अपना गुलाम समझा, उसका मुँह न ताकेगी। वह सुन्दर थी, अवस्था अभी कुछ ऐसी ज्यादा न थी। जवानी अपनी पूरी बहार पर थी। क्या वह कोई दूसरा घर नहीं कर सकती? यही न होगा, लोग हँसेंगे। बला से! उसकी बिरादरी में क्या ऐसा होता नहीं? ब्राह्मण, ठाकुर थोड़ी ही थी कि नाक कट जायगी। यह तो उन्ही ऊँची जातों में होता है कि घर में चाहे जो कुछ करो, बाहर परदा ढका रहे। वह तो संसार को दिखाकर दूसरा घर कर सकती है, फिर वह रग्घू की दबैल बनकर क्यों रहे?

भोला को मरे एक महीना गुजर चुका था। संध्या हो गयी थी। पन्ना इसी चिन्ता में पड़ी हुई थी कि सहसा उसे ख्याल आया, लड़के घर में नहीं हैं। यह बैलों के लौटने की बेला है, कहीं कोई लड़का उनके नीचे न आ जाय। अब द्वा र पर कौन है, जो उनकी देखभाल करेगा? रग्घू को मेरे लड़के फूटी आँखों नहीं भाते। कभी हँसकर नहीं बोलता। घर से बाहर निकली, तो देखा, रग्घू सामने झोपड़े में बैठा ऊख की गँडेरिया बना रहा है, लड़के उसे घेरे खड़े हैं और छोटी लड़की उसकी गर्दन में हाथ डाले उसकी पीठ पर सवार होने की चेष्टा कर रही है। पन्ना को अपनी आँखों

पर विश्वास न आया। आज तो यह नयी बात है। शायद दुनिया को दिखाता है कि मैं अपने भाइयों को कितना चाहता हूँ और मन में छुरी रखी हुई है। घात मिले तो जान ही ले ले! काला साँप है, काला साँप ! कठोर स्वर में बोली—तुम सबके सब वहाँ क्या करते हो? घर में आओ, साँझ की बेला है, गोरु आते होंगे।

रग्घू ने विनीत नेत्रों से देखकर कहा—मैं तो हूँ ही काकी, डर किस बात का है?

बड़ा लड़का केदार बोला—काकी, रग्घू दादा ने हमारे लिए दो गाड़ियाँ बना दी हैं। यह देख, एक पर हम और खुन्नू बैठेंगे, दूसरी पर लछमन और झुनिया। दादा दोनों गाड़ियाँ खींचेंगे।

यह कहकर वह एक कोने से दो छोटी-छोटी गाड़ियाँ निकाल लाया। चार-चार पहिये लगे थे। बैठने के लिए तख्ते और रोक के लिए दोनों तरफ बाजू थे।

पन्ना ने आश्चर्य से पूछा—ये गाड़ियाँ किसने बनायी?

केदार ने चिढ़कर कहा—रग्घू दादा ने बनायी हैं, और किसने! भगत के घर से बसूला और रुखानी माँग लाए और चटपट बना दी। खूब दौड़ती हैं काकी! बैठ खुन्नू मैं खींचूँ।

खुन्नू गाड़ी में बैठ गया। केदार खींचने लगा। चर-चर शोर हुआ मानो गाड़ी भी इस खेल में लड़कों के साथ शरीक है।

लछमन ने दूसरी गाड़ी में बैठकर कहा—दादा, खींचो।

रग्घू ने झुनिया को भी गाड़ी में बिठा दिया और गाड़ी खींचता हुआ दौड़ा। तीनों लड़के तालियाँ बजाने लगे। पन्ना चकित नेत्रों से यह दृश्य देख रही थी और सोच रही थी कि यह वही रग्घू है या कोई और।

थोड़ी देर के बाद दोनों गाड़ियाँ लौटीं; लड़के घर में जाकर इस यानयात्रा के अनुभव बयान करने लगे। कितने खुश थे सब, मानों हवाई जहाज पर बैठ आये हों।

खुन्नू ने कहा—काकी सब पेड़ दौड़ रहे थे।

लछमन—और बछिया कैसी भागीं, सबकी सब दौड़ीं!

केदार—काकी, रग्घू दादा दोनों गाड़ियाँ एक साथ खींच ले जाते हैं।

झुनिया सबसे छोटी थी। उसकी व्यंजना-शक्ति उछल-कूद और नेत्रों तक परिमित थी—तालियाँ बजा-बजाकर नाच रही थी।

खुन्नू—अब हमारे घर गाय भी आ जायगी काकी! रग्घू दादा ने गिरधारी से कहा है कि हमें एक गाय ला दो। गिरधारी बोला, कल लाऊँगा।

केदार—तीन सेर दूध देती है काकी! खूब दूध पीयेंगे।

इतने में रग्घू भी अंदर आ गया। पन्ना ने अवहेलना की दृष्टि से देखकर पूछा—क्यों रग्घू तुमने गिरधारी से कोई गाय माँगी है?

रग्घू ने क्षमा-प्रार्थना के भाव से कहा—हाँ, माँगी तो है, कल लावेगा।

पन्ना—रुपये किसके घर से आयेंगे, यह भी सोचा है?

रग्घू—सब सोच लिया है काकी! मेरी यह मुहर नहीं है। इसके पच्चीस रुपये मिल रहे हैं, पाँच रुपये बछिया के मुजरा दे दूँगा! बस, गाय अपनी हो जायगी।

पन्ना सन्नाटे में आ गयी। अब उसका अविश्वासी मन भी रग्घू के प्रेम और सज्जनता को अस्वीकार न कर सका। बोली—मुहर को क्यों बेचे देते हो? गाय की अभी कौन जल्दी है? हाथ में पैसे हो जायँ, तो ले लेना। सूना-सूना गला अच्छा न लगेगा। इतने दिनों गाय नहीं रही, तो क्या लड़के नहीं जिये?

रग्घू दार्शनिक भाव से बोला—बच्चों के खाने-पीने के यही दिन हैं काकी! इस उम्र में न खाया, तो फिर क्या खायेंगे। मुहर पहनना मुझे अच्छा भी नहीं मालूम होता। लोग समझते होंगे कि बाप तो मर गया। इसे मुहर पहनने की सूझी है।

भोला महतो गाय की चिंता ही में चल बसे। न रुपये आये और न गाय मिली। मजबूर थे। रग्घू ने यह समस्या कितनी सुगमता से हल कर दी। आज जीवन में पहली बार पन्ना को रग्घू पर विश्वास आया, बोली—जब गहना ही बेचना है, तो अपनी मुहर क्यों बेचोगे? मेरी हँसुली ले लेना।

रग्घू—नहीं काकी! वह तुम्हारे गले में बहुत अच्छी लगती है। मर्दो को क्या, मुहर पहनें या न पहनें।

पन्ना—चल, मैं बूढ़ी हुई। अब हँसुली पहनकर क्या करना है। तू अभी लड़का है, तेरा गला अच्छा न लगेगा?

रग्घू मुस्कराकर बोला—तुम अभी से कैसे बूढ़ी हो गयी? गाँव में है कौन तुम्हारे बराबर?

रग्घू की सरल आलोचना ने पन्ना को लज्जित कर दिया। उसके रुखे-मुरझाये मुख पर प्रसन्नता की लाली दौड़ गयी।

पाँच साल गुजर गये। रग्घू का-सा मेहनती, ईमानदार, बात का धनी दूसरा किसान गाँव में न था। पन्ना की इच्छा के बिना कोई काम न करता। उसकी उम्र अब 23 साल की हो गयी थी। पन्ना बार-बार कहती, भइया, बहू को बिदा करा लाओ। कब तक नैहर में पड़ी रहेगी? सब लोग मुझी को बदनाम करते हैं कि यही बहू को नहीं आने देती, मगर रग्घू टाल देता था। कहता कि अभी जल्दी क्या है? उसे अपनी स्त्री के रंग-ढंग का कुछ परिचय दूसरों से मिल चुका था। ऐसी औरत को घर में लाकर वह अपनी शांति में बाधा नहीं डालना चाहता था।

आखिर एक दिन पन्ना ने जिद करके कहा—तो तुम न लाओगे?

'कह दिया कि अभी कोई जल्दी नहीं।'

'तुम्हारे लिए जल्दी न होगी, मेरे लिए तो जल्दी है। मैं आज आदमी भेजती हूँ।'

'पछताओगी काकी, उसका मिजाज अच्छा नहीं है।'

'तुम्हारी बला से। जब मैं उससे बोलूँगी ही नहीं, तो क्या हवा से लड़ेगी? रोटियाँ तो बना लेगी। मुझसे भीतर-बाहर का सारा काम नहीं होता, मैं आज बुलाये लेती हूँ।'

'बुलाना चाहती हो, बुला लो; मगर फिर यह न कहना कि यह मेहरिया को ठीक नहीं करता, उसका गुलाम हो गया।'

'न कहूँगी, जाकर दो साड़ियाँ और मिठाई ले आ।'

तीसरे दिन मुलिया मैके से आ गयी। दरवाजे पर नगाड़े बजे, शहनाइयों की मधुर ध्वनि आकाश में गूँजने लगी। मुँह-दिखावे की रस्म अदा हुई। वह इस मरुभूमि में निर्मल जलधारा थी। गेहुँआ रंग था, बड़ी-बड़ी नोकीली पलकें, कपोलों पर हल्की सुर्खी, आँखों में प्रबल आकर्षण। रग्घू उसे देखते ही मंत्र-मुग्ध हो गया।

प्रातःकाल पानी का घड़ा लेकर चलती, तब उसका गेहुँआ रंग प्रभात की सुनहरी किरणों से कुंदन हो जाता, मानों उषा अपनी सारी सुगंध, सारा विकास और उन्माद लिये मुस्कराती चली जाती हो।

मुलिया मैके से ही जली-भुनी आयी थी। मेरा शौहर छाती फाड़कर काम करे, और पन्ना रानी बनी बैठी रहें, उसके लड़के रईसजादे बने घूमें। मुलिया से यह बरदाश्त न होगा। वह किसी की गुलामी न करेगी। अपने लड़के तो अपने होते ही नहीं, भाई किसके होते हैं? जब तक पर नहीं निकलते हैं, रग्घू को घेरे हुए हैं। ज्यों ही जरा सयाने हुए, पर झाड़कर निकल जायेंगे, बात भी न पूछेंगे।

एक दिन उसने रग्घू से कहा—तुम्हें इस तरह गुलामी करनी हो, तो करो, मुझसे न होगी।

रग्घू—तो फिर क्या करूँ, तू ही बता? लड़के तो अभी घर का काम करने लायक भी नहीं हैं।

मुलिया—लड़के रावत के हैं, कुछ तुम्हारे नहीं हैं। यही पन्ना है, जो तुम्हें दाने-दाने को तरसाती थी। सब सुन चुकी हूँ। मैं लौंडी बनकर न रहूँगी। रुपये-पैसे का मुझे हिसाब नहीं मिलता। न जाने तुम क्या लाते हो और वह क्या करती है। तुम समझते हो, रुपये घर ही में तो हैं: मगर देख लेना, तुम्हें जो एक फूटी कौड़ी भी मिले।

रग्घू—रुपये-पैसे तेरे हाथ में देने लगूँ तो दुनिया क्या कहेगी, यह तो सोच।

मुलिया—दुनिया जो चाहे, कहे। दुनिया के हाथों बिकी नहीं हूँ। देख लेना, भाड़ लीपकर हाथ काला ही रहेगा। फिर तुम अपने भाइयों के लिए मरो, मै क्यों मरुँ?

रग्घू ने कुछ जवाब न दिया। उसे जिस बात का भय था, वह इतनी जल्द सिर आ पड़ी। अब अगर उसने बहुत तत्थो-थंभो किया, तो साल-छः महीने और काम चलेगा। बस, आगे यह डोंगा चलता नजर नहीं आता। बकरे की माँ कब तक खैर मनायेगी?

एक दिन पन्ना ने महुए का सुखावन डाला। बरसात शुरु हो गयी थी। बखार में अनाज गीला हो रहा था। मुलिया से बोली—बहू, जरा देखती रहना, मैं तालाब से नहा आऊँ?

मुलिया ने लापरवाही से कहा—मुझे नींद आ रही है, तुम बैठकर देखो। एक दिन न नहाओगी तो क्या होगा?

पन्ना ने साड़ी उतारकर रख दी, नहाने न गयी। मुलिया का वार खाली गया।

कई दिन के बाद एक शाम को पन्ना धान रोपकर लौटी, अंधेरा हो गया था। दिन-भर की भूखी थी। आशा थी, बहू ने रोटी बना रखी होगी, मगर देखा तो यहाँ चूल्हा ठंडा पड़ा हुआ था, और बच्चे मारे भूख के तड़प रहे थे। पन्ना ने आहिस्ते से पूछा—आज अभी चूल्हा नहीं जला?

केदार ने कहा—आज दोपहर को भी चूल्हा नहीं जला काकी! भाभी ने कुछ बनाया ही नहीं।

पन्ना—तो तुम लोगों ने खाया क्या?

केदार—कुछ नहीं, रात की रोटियाँ थीं, खुन्नू और लछमन ने खायीं। मैंने सत्तू खा लिया।

पन्ना—और बहू?

केदार—वह पड़ी सो रही है, कुछ नहीं खाया।

पन्ना ने उसी वक्त चूल्हा जलाया और खाना बनाने बैठ गयी। आटा गूँथती थी और रोती थी। क्या नसीब है? दिन-भर खेत में जली, घर आयी तो चूल्हे के सामने जलना पड़ा।

केदार का चौदहवाँ साल था। भाभी के रंग-ढंग देखकर सारी स्थिति समझ रहा था। बोला—काकी, भाभी अब तुम्हारे साथ रहना नहीं चाहती।

पन्ना ने चौंककर पूछा—क्या कुछ कहती थी?

केदार—कहती कुछ नहीं थी मगर है उसके मन में यही बात। फिर तुम क्यों नहीं उसे छोड़ देतीं? जैसे चाहे रहे, हमारा भी भगवान है।

पन्ना ने दाँतों से जीभ दबाकर कहा—चुप, मेरे सामने ऐसी बात भूलकर भी न कहना। रग्घू तुम्हारा भाई नहीं, तुम्हारा बाप है। मुलिया से कभी बोलोगे तो समझ लेना, जहर खा लूँगी।

दशहरे का त्योहार आया। इस गाँव से कोस-भर एक पुरवे में मेला लगता था। गाँव के सब लड़के मेला देखने चले। पन्ना भी लड़कों के साथ चलने को तैयार हुई; मगर पैसे कहाँ से आयें? कुंजी तो मुलिया के पास थी।

रग्घू ने आकर मुलिया से कहा—लड़के मेले जा रहे हैं, सबों को दो-दो पैसे दे दो।

मुलिया ने त्योरियाँ चढ़ाकर कहा—पैसे घर में नहीं हैं।

रग्घू—अभी तो तेलहन बिका था, क्या इतनी जल्दी रुपये उठ गये?

मुलिया—हाँ, उठ गये?

रग्घू—कहाँ उठ गये? जरा सुनूँ, आज त्योहार के दिन लड़के मेला देखने न जायेंगे?

मुलिया—अपनी काकी से कहो, पैसे निकालें, गाड़कर क्या करेंगी?

खूँटी पर कुंजी लटक रही थी। रग्घू ने कुंजी उतारी और चाहा कि संदूक खोले कि मुलिया ने उसका हाथ पकड़ लिया और बोली—कुंजी मुझे दे दो, नहीं तो ठीक न होगा। खाने—पहनने को भी चाहिए, कागज-किताब को भी चाहिए, उस पर मेला देखने को भी चाहिए। हमारी कमाई इसलिए नहीं है कि दूसरे खायें और मूँछों पर ताव दें।

पन्ना ने रग्घू से कहा—भइया, पैसे क्या होंगे! लड़के मेला देखने न जायँगे।

रग्घू ने झिड़ककर कहा—मेला देखने क्यों न जायँगे? सारा गाँव जा रहा है। हमारे ही लड़के न जायँगे?

यह कहकर रग्घू ने अपना हाथ छुड़ा लिया और पैसे निकालकर लड़कों को दे दिये; मगर कुंजी जब मुलिया को देने लगा, तब उसने उसे आँगन में फेंक दिया और मुँह लपेटकर लेट गयी! लड़के मेला देखने न गये।

इसके बाद दो दिन गुजर गये। मुलिया ने कुछ नहीं खाया और पन्ना भी भूखी रही। रग्घू कभी इसे मनाता, कभी उसे; पर न यह उठती, न वह। आखिर रग्घू ने हैरान होकर मुलिया से पूछा—कुछ मुँह से तो कह, चाहती क्या है?

मुलिया ने धरती को सम्बोधित करके कहा—मैं कुछ नहीं चाहती, मुझे मेरे घर पहुँचा दो।

रग्घू—अच्छा उठ, बना-खा। पहुँचा दूँगा।

मुलिया ने रग्घू की ओर आँखें उठायी। रग्घू उसकी सूरत देखकर डर गया। वह माधुर्य, वह मोहकता, वह लावण्य गायब हो गया था। दाँत निकल आये थे, आँखें फट गयी थीं और नथुने फड़क रहे थे। अंगारे की-सी लाल आँखों से देखकर बोली—अच्छा, तो काकी ने यह सलाह दी है, यह मंत्र पढ़ाया है? तो यहाँ ऐसी कच्ची नहीं हूँ। तुम दोनों की छाती पर मूँग दलूँगी। हो किस फेर में?

रग्घू—अच्छा, तो मूँग ही दल लेना। कुछ खा-पी लेगी, तभी तो मूँग दल सकेगी।

मुलिया—अब तो तभी मुँह में पानी डालूँगी, जब घर अलग हो जायगा। बहुत झेल चुकी, अब नहीं झेला जाता।

रग्घू सन्नाटे में आ गया। एक मिनट तक उसके मुँह से आवाज ही न निकली। अलग होने की उसने स्वप्न में भी कल्पना न की थी। उसने गाँव में दो-चार परिवारों को अलग होते देखा था। वह खूब जानता था, रोटी के साथ लोगों के हृदय भी अलग हो जाते हैं। अपने हमेशा के लिए गैर हो जाते हैं। फिर उनमें वही नाता रह जाता है, जो गाँव के और आदमियों में। रग्घू ने मन में ठान लिया था कि इस विपत्ति को घर में न आने दूँगा; मगर होनहार के सामने उसकी एक न चली। आह! मेरे मुँह में कालिख लगेगी, दुनिया यही कहेगी कि बाप के मर जाने पर दस साल भी एक में निबाह न हो सका। फिर किससे अलग हो जाऊँ? जिनको गोद में खिलाया, जिनको बच्चों की तरह पाला, जिनके लिए तरह-तरह के कष्ठ झेले, उन्हीं से अलग हो जाऊँ? अपने प्यारों को घर से निकाल बाहर करूँ? उसका गला फँस गया। काँपते हुए स्वर में बोला—तू क्या चाहती है कि मैं अपने भाइयों से अलग हो जाऊँ? भला सोच तो, कहीं मुँह दिखाने लायक रहूँगा?

मुलिया—तो मेरा इन लोगों के साथ निबाह न होगा।

रग्घू—तो तू अलग हो जा। मुझे अपने साथ क्यों घसीटती है?

मुलिया—तो मुझे क्या तुम्हारे घर में मिठाई मिलती है? मेरे लिए क्या संसार में जगह नहीं है?

रग्घू—तेरी जैसी मर्जी, जहाँ चाहे रह। मैं अपने घर वालों से अलग नहीं हो सकता। जिस दिन इस घर में दो चूल्हे जलेंगे, उस दिन मेरे कलेजे के दो टुकड़े हो जायँगे। मैं यह चोट नहीं सह सकता। तुझे जो तकलीफ हो, वह मैं दूर कर सकता हूँ। माल-असबाब की मालकिन तू है ही, अनाज—पानी तेरे ही हाथ है, अब रह क्या गया है? अगर कुछ काम-धंधा करना नहीं चाहती, मत कर। भगवान ने मुझे समाई दी होती, तो मैं तुझे तिनका तक उठाने न देता। तेरे यह सुकुमार हाथ-पाँव मेहनत-मजदूरी करने के लिए बनाये ही नहीं गये हैं; मगर क्या करुँ ? अपना कुछ बस ही नहीं है। फिर भी तेरा जी कोई काम करने को न चाहे, मत कर; मगर मुझसे अलग होने को न कह, तेरे पैरों पड़ता हूँ।

मुलिया ने सिर से आँचल खिसकाया और जरा समीप आकर बोली—मैं काम करने से नहीं डरती, न बैठे-बैठे खाना चाहती हूँ; मगर मुझसे किसी की धौंस नहीं सही जाती। तुम्हारी ही काकी घर का काम-काज करती हैं, तो अपने लिए करती हैं, अपने बाल-बच्चों के लिए करती हैं। मुझ पर कुछ एहसान नहीं करतीं, फिर मुझ पर धौंस क्यों जमाती हैं? उन्हें अपने बच्चे प्यारे होंगे, मुझे तो तुम्हारा आसरा है। मैं अपनी आँखों से यह नहीं देख सकती कि सारा घर तो चैन करे, जरा-जरा-से बच्चे तो दूध पीयें, और जिसके बल-बूते पर गृहस्थी बनी हुई है, वह मट्ठे को तरसे। कोई उसका पूछनेवाला न हो। जरा अपना मुँह तो देखो, कैसी सूरत निकल आयी है। औरों के तो चार बरस में अपने पट्ठे तैयार हो जायेंगे। तुम तो दस साल में खाट पर पड़ जाओगे। बैठ जाओ, खड़े क्यों हो? क्या मारकर भागोगे? मैं तुम्हें जबरदस्ती न बाँध लूँगी, या मालकिन का हुक्म नहीं है? सच कहूँ, तुम बड़े कठ-कलेजी हो। मैं जानती, ऐसे निर्मोहिए से पाला पड़ेगा, तो इस घर में भूल से न आती। आती भी तो मन न लगाती, मगर अब तो मन तुमसे लग गया। घर भी जाऊँ, तो मन यहाँ ही रहेगा और तुम जो हो, मेरी बात नहीं पूछते।

मुलिया की ये रसीली बातें रग्घू पर कोई असर न डाल सकीं। वह उसी रुखाई से बोला—मुलिया, मुझसे यह न होगा। अलग होने का ध्यान करते ही मेरा मन न जाने कैसा हो जाता है। यह चोट मुझसे न सही जायगी।

मुलिया ने परिहास करके कहा—तो चूड़ियाँ पहनकर अन्दर बैठो न! लाओ मैं मूँछें लगा लूँ। मैं तो समझती थी कि तुममें भी कुछ कस-बल है। अब देखती हूँ, तो निरे मिट्टी के लोंदे हो।

पन्ना दालान में खड़ी दोनों की बातचीत सुन रही थी। अब उससे न रहा गया। सामने आकर रग्घू से बोली—जब वह अलग होने पर तुली हुई है, फिर तुम क्यों उसे जबरदस्ती मिलाये रखना चाहते हो? तुम उसे लेकर रहो, हमारे भगवान मालिक हैं। जब महतो मर गये थे,और कहीं पत्ती की भी छाँह न थी, जब उस वक्त भगवान ने निबाह दिया, तो अब क्या डर? अब तो भगवान की दया से तीनों लड़के सयाने हो गये हैं, अब कोई चिन्ता नहीं।

रग्घू ने आँसू-भरी आँखों से पन्ना को देखकर कहा—काकी, तू भी पागल हो गयी है क्या? जानती नहीं, दो रोटियाँ होते ही दो मन हो जाते हैं।

पन्ना—जब वह मानती ही नहीं, तब तुम क्या करोगे? भगवान की मरजी होगी, तो कोई क्या करेगा? परालब्ध में जितने दिन एक साथ रहना लिखा था, उतने दिन रहे। अब उसकी यही मरजी है, तो यही सही। तुमने मेरे बाल-बच्चों के लिए जो कुछ किया, वह भूल नहीं सकती। तुमने इनके सिर हाथ न रखा होता, तो आज इनकी न जाने क्या गति होती, न जाने किसके द्वार पर ठोकरें खाते होते, न जाने कहाँ-कहाँ भीख माँगते फिरते। तुम्हारा जस मरते दम तक गाऊँगी। अगर मेरी खाल तुम्हारे जूते बनाने के काम आये, तो खुशी से दे दूँ। चाहे तुमसे अलग हो जाऊँ, पर जिस घड़ी पुकारोगे, कुत्ते की तरह दौड़ी आऊँगी। यह भूलकर भी न सोचना कि तुमसे अलग होकर मैं तुम्हारा बुरा चेतूँगी। जिस दिन तुम्हारा अनभल मेरे मन में आएगा, उसी दिन विष खाकर मर जाऊँगी। भगवान करे, तुम दूधो नहाओ, पूतों फलो! मरते दम तक यही असीस मेरे रोएँ-रोएँ से निकलती रहेगी और अगर लड़के भी अपने बाप के हैं। तो मरते दम तक तुम्हारा पोस मानेंगे।

यह कहकर पन्ना रोती हुई वहाँ से चली गयी। रग्घू वहीं मूर्ति की तरह बैठा रहा। आसमान की ओर टकटकी लगी थी और आँखों से आँसू बह रहे थे।

पन्ना की बातें सुनकर मुलियां समझ गयी कि अपने पौ बारह हैं। चटपट उठी, घर में झाड़ू लगायी, चूल्हा जलाया और कुएँ से पानी लाने चली। उसकी टेक पूरी हो गयी थी।

गाँव में स्त्रियों के दो दल होते हैं—एक बहुओं का, दूसरा सासों का! बहुएँ सलाह और सहानुभूति के लिए अपने दल में जाती हैं, सासें अपने में। दोनों की पंचायतें अलग होती हैं। मुलिया को कुएँ पर दो-तीन बहुएँ मिल गयीं। एक ने पूछा—आज तो तुम्हारी बुढ़िया बहुत रो-धो रही थी।

मुलिया ने विजय के गर्व से कहा—इतने दिनों से घर की मालकिन बनी हुई हैं, राज-पाट छोड़ते किसे अच्छा लगता है? बहन, मैं उनका बुरा नहीं चाहती: लेकिन एक आदमी की कमाई में कहाँ तक बरकत होगी। मेरे भी तो यही खाने-पीने, पहनने-ओढ़ने के दिन हैं। अभी उनके पीछे मरो, फिर बाल-बच्चे हो जायँ, उनके पीछे मरो। सारी जिन्दगी रोते ही कट जाय।

एक बहू—बुढ़िया यही चाहती है कि यह सब जन्म-भर लौंडी बनी रहें। मोटा-झोटा खाएँ और पड़ी रहें।

दूसरी बहू—किस भरोसे पर कोई मरे-अपने लड़के तो बात नहीं पूछें पराये लड़कों का क्या भरोसा? कल इनके हाथ-पैर हो जायेंगे, फिर कौन पूछता है! अपनी-अपनी मेहरियों का मुँह देखेंगे। पहले ही से फटकार देना अच्छा है, फिर तो कोई कलंक न होगा।

मुलिया पानी लेकर गयी, खाना बनाया और रग्घू से बोली—जाओ, नहा आओ, रोटी तैयार है।

रग्घू ने मानों सुना ही नहीं। सिर पर हाथ रखकर द्वार की तरफ ताकता रहा।

मुलिया—क्या कहती हूँ, कुछ सुनाई देता है, रोटी तैयार है, जाओ नहा आओ।

रग्घू—सुन तो रहा हूँ, क्या बहरा हूँ? रोटी तैयार है तो जाकर खा ले। मुझे भूख नहीं है।

मुलिया ने फिर नहीं कहा। जाकर चूल्हा बुझा दिया, रोटियाँ उठाकर छींके पर रख दी और मुँह ढाँककर लेट रही।

जरा देर में पन्ना आकर बोली—खाना तैयार है, नहा-धोकर खा लो! बहू भी भूखी होगी।

रग्घू ने झुँझलाकर कहा—काकी तू घर में रहने देगी कि मुँह में कालिख लगाकर कहीं निकल जाऊँ? खाना तो खाना ही है, आज न खाऊँगा, कल खाऊँगा, लेकिन अभी मुझसे न खाया जायगा। केदार क्या अभी मदरसे से नहीं आया?

पन्ना—अभी तो नहीं आया, आता ही होगा।

पन्ना समझ गयी कि जब तक वह खाना बनाकर लड़कों को न खिलायेगी और खुद न खायेगी रग्घू न खायेगा। इतना ही नहीं, उसे रग्घू से लड़ाई करनी पड़ेगी, उसे जली-कटी सुनानी पड़ेगी। उसे यह दिखाना पड़ेगा कि मैं ही उससे अलग होना चाहती हूँ नहीं तो वह इसी चिन्ता में घुल–घुलकर प्राण दे देगा। यह सोचकर उसने अलग चूल्हा जलाया और खाना बनाने लगी। इतने में केदार और खुन्नू मदरसे से आ गये। पन्ना ने कहा—आओ बेटा, खा लो, रोटी तैयार है।

केदार ने पूछा—भइया को भी बुला लूँ न?

पन्ना—तुम आकर खा लो। उसकी रोटी बहू ने अलग बनायी है।

खुन्नू—जाकर भइया से पूछ न आऊँ?

पन्ना—जब उनका जी चाहेगा, खायेंगे। तू बैठकर खा, तुझे इन बातों से क्या मतलब? जिसका जी चाहेगा खायेगा, जिसका जी न चाहेगा, न खायेगा। जब वह और उसकी बीवी अलग रहने पर तुले हैं, तो कौन मनाये?

केदार—तो क्यों अम्माजी, क्या हम अलग घर में रहेंगे?

पन्ना—उनका जी चाहे, एक घर में रहें, जी चाहे आँगन में दीवार डाल लें।

खुन्नू ने दरवाजे पर आकर झाँका, सामने फूस की झोपड़ी थी, वहीं खाट पर पड़ा रग्घू नारियल पी रहा था।

खुन्नू—भइया तो अभी नारियल लिये बैठे हैं।

पन्ना—जब जी चाहेगा, खायेंगे।

केदार—भइया ने भाभी को डाँटा नहीं?

मुलिया अपनी कोठरी में पड़ी सुन रही थी। बाहर आकर बोली—भइया ने तो नहीं डाँटा अब तुम आकर डाँटो।

केदार के चेहरे का रंग उड़ गया। फिर जबान न खोली। तीनों लड़कों ने खाना खाया और बाहर निकले। लू चलने लगी थी। आम के बाग में गाँव के लड़के-लड़कियाँ हवा से गिरे हुए आम चुन रहे थे। केदार ने कहा—आज हम भी आम चुनने चलें, खूब आम गिर रहे हैं।

खुन्नू—दादा जो बैठे हैं?

लछमन—मैं न जाऊँगा, दादा घुड़केंगे।

केदार—वह तो अब अलग हो गये।

लक्ष्मन—तो अब हमको कोई मारेगा, तब भी दादा न बोलेंगे?

केदार—वाह, तब क्यों न बोलेंगे?

रग्घू ने तीनों लड़कों को दरवाजे पर खड़े देखा, पर कुछ बोला नहीं। पहले तो वह घर के बाहर निकलते ही उन्हें डाँट बैठता था, पर आज वह मूर्ति के समान निश्चल बैठा रहा। अब लड़कों को कुछ साहस हुआ। कुछ दूर और आगे बढ़े। रग्घू अब भी न बोला, कैसे बोले? वह सोच रहा था, काकी ने लड़कों को खिला-पिला दिया, मुझसे पूछा तक नहीं। क्या उसकी आँखों पर भी परदा पड़ गया है; अगर मैंने लड़कों को पुकारा और वह न आयें तो? मैं उनको मार-पीट तो न सकूँगा। लू में सब मारे-मारे फिरेंगे। कहीं बीमार न पड़ जायँ। उसका दिल मसोसकर रह जाता था, लेकिन मुँह से कुछ कह न सकता था। लड़कों ने देखा कि यह बिलकुल नहीं बोलते, तो निर्भय होकर चल पड़े।

सहसा मुलिया ने आकर कहा—अब तो उठोगे कि अब भी नहीं? जिनके नाम पर फाका कर रहे हो, उन्होंने मजे से लड़कों को खिलाया और आप खाया, अब आराम से सो रही हैं। 'मोर पिया बात न पूछें, मोर सुहागिन नाँव।' एक बार भी तो मुँह से न फूटा कि चलो भइया, खा लो।

रग्घू को इस समय मर्मान्तिक पीड़ा हो रही थी। मुलिया के इन कठोर शब्दों ने घाव पर नमक छिड़क दिया। दु:खित नेत्रों से देखकर बोला—तेरी जो मर्जी थी, वही तो हुआ। अब जा, ढोल बजा!

मुलिया—नहीं, तुम्हारे लिए थाली परोसे बैठी हैं।

रग्घू—मुझे चिढ़ा मत। तेरे पीछे मैं भी बदनाम हो रहा हूँ। जब तू किसी की होकर नहीं रहना चाहती, तो दूसरे को क्या गरज है, जो तेरी खुशामद करे? जाकर काकी से पूछ, लड़के आम चुनने गये हैं, उन्हें पकड़ लाऊँ?

मुलिया अँगूठा दिखाकर बोली—यह जाता है। तुम्हें सौ बार गरज हो, जाकर पूछो।

इतने में पन्ना भी भीतर से निकल आयी। रग्घू ने पूछा—लड़के बगीचे में चले गये काकी, लू चल रही है।

पन्ना—अब उनका कौन पुछत्तर है? बगीचे में जायँ, पेड़ पर चढ़ें, पानी में डूबें। मैं अकेली क्या—क्या करूँ?

रग्घू—जाकर पकड़ लाऊँ?

पन्ना—जब तुम्हें अपने मन से नहीं जाना है, तो फिर मैं जाने को क्यों कहूँ? तुम्हें रोकना होता , तो रोक न देते? तुम्हारे सामने ही तो गये होंगे?

पन्ना की बात पूरी भी न हुई थी कि रग्घू ने नारियल कोने में रख दिया और बाग की तरफ चला।

रग्घू लड़कों को लेकर बाग से लौटा, तो देखा मुलिया अभी तक झोंपड़े में खड़ी है। बोला—तू जाकर खा क्यों नहीं लेती? मुझे तो इस बेला भूख नहीं है।

मुलिया ऐंठकर बोली—हाँ, भूख क्यों लगेगी! भाइयों ने खाया, वह तुम्हारे पेट में पहुँच ही गया होगा।

रग्घू ने दाँत पीसकर कहा—मुझे जला मत मुलिया, नहीं अच्छा न होगा। खाना कहीं भागा नहीं जाता। एक बेला न खाऊँगा, तो मर न जाऊँगा! क्या तू समझती है, घर में आज कोई छोटी बात हो गयी है? तूने घर में चूल्हा नहीं जलाया, मेरे कलेजे में आग लगाई है। मुझे घमंड था कि और चाहे कुछ हो जाय, पर मेरे घर में फूट का रोग न आने पायगा, पर तूने मेरा घमंड चूर कर दिया। परालब्ध की बात है।

मुलिया तिनककर बोली—सारा मोह-छोह तुम्हीं को है कि और किसी को है? मैं तो किसी को तुम्हारी तरह बिसूरते नहीं देखती।

रग्घू ने ठंडी साँस खींचकर कहा—मुलिया, घाव पर नोन न छिड़क। तेरे ही कारन मेरी पीठ में धूल लग रही है। मुझे इस गृहस्थी का मोह न होगा, तो किसे होगा? मैंने ही तो इसे मर-मर जोड़ा। जिनको गोद में खेलाया, वही अब मेरे पट्टीदार होंगे। जिन बच्चों को मैं डाँटता था, उन्हें आज कड़ी आँखों से भी नहीं देख सकता। मैं उनके भले के लिए भी कोई बात करूँ, तो दुनिया यही कहेगी कि यह अपने भाइयों को लूटे लेता है। जा मुझे छोड़ दे, अभी मुझसे कुछ न खाया जायगा।

मुलिया—मैं कसम रखा दूँगी, नहीं चुपके से चले चलो।

रग्घू—देख, अब भी कुछ नहीं बिगड़ा है। अपना हठ छोड़ दे।

मुलिया—हमारा ही लहू पिये, जो खाने न उठे।

रग्घू ने कानों पर हाथ रखकर कहा—यह तूने क्या किया मुलिया? मैं तो उठ ही रहा था। चल खा लूँ। नहाने-धोने कौन जाय, लेकिन इतना कहे देता हूँ कि चाहे चार की जगह छ: रोटियाँ खा जाऊँ, चाहे तू मुझे घी के मटके ही में डुबा दे, पर यह दाग मेरे दिल से न मिटेगा।

मुलिया—दाग-साग सब मिट जायगा। पहले सबको ऐसा ही लगता है। देखते नहीं हो, उधर कैसी चैन की वंशी बज रही है, वह तो मना ही रही थीं कि किसी तरह यह सब अलग हो जायँ। अब वह पहले की-सी चाँदी तो नहीं है कि जो कुछ घर में आवे, सब गायब! अब क्यों हमारे साथ रहने लगीं?

रग्घू ने आहत स्वर में कहा—इसी बात का तो मुझे गम है। काकी से मुझे ऐसी आशा न थी।

रग्घू खाने बैठा, तो कौर विष के घूँट-सा लगता था। जान पड़ता था, रोटियाँ भूसी की हैं। दाल पानी-सी लगती। पानी कंठ के नीचे न उतरता था, दूध की तरफ देखा तक नहीं। दो-चार ग्रास खाकर उठ आया, जैसे किसी प्रियजन के श्राद्ध का भोजन हो।

रात का भोजन भी उसने इसी तरह किया। भोजन क्या किया, कसम पूरी की। रात-भर उसका चित्त उद्‌विग्न रहा। एक अज्ञात शंका उसके मन पर छायी हुई थी, जैसे भोला महतो द्वार

पर बैठा रो रहा हो। वह कई बार चौंककर उठा। ऐसा जान पड़ा, भोला उसकी ओर तिरस्कार की आँखों से देख रहा है।

वह दोनों जून भोजन करता था,पर जैसे शत्रु के घर। भोला की शोकमग्न मूर्ति आँखों से न उतरती थी। रात को उसे नींद न आती। वह गाँव में निकलता, तो इस तरह मुँह चुराये, सिर झुकाए मानो गो-हत्या की हो।

पाँच साल गुजर गये। रग्घू अब दो लड़कों का बाप था। आँगन में दीवार खिंच गयी थी, खेतों में मेड़ें डाल दी गयी थीं और बैल-बछिए बाँट लिये गये थे। केदार की उम्र अब उन्नीस की हो गयी थी। उसने पढ़ना छोड़ दिया था और खेती का काम करता था। खुन्नू गाय चराता था। केवल लछमन अब तक मदरसे जाता था। पन्ना और मुलिया दोनों एक-दूसरे की सूरत से जलती थीं। मुलिया के दोनों लड़के बहुधा पन्ना ही के पास रहते। वही उन्हें उबटन मलती, वही काजल लगाती, वही गोद में लिये फिरती, मगर मुलिया के मुँह से अनुग्रह का एक शब्द भी न निकलता। न पन्ना ही इसकी इच्छुक थी। वह जो कुछ करती निर्व्याज भाव से करती थी। उसके दो-दो लड़के अब कमाऊ हो गये थे। लड़की खाना पका लेती थी। वह खुद ऊपर का काम-काज कर लेती। इसके विरुद्ध रग्घू अपने घर का अकेला था, वह भी दुर्बल, अशक्त और जवानी में बूढ़ा। अभी आयु तीस वर्ष से अधिक न थी, लेकिन बाल खिचड़ी हो गये थे। कमर भी झुक चली थी। खाँसी ने जीर्ण कर रखा था। देखकर दया आती थी। और खेती पसीने की वस्तु है। खेती की जैसी सेवा होनी चाहिए, वह उससे न हो पाती। फिर अच्छी फसल कहाँ से आती? कुछ ऋण भी हो गया था। वह चिंता और भी मारे डालती थी। चाहिए तो यह था कि अब उसे कुछ आराम मिलता। इतने दिनों के निरन्तर परिश्रम के बाद सिर का बोझ कुछ हल्का होता, लेकिन मुलिया की स्वार्थपरता और अदूरदर्शिता ने लहराती हुई खेती उजाड़ दी। अगर सब एक साथ रहते, तो वह अब तक पेन्शन पा जाता, मजे में द्वार पर बैठा हुआ नारियल पीता। भाई काम करते, वह सलाह देता। महतो बना फिरता। कहीं किसी के झगड़े चुकाता, कहीं साधु-संतों की सेवा करता। वह अवसर हाथ से निकल गया। अब तो चिंता भार दिन-दिन बढ़ता जाता था।

आखिर उसे धीमा-धीमा ज्वर रहने लगा। हृदय-शूल, चिंता, कड़ा परिश्रम और अभाव का यही पुरस्कार है। पहले कुछ परवाह न की। समझा आप ही आप अच्छा हो जायगा, मगर कमजोरी बढ़ने लगी, तो दवा की फिक्र हुई। जिसने जो बता दिया, खा लिया, डाक्टरों और वैद्यों के पास जाने की सामर्थ्य कहाँ? और सामर्थ्य भी होती, तो रुपये खर्च कर देने के सिवा और नतीजा ही क्या था? जीर्ण ज्वर की औषधि आराम और पुष्टकारक भोजन है। न वह बसंत-मालती का सेवन कर सकता था और न आराम से बैठकर बलवर्धक भोजन कर सकता था। कमजोरी बढ़ती ही गयी।

पन्ना को अवसर मिलता, तो वह आकर उसे तसल्ली देती;लेकिन उसके लड़के अब रग्घू से बात भी न करते थे। दवा-दारु तो क्या करते, उसका और मजाक उड़ाते। भैया समझते थे कि हम लोगों से अलग होकर सोने और ईंट रख लेंगे। भाभी भी समझती थीं, सोने से लद जाऊँगी। अब देखें कौन पूछता है? सिसक-सिसककर न मरें तो कह देना। बहुत 'हाय! हाय!' भी अच्छी नहीं होती। आदमी उतना काम करे, जितना हो सके। यह नहीं कि रुपये के लिए जान दे दे।

पन्ना कहती—रग्घू बेचारे का कौन दोष है?

केदार कहता—चल, मैं खूब समझता हूँ। भैया की जगह मैं होता, तो डंडे से बात करता। मजाक थी कि औरत यों जिद करती। यह सब भैया की चाल थी। सब सधी-बधी बात थी।

आखिर एक दिन रग्घू का टिमटिमाता हुआ जीवन-दीपक बुझ गया। मौत ने सारी चिन्ताओं का अंत कर दिया।

अंत समय उसने केदार को बुलाया था, पर केदार को ऊख में पानी देना था। डरा, कहीं दवा के लिए न भेज दें। बहाना बना दिया।

मुलिया का जीवन अंधकारमय हो गया। जिस भूमि पर उसने मनसूबों की दीवार खड़ी की थी, वह नीचे से खिसक गयी थी। जिस खूँटे के बल पर वह उछल रही थी, वह उखड़ गया था। गाँववालों ने कहना शुरू किया, ईश्वर ने कैसा तत्काल दंड दिया। बेचारी मारे लाज के अपने दोनों बच्चों को लिये रोया करती। गाँव में किसी को मुँह दिखाने का साहस न होता। प्रत्येक प्राणी उससे यह कहता हुआ मालूम होता था—'मारे घमण्ड के धरती पर पाँव न रखती थी: आखिर सजा मिल गयी कि नहीं !' अब इस घर में कैसे निर्वाह होगा? वह किसके सहारे रहेगी? किसके बल पर खेती होगी? बेचारा रग्घू बीमार था। दुर्बल था, पर जब तक जीता रहा, अपना काम करता रहा। मारे कमजोरी के कभी-कभी सिर पकड़कर बैठ जाता और जरा दम लेकर फिर हाथ चलाने लगता था। सारी खेती तहस-नहस हो रही थी, उसे कौन संभालेगा? अनाज की डाँठें खलिहान में पड़ी थीं, ऊख अलग सूख रही थी। वह अकेली क्या-क्या करेगी? फिर सिंचाई अकेले आदमी का तो काम नहीं। तीन-तीन मजदूरों को कहाँ से लाए! गाँव में मजदूर थे ही कितने। आदमियों के लिये खींचा-तानी हो रही थी। क्या करे, क्या न करे।

इस तरह तेरह दिन बीत गये। क्रिया-कर्म से छुट्टी मिली। दूसरे ही दिन सवेरे मुलिया ने दोनों बालकों को गोद में उठाया और अनाज माँड़ने चली। खलिहान में पहुँचकर उसने एक को तो पेड़ के नीचे घास के नर्म बिस्तर पर सुला दिया और दूसरे को वहीं बैठाकर अनाज माँड़ने लगी। बैलों को हाँकती थी और रोती थी। क्या इसीलिए भगवान ने उसको जन्म दिया था? देखते-देखते क्या से क्या हो गया? इन्हीं दिनों पिछले साल भी अनाज माँड़ा गया था। वह रग्घू के लिए लोटे में शरबत और मटर की घुँघनी लेकर आयी थी। आज कोई उसके न आगे है, न पीछे,लेकिन किसी की लौंडी तो नहीं हूँ! उसे अलग होने का अब भी पछतावा न था।

एकाएक छोटे बच्चे का रोना सुनकर उसने उधर ताका, तो बड़ा लड़का उसे चुमकारकर कह रहा था—बैया तुप रहो, तुप रहो। धीरे-धीरे उसके मुँह पर हाथ फेरता था और चुप कराने के लिए विकल था। जब बच्चा किसी तरह न चुप न हुआ तो वह खुद उसके पास लेट गया और उसे छाती से लगाकर प्यार करने लगा; मगर जब यह प्रयत्न भी सफल न हुआ, तो वह रोने लगा।

उसी समय पन्ना दौड़ी आयी और छोटे बालक को गोद में उठाकर प्यार करती हुई बोली—लड़कों को मुझे क्यों न दे आयी बहू? हाय! हाय! बेचारा धरती पर पड़ा लोट रहा है। जब मैं मर जाऊँ तो जो चाहे करना, अभी तो जीती हूँ, अलग हो जाने से बच्चे तो नहीं अलग हो गये।

मुलिया ने कहा—तुम्हें भी तो छुट्टी नहीं थी अम्माँ, क्या करती?

पन्ना—तो तुझे यहाँ आने की ऐसी क्या जल्दी थी? डाँठ माँड़ न जाती। तीन-तीन लड़के तो हैं, और किस दिन काम आएँगे? केदार तो कल ही माँड़ने को कह रहा था; पर मैंने कहा, पहले ऊख में पानी दे लो, फिर आज माँड़ना, मँड़ाई तो दस दिन बाद भी हो सकती है, ऊख की सिंचाई न हुई तो सूख जायगी। कल से पानी चढ़ा हुआ है, परसों तक खेत पुर जायगा। तब मँड़ाई हो जायगी। तुझे विश्वास न आयगा, जब से भैया मरे हैं, केदार को बड़ी चिंता हो गयी है। दिन में सौ-सौ बार पूछता है, भाभी बहुत रोती तो नहीं हैं? देख, लड़के भूखे तो नहीं हैं। कोई लड़का रोता है, तो दौड़ा आता है, देख अम्माँ, क्या हुआ, बच्चा क्यों रोता है? कल रोकर बोला—अम्माँ, मैं जानता कि भैया इतनी जल्दी चले जायँगे, तो उनकी कुछ सेवा कर लेता। कहाँ जगाये-जगाये उठता था, अब देखती हो, पहर रात से उठकर काम में लग जाता है। खुन्नू कल जरा-सा बोला, पहले हम अपनी ऊख में पानी दे लेंगे, तब भैया की ऊख में देंगे। इस पर केदार ने ऐसा डाँटा कि खुन्नू के मुँह से फिर बात न निकली। बोला, कैसी तुम्हारी और कैसी हमारी ऊख? भैया ने जिला न लिया होता, तो आज या तो मर गये होते या कहीं भीख माँगते होते। आज तुम बड़े ऊखवाले बने हो! यह उन्हीं का पुन—परताप है कि आज भले आदमी बने बैठे हो। परसों रोटी खाने को बुलाने गयी, तो मँड़ैया में बैठा रो रहा था। पूछा, क्यों रोता है? तो बोला, अम्माँ, भैया इसी 'अलग्योझा के दुख से मर गये, नहीं अभी उनकी उमिर ही क्या थी! यह उस वक्त न सूझा, नहीं उनसे क्यों बिगाड़ करते?

यह कहकर पन्ना ने मुलिया की ओर संकेतपूर्ण दृष्टि से देखकर कहा—तुम्हें वह अलग न रहने देगा बहू, कहता है, भैया हमारे लिए मर गये तो हम भी उनके बाल-बच्चों के लिए मर जायँगे।

मुलिया की आँखों से आँसू जारी थे। पन्ना की बातों में आज सच्ची वेदना, सच्ची सान्त्वना, सच्ची चिन्ता भरी हुई थी। मुलिया का मन कभी उसकी ओर इतना आकर्षित न हुआ था। जिनसे उसे व्यंग्य और प्रतिकार का भय था, वे इतने दयालु, इतने शुभेच्छु हो गये थे।

आज पहली बार उसे अपनी स्वार्थपरता पर लज्जा आयी। पहली बार आत्मा ने अलग्योझे पर धिक्कारा।

इस घटना को हुए पाँच साल गुजर गये। पन्ना आज बूढ़ी हो गयी है। केदार घर का मालिक है। मुलिया घर की मालकिन है। खुन्नू और लछमन के विवाह हो चुके हैं;मगर केदार अभी तक क्वाँरा है। कहता है—मैं विवाह न करूँगा। कई जगहों से बातचीत हुई, कई सगाइयाँ आयीं: पर उसने हामी न भरी। पन्ना ने कम्पे लगाये, जाल फैलाये, पर वह न फँसा। कहता—औरतों से कौन सुख? मेहरिया घर में आयी और आदमी का मिजाज बदला। फिर जो कुछ है, वह मेहरिया है। माँ-बाप, भाई-बन्धु सब पराये हैं। जब भैया जैसे आदमी का मिजाज बदल गया, तो फिर दूसरों की क्या गिनती? दो लड़के भगवान के दिये हैं और क्या चाहिए। बिना ब्याह किए दो बेटे मिल गये, इससे बढ़कर और क्या होगा? जिसे अपना समझो वह अपना है; जिसे गैर समझो, वह गैर है।

एक दिन पन्ना ने कहा—तेरा वंश कैसे चलेगा?

केदार—मेरा वंश तो चल रहा है। दोनों लड़कों को अपना ही समझता हूँ।

पन्ना—समझने ही पर है, तो तू मुलिया को भी अपनी मेहरिया समझता होगा?

केदार ने झेंपते हुए कहा—तुम तो गाली देती हो अम्माँ!

पन्ना—गाली कैसी, तेरी भाभी ही तो है!

केदार—मेरे जैसे लट्ठ-गँवार को वह क्यों पूछने लगी!

पन्ना—तू करने को कह, तो मैं उससे पूछूँ?

केदार—नहीं मेरी अम्माँ, कहीं रोने-गाने न लगे। पन्ना—तेरा मन हो, तो मैं बातों-बातों में उसके मन की थाह लूँ?

केदार—मैं नहीं जानता, जो चाहे कर।

पन्ना केदार के मन की बात समझ गयी। लड़के का दिल मुलिया पर आया हुआ है, पर संकोच और भय के मारे कुछ नहीं कहता।

उसी दिन उसने मुलिया से कहा—क्या करुँ बहू, मन की लालसा मन में ही रह जाती है। केदार का घर भी बस जाता, तो मैं निश्चिन्त हो जाती।

मुलिया—वह तो करने को ही नहीं कहते।

पन्ना—कहता है, ऐसी औरत मिले, जो घर में मेल से रहे, तो कर लूँ।

मुलिया—ऐसी औरत कहाँ मिलेगी? कहीं ढूँढ़ो।

पन्ना—मैंने तो ढूँढ़ लिया है।

मुलिया—सच, किस गाँव की है?

पन्ना—अभी न बताऊँगी, मुदा यह जानती हूँ कि उससे केदार की सगाई हो जाय, तो घर बन जाय और केदार की जिन्दगी भी सुफल हो जाय। न जाने लड़की मानेगी कि नहीं।

मुलिया—मानेगी क्यों नहीं अम्माँ, ऐसा सुन्दर कमाऊ, सुशील वर और कहाँ मिला जाता है? उस जनम का कोई साधु-महात्मा है, नहीं तो लड़ाई-झगड़े के डर से कौन बिन ब्याहा रहता है। कहाँ रहती है, मैं जाकर उसे मना लाऊँगी।

पन्ना—तू चाहे, तो उसे मना ले। तेरे ही ऊपर है।

मुलिया—मैं आज ही चली जाऊँगी, अम्मा, उसके पैरों पड़कर मना लाऊँगी।

पन्ना—बता दूँ, वह तू ही है!

मुलिया लजाकर बोली—तुम तो अम्माँजी, गाली देती हो।

पन्ना—गाली कैसी, देवर ही तो है!

मुलिया—मुझ जैसी बुढ़िया को वह क्यों पूछेंगे?

पन्ना—वह तुझी पर दाँत लगाये बैठा है। तेरे सिवा कोई और उसे भाती ही नहीं। डर के मारे कहता नहीं; पर उसके मन की बात मैं जानती हूँ।

वैधव्य के शौक से मुरझाया हुआ मुलिया का पीत वदन कमल की भाँति अरुण हो उठा। दस वर्षों में जो कुछ खोया था, वह इसी एक क्षण में मानों ब्याज के साथ मिल गया। वही लावण्य, वही विकास, वही आकर्षण, वही लोच!

❐

16 कफ़न

दरिद्र मनोवृति को परत-दर-परत उघाड़ती मार्मिक कहानी। घीसू-माधव कफ़न के पैसों से भी कलेजियां खाते हैं और मदिरापान करते हैं। ढीठ मनोवृत्ति का मनोहारी चित्रण।

झोपड़े के द्वार पर बाप और बेटा दोनों एक बुझे हुए अलाव के सामने चुपचाप बैठे हुए हैं और अन्दर बेटे की जवान बीवी बुधिया प्रसव-वेदना में पछाड़ खा रही थी। रह-रहकर उसके मुँह से ऐसी दिल हिला देने वाली आवाज़ निकलती थी, कि दोनों कलेजा थाम लेते थे। जाड़ों की रात थी, प्रकृति सन्नाटे में डूबी हुई, सारा गाँव अन्धकार में लय हो गया था।

घीसू ने कहा—मालूम होता है, बचेगी नहीं। सारा दिन दौड़ते हो गया, जा देख तो आ।

माधव चिढ़कर बोला—मरना ही तो है जल्दी मर क्यों नहीं जाती? देखकर क्या करूँ?

'तू बड़ा बेदर्द है बे! साल-भर जिसके साथ सुख-चैन से रहा, उसी के साथ इतनी बेवफाई!'

'तो मुझसे तो उसका तड़पना और हाथ-पाँव पटकना नहीं देखा जाता।'

चमारों का कुनबा था और सारे गाँव में बदनाम। घीसू एक दिन काम करता तो तीन दिन आराम करता। माधव इतना काम-चोर था कि आध घण्टे काम करता तो घण्टे भर चिलम पीता। इसलिए उन्हें कहीं मजदूरी नहीं मिलती थी। घर में मुठ्ठी-भर भी अनाज मौजूद हो, तो उनके लिए काम करने की कसम थी। जब दो-चार फाके हो जाते तो घीसू पेड़ पर चढ़कर लकड़ियाँ तोड़ लाता और माधव बाजार से बेच लाता और जब तक वह पैसे रहते, दोनों इधर-उधर मारे-मारे फिरते। गाँव में काम की कमी न थी। किसानों का गाँव था, मेहनती आदमी के लिए पचास काम थे। मगर इन दोनों को उसी वक्त बुलाते, जब दो आदमियों से एक का काम पाकर भी सन्तोष कर लेने के सिवा और कोई चारा न होता। अगर दोनों साधु होते, तो उन्हें सन्तोष और धैर्य के लिए, संयम और नियम की बिलकुल जरूरत न होती। यह तो इनकी प्रकृति थी।

विचित्र जीवन था इन का! घर में मिट्टी के दो-चार बर्तन के सिवा कोई सम्पत्ति नहीं। फटे चीथड़ों से अपनी नग्नता को ढाँके हुए जिये जाते थे। संसार की चिन्ताओं से मुक्त कर्ज से लदे हुए। गालियाँ भी खाते, मार भी खाते, मगर कोई गम नहीं। दीन इतने कि वसूली की बिलकुल आशा न रहने पर भी लोग इन्हें कुछ-न-कुछ कर्ज दे देते थे। मटर, आलू की फसल में दूसरों के खेतों से मटर या आलू उखाड़ लाते और भून-भानकर खा लेते या दस-पाँच ऊख उखाड़ लाते और रात को चूसते। घीसू ने इसी आकाश-वृत्ति से साठ साल की उम्र काट दी और माधव भी सपूत बेटे की तरह बाप ही के पद-चिह्नों पर चल रहा था, बल्कि उसका नाम और भी उजागर कर रहा था। इस वक्त भी दोनों अलाव के सामने बैठकर आलू भून रहे थे, जो कि किसी खेत से खोद लाये थे। घीसू की स्त्री का तो बहुत दिन हुए, देहान्त हो गया था। माधव का ब्याह पिछले साल हुआ था। जब से यह औरत आयी थी, उसने इस खानदान में व्यवस्था

की नींव डाली थी और इन दोनों बे-गैरतों का दोजख भरती रहती थी। जब से वह आयी, यह दोनों और भी आरामतलब हो गये थे। बल्कि कुछ अकड़ने भी लगे थे। कोई कार्य करने को बुलाता, तो निर्ब्याज भाव से दुगुनी मजदूरी माँगते। वही औरत आज प्रसव-वेदना से मर रही थी और यह दोनों इसी इन्तजार में थे कि वह मर जाए, तो आराम से सोयें।

घीसू ने आलू निकालकर छीलते हुए कहा—जाकर देख तो, क्या दशा है उसकी? चुड़ैल का फिसाद होगा, और क्या? यहाँ तो ओझा भी एक रुपया माँगता है!

माधव को भय था, कि वह कोठरी में गया, तो घीसू आलुओं का बड़ा भाग साफ कर देगा। बोला—मुझे वहाँ जाते डर लगता है।

'डर किस बात का है, मैं तो यहाँ हूँ ही।'

'तो तुम्हीं जाकर देखो न?'

'मेरी औरत जब मरी थी, तो मैं तीन दिन तक उसके पास से हिला तक नहीं; और फिर मुझसे लजाएगी कि नहीं? जिसका कभी मुँह नहीं देखा, आज उसका उघड़ा हुआ बदन देखूँ! उसे तन की सुध भी तो न होगी? मुझे देख लेगी तो खुलकर हाथ-पाँव भी न पटक सकेगी!'

'मैं सोचता हूँ कोई बाल-बच्चा हुआ, तो क्या होगा? सोंठ, गुड़, तेल, कुछ भी तो नहीं है घर में!'

'सब कुछ आ जाएगा। भगवान् दें तो! जो लोग अभी एक पैसा नहीं दे रहे हैं, वे ही कल बुलाकर रुपये देंगे। मेरे नौ लड़के हुए, घर में कभी कुछ न था; मगर भगवान् ने किसी-न-किसी तरह बेड़ा पार ही लगाया।'

जिस समाज में रात-दिन मेहनत करने वालों की हालत उनकी हालत से कुछ बहुत अच्छी न थी, और किसानों के मुकाबले में वे लोग, जो किसानों की दुर्बलताओं से लाभ उठाना जानते थे, कहीं ज्यादा सम्पन्न थे, वहाँ इस तरह की मनोवृत्ति का पैदा हो जाना कोई अचरज की बात न थी। हम तो कहेंगे, घीसू किसानों से कहीं ज्यादा विचारवान् था और किसानों के विचार-शून्य समूह में शामिल होने के बदले बैठकबाजों की कुत्सित मण्डली में जा मिला था। हाँ, उसमें यह शक्ति न थी, कि बैठकबाजों के नियम और नीति का पालन करता। इसलिए जहाँ उसकी मण्डली के और लोग गाँव के सरगना और मुखिया बने हुए थे, उस पर सारा गाँव उँगली उठाता था। फिर भी उसे यह तसकीन तो थी ही कि अगर वह फटेहाल है तो कम-से-कम उसे किसानों की-सी जी-तोड़ मेहनत तो नहीं करनी पड़ती, और उसकी सरलता और निरीहता से दूसरे लोग बेजा फायदा तो नहीं उठाते! दोनों आलू निकाल-निकालकर जलते-जलते खाने लगे। कल से कुछ नहीं खाया था। इतना सब्र न था कि ठण्डा हो जाने दें। कई बार दोनों की जबानें जल गयीं। छिल जाने पर आलू का बाहरी हिस्सा जबान, हलक और तालू को जला देता था और उस अंगारे को मुँह में रखने से ज्यादा खैरियत इसी में थी कि वह अन्दर पहुँच जाए। वहाँ उसे ठण्डा करने के लिए काफी सामान थे। इसलिए दोनों जल्द-जल्द निगल जाते। हालाँकि इस कोशिश में उनकी आँखों से आँसू निकल आते।

घीसू को उस वक्त ठाकुर की बरात याद आयी, जिसमें बीस साल पहले वह गया था। उस दावत में उसे जो तृप्ति मिली थी, वह उसके जीवन में एक याद रखने लायक बात थी, और आज भी उसकी याद ताजी थी, बोला—वह भोज नहीं भूलता। तब से फिर उस तरह का खाना और भरपेट नहीं मिला। लड़की वालों ने सबको भर पेट पूड़ियाँ खिलाई थीं, सबको! छोटे-बड़े सबने पूड़ियाँ खायीं और असली घी की! चटनी, रायता, तीन तरह के सूखे साग, एक रसेदार तरकारी, दही, चटनी, मिठाई, अब क्या बताऊँ कि उस भोज में क्या स्वाद मिला, कोई रोक-टोक नहीं थी, जो चीज चाहो, माँगो, जितना चाहो, खाओ। लोगों ने ऐसा खाया, ऐसा खाया, कि किसी से पानी न पिया गया। मगर परोसने वाले हैं कि पत्तल में गर्म-गर्म, गोल-गोल सुवासित कचौड़ियाँ डाल देते हैं। मना करते हैं कि नहीं चाहिए, पत्तल पर हाथ रोके हुए हैं, मगर वह हैं कि दिये जाते हैं। और जब सबने मुँह धो लिया, तो पान-इलायची भी मिली। मगर मुझे पान लेने की कहाँ सुध थी? खड़ा हुआ न जाता था। चटपट जाकर अपने कम्बल पर लेट गया। ऐसा दिल-दरियाव था वह ठाकुर!

माधव ने इन पदार्थों का मन-ही-मन मजा लेते हुए कहा—अब हमें कोई ऐसा भोज नहीं खिलाता।

'अब कोई क्या खिलाएगा? वह जमाना दूसरा था। अब तो सबको किफायत सूझती है। सादी-ब्याह में मत खर्च करो, क्रिया-कर्म में मत खर्च करो। पूछो, गरीबों का माल बटोर-बटोरकर कहाँ रखोगे? बटोरने में तो कमी नहीं है। हाँ, खर्च में किफायत सूझती है!'

'तुमने एक बीस पूरियाँ खायी होंगी?'

'बीस से ज्यादा खायी थीं!'

'मैं पचास खा जाता!'

'पचास से कम मैंने न खायी होंगी। अच्छा पका था। तू तो मेरा आधा भी नहीं है।'

आलू खाकर दोनों ने पानी पिया और वहीं अलाव के सामने अपनी धोतियाँ ओढ़कर पाँव पेट में डाले सो रहे। जैसे दो बड़े-बड़े अजगर गेंडुलिया मारे पड़े हों।

और बुधिया अभी तक कराह रही थी।

सबेरे माधव ने कोठरी में जाकर देखा, तो उसकी स्त्री ठण्डी हो गयी थी। उसके मुँह पर मक्खियाँ भिनक रही थीं। पथराई हुई आँखें ऊपर टँगी हुई थीं। सारी देह धूल से लथपथ हो रही थी। उसके पेट में बच्चा मर गया था।

माधव भागा हुआ घीसू के पास आया। फिर दोनों जोर-जोर से हाय-हाय करने और छाती पीटने लगे। पड़ोस वालों ने यह रोना-धोना सुना, तो दौड़े हुए आये और पुरानी मर्यादा के अनुसार इन अभागों को समझाने लगे।

मगर ज्यादा रोने-पीटने का अवसर न था। कफ़न की और लकड़ी की फिक्र करनी थी। घर में तो पैसा इस तरह गायब था, जैसे चील के घोंसले में माँस?

बाप-बेटे रोते हुए गाँव के जमींदार के पास गये। वह इन दोनों की सूरत से नफ़रत करते थे। कई बार इन्हें अपने हाथों से पीट चुके थे। चोरी करने के लिए, वादे पर काम पर न आने के लिए। पूछा—क्या है बे घिसुआ, रोता क्यों है? अब तो तू कहीं दिखलाई भी नहीं देता! मालूम होता है, इस गाँव में रहना नहीं चाहता।

घीसू ने जमीन पर सिर रखकर आँखों में आँसू भरे हुए कहा—सरकार! बड़ी विपत्ति में हूँ। माधव की घरवाली रात को गुजर गयी। रात-भर तड़पती रही सरकार! हम दोनों उसके सिरहाने बैठे रहे। दवा-दारू जो कुछ हो सका, सब कुछ किया, मुदा वह हमें दगा दे गयी। अब कोई एक रोटी देने वाला भी न रहा मालिक! तबाह हो गये। घर उजड़ गया। आपका गुलाम हूँ, अब आपके सिवा कौन उसकी मिट्टी पार लगाएगा। हमारे हाथ में तो जो कुछ था, वह सब तो दवा-दारू में उठ गया। सरकार ही की दया होगी, तो उसकी मिट्टी उठेगी। आपके सिवा किसके द्वार पर जाऊँ।

जमींदार साहब दयालु थे। मगर घीसू पर दया करना काले कम्बल पर रंग चढ़ाना था। जी में तो आया, कह दें, चल, दूर हो यहाँ से। यों तो बुलाने से भी नहीं आता, आज जब गरज पड़ी तो आकर खुशामद कर रहा है। हरामखोर कहीं का, बदमाश! लेकिन यह क्रोध या दण्ड देने का अवसर न था। जी में कुढ़ते हुए दो रुपये निकालकर फेंक दिए। मगर सान्त्वना का एक शब्द भी मुँह से न निकला। उसकी तरफ ताका तक नहीं। जैसे सिर का बोझ उतारा हो।

जब जमींदार साहब ने दो रुपये दिये, तो गाँव के बनिये-महाजनों को इनकार का साहस कैसे होता? घीसू जमींदार के नाम का ढिंढोरा भी पीटना जानता था। किसी ने दो आने दिये, किसी ने चारे आने। एक घण्टे में घीसू के पास पाँच रुपये की अच्छी रकम जमा हो गयी। कहीं से अनाज मिल गया, कहीं से लकड़ी। और दोपहर को घीसू और माधव बाज़ार से कफ़न लाने चले। इधर लोग बाँस-वाँस काटने लगे।

गाँव की नर्मदिल स्त्रियाँ आ-आकर लाश देखती थीं और उसकी बेकसी पर दो बूँद आँसू गिराकर चली जाती थीं।

बाज़ार में पहुँचकर घीसू बोला—लकड़ी तो उसे जलाने-भर को मिल गयी है, क्यों माधव!

माधव बोला—हाँ, लकड़ी तो बहुत है, अब कफ़न चाहिए।

'तो चलो, कोई हलका-सा कफ़न ले लें।'

'हाँ, और क्या! लाश उठते-उठते रात हो जाएगी। रात को कफ़न कौन देखता है?'

'कैसा बुरा रिवाज है कि जिसे जीते जी तन ढाँकने को चीथड़ा भी न मिले, उसे मरने पर नया कफ़न चाहिए।'

'कफ़न लाश के साथ जल ही तो जाता है।'

'और क्या रखा रहता है? यही पाँच रुपये पहले मिलते, तो कुछ दवा-दारू कर लेते।'

दोनों एक-दूसरे के मन की बात ताड़ रहे थे। बाजार में इधर-उधर घूमते रहे। कभी इस बजाज की दूकान पर गये, कभी उसकी दूकान पर! तरह-तरह के कपड़े, रेशमी और सूती देखे, मगर कुछ

जँचा नहीं। यहाँ तक कि शाम हो गयी। तब दोनों न जाने किस दैवी प्रेरणा से एक मधुशाला के सामने जा पहुँचे। और जैसे किसी पूर्व निश्चित व्यवस्था से अन्दर चले गये। वहाँ जरा देर तक दोनों असमंजस में खड़े रहे। फिर घीसू ने गद्दी के सामने जाकर कहा—साहूजी, एक बोतल हमें भी देना।

उसके बाद कुछ चिखौना आया, तली हुई मछली आयी और दोनों बरामदे में बैठकर शान्तिपूर्वक पीने लगे।

कई कुज्रियाँ ताबड़तोड़ पीने के बाद दोनों सरूर में आ गये।

घीसू बोला—कफ़न लगाने से क्या मिलता? आखिर जल ही तो जाता। कुछ बहू के साथ तो न जाता।

माधव आसमान की तरफ देखकर बोला, मानों देवताओं को अपनी निष्पापता का साक्षी बना रहा हो—दुनिया का दस्तूर है, नहीं लोग बाँभनों को हजारों रुपये क्यों दे देते हैं? कौन देखता है, परलोक में मिलता है या नहीं!

'बड़े आदमियों के पास धन है, फूँकें। हमारे पास फूँकने को क्या है?'

'लेकिन लोगों को जवाब क्या दोगे? लोग पूछेंगे नहीं, कफ़न कहाँ है?'

घीसू हँसा—अबे, कह देंगे कि रुपये कमर से खिसक गये। बहुत ढूँढ़ा, मिले नहीं। लोगों को विश्वास न आएगा, लेकिन फिर वही रुपये देंगे।

माधव भी हँसा—इस अनपेक्षित सौभाग्य पर। बोला—बड़ी अच्छी थी बेचारी! मरी तो खूब खिला-पिलाकर!

आधी बोतल से ज्यादा उड़ गयी। घीसू ने दो सेर पूड़ियाँ मँगाई। चटनी, अचार, कलेजियाँ। शराबखाने के सामने ही दूकान थी। माधव लपककर दो पत्तलों में सारे सामान ले आया। पूरा डेढ़ रुपया खर्च हो गया। सिर्फ थोड़े से पैसे बच रहे।

दोनों इस वक्त इस शान में बैठे पूड़ियाँ खा रहे थे जैसे जंगल में कोई शेर अपना शिकार उड़ा रहा हो। न जवाबदेही का खौफ था, न बदनामी की फ़िक्र। इन सब भावनाओं को उन्होंने बहुत पहले ही जीत लिया था।

घीसू दार्शनिक भाव से बोला—हमारी आत्मा प्रसन्न हो रही है तो क्या उसे पुन्न न होगा?

माधव ने श्रद्धा से सिर झुकाकर तसदीक़ की—जरूर-से-जरूर होगा। भगवान्, तुम अन्तर्यामी हो। उसे बैकुण्ठ ले जाना। हम दोनों हृदय से आशीर्वाद दे रहे हैं। आज जो भोजन मिला वह कभी उम्र-भर न मिला था।

एक क्षण के बाद माधव के मन में एक शंका जागी। बोला—क्यों दादा, हम लोग भी एक-न-एक दिन वहाँ जाएँगे ही?

घीसू ने इस भोले-भाले सवाल का कुछ उत्तर न दिया। वह परलोक की बातें सोचकर इस आनन्द में बाधा न डालना चाहता था।

'जो वहाँ हम लोगों से पूछे कि तुमने हमें कफ़न क्यों नहीं दिया तो क्या कहोगे?'

'कहेंगे तुम्हारा सिर!'

'पूछेगी तो जरूर!'

'तू कैसे जानता है कि उसे कफ़न न मिलेगा? तू मुझे ऐसा गधा समझता है? साठ साल क्या दुनिया में घास खोदता रहा हूँ? उसको कफ़न मिलेगा और बहुत अच्छा मिलेगा!'

माधव को विश्वास न आया। बोला—कौन देगा? रुपये तो तुमने चट कर दिये। वह तो मुझसे पूछेगी। उसकी माँग में तो सेंदुर मैंने डाला था।

'कौन देगा, बताते क्यों नहीं?'

'वही लोग देंगे, जिन्होंने अबकी दिया। हाँ, अबकी रुपये हमारे हाथ न आएँगे।'

'ज्यों-ज्यों अँधेरा बढ़ता था और सितारों की चमक तेज होती थी, मधुशाला की रौनक भी बढ़ती जाती थी। कोई गाता था, कोई डींग मारता था, कोई अपने संगी के गले लिपटा जाता था। कोई अपने दोस्त के मुँह में कुल्हड़ लगाये देता था।

वहाँ के वातावरण में सरूर था, हवा में नशा। कितने तो यहाँ आकर एक चुल्लू में मस्त हो जाते थे। शराब से ज्यादा यहाँ की हवा उन पर नशा करती थी। जीवन की बाधाएँ यहाँ खींच लाती थीं और कुछ देर के लिए यह भूल जाते थे कि वे जीते हैं या मरते हैं। या न जीते हैं, न मरते हैं।

और यह दोनों बाप-बेटे अब भी मजे ले-लेकर चुसकियाँ ले रहे थे। सबकी निगाहें इनकी ओर जमी हुई थीं। दोनों कितने भाग्य के बली हैं! पूरी बोतल बीच में है।

भरपेट खाकर माधव ने बची हुई पूड़ियों का पत्तल उठाकर एक भिखारी को दे दिया, जो खड़ा इनकी ओर भूखी आँखों से देख रहा था। और देने के गौरव, आनन्द और उल्लास का अपने जीवन में पहली बार अनुभव किया।

घीसू ने कहा—ले जा, खूब खा और आशीर्वाद दे! जिसकी कमाई है, वह तो मर गयी। मगर तेरा आशीर्वाद उसे जरूर पहुँचेगा। रोयें-रोयें से आशीर्वाद दो, बड़ी गाढ़ी कमाई के पैसे हैं!

माधव ने फिर आसमान की तरफ देखकर कहा—वह बैकुण्ठ में जाएगी दादा, बैकुण्ठ की रानी बनेगी।

घीसू खड़ा हो गया और जैसे उल्लास की लहरों में तैरता हुआ बोला—हाँ, बेटा बैकुण्ठ में जाएगी। किसी को सताया नहीं, किसी को दबाया नहीं। मरते-मरते हमारी जिन्दगी की सबसे बड़ी लालसा पूरी कर गयी। वह न बैकुण्ठ जाएगी तो क्या ये मोटे-मोटे लोग जाएँगे, जो गरीबों को दोनों हाथों से लूटते हैं, और अपने पाप को धोने के लिए गंगा में नहाते हैं और मन्दिरों में जल चढ़ाते हैं?

श्रद्धालुता का यह रंग तुरन्त ही बदल गया। अस्थिरता नशे की खासियत है। दु:ख और निराशा का दौरा हुआ।

माधव बोला—मगर दादा, बेचारी ने जिन्दगी में बड़ा दु:ख भोगा। कितना दु:ख झेलकर मरी!

वह आँखों पर हाथ रखकर रोने लगा। चीखें मार-मारकर।

घीसू ने समझाया—क्यों रोता है बेटा, खुश हो कि वह माया-जाल से मुक्त हो गयी, जंजाल से छूट गयी। बड़ी भाग्यवान थी, जो इतनी जल्द माया-मोह के बन्धन तोड़ दिये।

और दोनों खड़े होकर गाने लगे-

'ठगिनी क्यों नैना झमकावे! ठगिनी।

पियक्कड़ों की आँखें इनकी ओर लगी हुई थीं और यह दोनों अपने दिल में मस्त गाये जाते थे। फिर दोनों नाचने लगे। उछले भी, कूदे भी। गिरे भी, मटके भी। भाव भी बताये, अभिनय भी किये। और आखिर नशे में मदमस्त होकर वहीं गिर पड़े।

❒

दो कहानियों का आलोचनात्मक विश्लेषण

शतरंज के खिलाड़ी

आत्म-प्रवंचना की समर्थ कहानी

'शतरंज के खिलाड़ी' कहानी में मुंशी प्रेमचंद ने मिर्जा सज्जाद अली और मीर रोशन अली पात्रों की अवतारणा करके विलासिता के परिवेश में डूबे व्यक्तियों की मानसिकता को स्वर दिया है। वे दोनों धनवान हैं तथा शतरंज खेलने के नशे में पूरी तरह डूबे हुए हैं। भले ही अंग्रेज नवाब वाजिद अली को बंदी बनाकर ले जायें या सेनाएं पूरे शहर पर आ चढ़ें, उन्हें तो हर हाल में शतरंज खेलनी ही है। और फिर अंत में जब दोनों शब्द-बाण में बिंध जाते हैं, तो परस्पर तलवारें तान लेते हैं तथा लहूलुहान हो जाते हैं। उनकी सामाजिक अथवा राष्ट्रीय चेतना अवरूद्ध हो चुकी है परन्तु व्यक्तिगत आन-बान परास्त नहीं हुई।

कहानी का स्थल लखनऊ है। वाजिद अली का समय। विलासिता का बोल-बाला था। हर क्षेत्र में शिथिलता व्याप्त थी। व्यसन जोरों पर थे। धनवान लोग खाली समय में शतरंज की बिसात बिछाते थे। और समय तो सारा खाली था ही। मिर्ज़ा और मीर दोनों हररोज़ शतरंज के मोहरे बिछाते। मिर्ज़ा सज्जाद अली के घर में कोई बड़ा बूढ़ा न था। इसलिए उन्हीं के दीवानखाने में बाजियां सजतीं। मिर्ज़ा की बेगम बड़ी दुःखी रहतीं, परन्तु कुछ कह न कहती थीं। नौकर-चाकर भी टिप्पणियां करते कि 'बड़ा मनहूस खेल है, घर को तबाह कर देता है। खुदा न करे किसी को इसकी चाट पड़े। आदमी दीन-दुनिया किसी काम का नहीं रहता, न घर का, न घाट का। बुरा रोग है।'

एक दिन बेगम साहिबा के सिर में दर्द होने लगा। उन्होंने अपने पति मिर्ज़ा के पास संदेश भिजवाया परन्तु वह उठने का नाम ही न लें। मीर के बार-बार कहने पर वह उठे। बेगम के पास गए और कहने लगे – बड़ी मुश्किल से मीर बिगाड़ू से पीछा छुड़वाकर आया हूं। बेगम एकदम दीवानखाने में गई। उन्होंने बाज़ी उलट दी। मोहरें फेंक दिए। मीर बैठक के बाहर घूम रहे थे... बेगम का गुस्सा देख अपने घर चले गए। मिर्ज़ा दवा लेने चले गये। मीर के ही घर रूक गए। मीर ने सुझाया कि मिर्ज़ा को तन कर रहना चाहिए व्यर्थ में बेगम के आगे झुकना नहीं चाहिए।

अब बिसात मीर के घर जमने लगी। मीर की बेगम दुःखी हो गई। वह दरवाज़े पर खड़े होने के लिए भी तरस गईं। उसकी स्वतंत्रता छिन गई थी। एक दिन दोनों शतरंज खेल रहे थे ।

बादशाही फौज का एक घुड़सवार सैनिक एक दिन मीर के बारे मं पूछता हुआ आया। मीर घबरा गए। कहलवा दिया कि वह घर पर नहीं। सवार ने बताया कि हुजूर में तलबी है। शायद फौज के लिए कुछ सिपाही मांगे गये हैं, जागीरदार हैं कि दिल्लगी। मोर्चे पर जाना पड़ेगा तो आटे-दाल का भाव मालूम हो जाएगा।

मिर्ज़ा भी डर गया। कहीं उसकी तलबी न हो। दोनों ने योजना बनाई कि वे घर पर मिलेंगे ही नहीं। दोनों मुंह-सवेरे निकल जाते और गोमती नदी के किनारे सुनसान मस्जिद में बिसात जमा लेते। रास्ते में जाते-जाते तम्बाकू, चिलम और मदरिया ले लेते और मस्जिद में पहुंच, दरी बिछा, हुक्का भर, शतरंज खेलने बैठ जाते थे। उन्हें दीन-दुनिया से कोई लेना-देना नहीं था। कंपनी की फौजें लखनऊ की ओर बढ़ी आती थीं। शहर में हलचल थी परन्तु उन्हें शतरंज से फुरसत न थी।

एक दिन फौज आ गई। मीर ने कहा – पांच हजार सैनिक होंगे। मिर्ज़ा ने कहा – चुपचाप किश्त खेलते चलो, फौज आती हैं, तो आने दो। फिर मिर्ज़ा ने कहा – नवाब को कैद कर लिया गया है, यह तो बड़ा जुल्म है, तो मीर ने कहा—तुम अपनी चाल चलो। दूसरों की चिंता क्यों करते हो।

बादशाह को लिए हुए सेना सामने से निकल गई। मिर्ज़ा ने फिर बाज़ी बिछा दी। मीर ने कहा – 'आइए नवाब के मातम में एक मरसिया कह डालें।' लेकिन मिर्जा जी की भक्ति अपनी हार के साथ लुप्त हो चुकी थी। वह तो हार का बदला चुकाने के लिए अमीर हो गये थे।

फिर बाजी को लेकर दोनों में तकरार होने लगी। ज़रा-ज़रा सी बात पर वे दोनों तुनकने लगे। एक-दूसरे को ताने देने लगे। मिर्ज़ा ने कहा कि मीर के पूर्वज़ तो घास छीलते रहे होंगे। रियासत और ही चीज़ है, जागीर मिल जाने से ही कोई रईस नहीं हो जाता।

फिर क्या था दोनों शब्द-जाल में उलझ गए। एक-दूसरे पर दोषारोपण करने लगे। मिर्ज़ा ने फिर कहा मीर के पुरखे तो बावर्ची का काम करते थे... मीर ने उलट कर कहा कि मिर्ज़ा के परिवार में बावर्ची की परंपरा रही होगी।

बात बढ़ती गयी। दोनों ने एक-दूसरे को ललकारा। तलवारें निकालीं। दोनों विलासी तो थे। परंतु कायर न थे। उनमें राजनीतिक भावों का अधोपतन हो गया था। बादशाह के लिए क्यों मरें? पर व्यक्तिगत वीरता का अभाव न था। दोनों जख्मी होकर वहीं गिरे और तड़प-तड़प का जानें दीं।

अपने बादशाह के लिए जिनकी आंखों से एक बूंद न निकली, उन्होंने शतरंज के वजीर की रक्षा के लिए प्राण दे दिए।

बिसात अब भी बिछी हुई थी...लेकिन दोनों खिलाड़ी धराशाही हो गए थे।

आत्म-प्रवंचना की समर्थ रचना

समकालीन सामाजिक परिस्थितियां ही वस्तुत: साहित्य में प्रतिफलित होती हैं। 'शतरंज के खिलाड़ी' कहानी में वाजिद अली के समय का लखनऊ चित्रित है, जहां विलासिता ही विलासिता व्याप्त थी। प्रजा व्यसनों में डूबी थी। किसी को भी शासन-प्रशासन की चिंता नहीं थी। संभवत: शांति एवं सम्पन्नता के कारण भी लोग आत्मकेन्द्रित एवं अपने आप में सिमटे हुए थे। कहानी के प्रारम्भ में ही लेखक ने बड़े विस्तार से इस स्थिति का चित्रण किया है। उदाहरणार्थ: 'जीवन के प्रत्येक विभाग में आमोद-प्रमोद का प्राधान्य था। शासन विभाग में, साहित्य क्षेत्र में, सामाजिक व्यवस्था में, कला-कौशल में, उद्योग-धंधों में, आहार-व्यवहार में सर्वत्र विलासिता व्याप्त हो रही थी...। यहां तक कि फकीरों को पैसे मिलते तो वे रोटियां न लेकर अफीम खाते या मदक पीते। शतरंज, ताश, गंजीफा खेलने से बुद्धि मसलों को सुलझाने की आदत पड़ती है, ये दलीलें ज़ोर के साथ पेश की जाती थीं। (इस सम्प्रदाय के लोगों से दुनिया अब भी खाली नहीं है।)

मिर्ज़ा सज्जाद अली और मीर रोशन अली... दो प्रमुख पात्र हैं इस कहान के। दोनों शतरंज खेलते हैं। शहर पर चाहे शत्रु की फौजें भी क्यों न आ चढ़ें, वे कोई न कोई बहाना ढूंढ़ ही लेते हैं। और जरूरत पड़ने पर दीवानखाने से गायब हो जाते हैं तथा खण्डहर मस्जिद में बिसात बिछाते हैं। नवाब को बंदी बना लिया जाता है, तो भी वे अपने आप में केन्द्रित रहते हैं। उन्हें मोहरें चलने की ज्यादा चिंता है। समाज के प्रति उनका दृष्टिकोण कोई दृष्टि नहीं रखता। मिर्ज़ा की बेगम शतरंज के कारण परेशान हैं, तो मिर्ज़ा झूठ बोलने में भी नहीं हिचकिचाता। उसके अनुसार यह तो मीर बिगाड़ू ही है, जो उसे शतरंज में फंसाए रखता है अन्यथा वह कहां इतना उलझना चाहते हैं। घर में कोई बीमार हो, तो भी शतरंज की बाजी ज्यादा महत्वपूर्ण है। वह दवाई लेने जाते हैं, तो भी मीर के घर में ही बैठ जाते हैं।

खण्डहर में बैठे खेल रहे हैं... इसका चित्रण देखें... 'शाम हो गई। खण्डहर में चमगादड़ों ने चीखना शुरू कर दिया। अबाबीलें आकर घोंसलों में चिमटी पर दोनों खिलाड़ी डटे हुए थे। मानों दो खून के प्यासे सूरमा आपस में लड़ रहे हों।' जो हारता, उसे क्रोध आना स्वाभाविक था।

मिर्जाजी तीन बाजियां हार चुके थे... मूड खराब था ही। प्रतिकार की भावना बढ़ती जाती। मीर साहब बल्लियों उछल रहे थे। दोनों में कहा सुनी होने लगी... झुंझलाहट भरे शब्द-बाण। एक-दूसरे के पूर्वज़ों को ताने देने लगे। किसी ने कहा कि जिसके पूर्वज घास छीलते रहे हों, वह क्या शतरंज खेलेगा... दूसरे ने कहा कि बावर्ची परिवार को भी भला शतरंज खेलनी आती है।

खून खौला। दोनों ने तलवारें निकालीं। दोनों में घमासान हुआ। दोनों ने तड़प-तड़प कर प्राण दिए। दोनों आत्म—प्रवंचना के शिकार थे। शतरंज का वजीर उनके लिए ज़्यादा महत्वपूर्ण था। अंग्रेज सैनिक नवाब को बंदी बनाकर ले गए... 'अपने बादशाह के लिए जिनकी आंखों से एक बूंद न निकली। उन्होंने शतरंज के वजीर की रक्षा में प्राण दे दिए।' इस वाक्य में पूरी कहानी का मर्म छिपा है। दृष्टिकोण की विडम्बना समय की नज़ाकत...न उन्हें घर की परवाह थी, न समाज की, बस खेलने का नशा था।

देशकाल एवं वातावरण की दृष्टि से भले ही हमें यह लगे कि आज इस कहानी की प्रासंगिकता कम हो गयी है क्योंकि आज न राजे-रजवाड़े हैं, न हीं विलासिता का वह दौर है। परन्तु इतना तो निश्चित है कि जो मानसिकता मिर्ज़ा एवं मीर के माध्यम से चित्रित की गई है, उनकी झलक आज भी समाज में मिल जाती है। समाज हित को त्याग स्वार्थ-साधना एवं मानव कल्याण की उपेक्षा आज भी परिलक्षित होती है। अस्तु, प्रस्तुत कहानी में मनुष्य की शाश्वत स्वार्थपरता, अहंकार एवं व्यर्थ के मामलों में भिड़ जाने की बर्बर प्रवृति का चित्रण मिलता है, जो परिणाम को न देख दम्भ की परितृप्ति में ही अपना त्राण समझता है।

❒

कफ़न

आदर्श के चरमराने एवं मोहभंग की कहानी

प्रेमचंद आदर्शोन्मुखी यथार्थवादी कथाकार के रूप में ख्यात हैं। उनका आस्थावादी जीवन दर्शन समाज में सदाशयता की कामना करता है तथा पथ प्रशस्त करने में तत्पर रहता है। इनकी अनेक कहानियों में आदर्श का स्पष्ट चित्रण मिलता है। परन्तु 'कफ़न' कहानी उनके जीवन के अंतिम चरण में लिखी कहानी है। अत: इसमें आदर्श की पराकाष्ठा न होकर यथास्थिति की विद्रुपता का अंकन है।

'कफन' कहानी एक ही परिवार के तीन पात्रों घीसू, माधो तथा बुधिया के दुख-दर्द एवं दीनता की कहानी है। डॉ. रामप्रसाद मिश्र तो इसे अत्यधिक दारिद्रय चित्रण की कहानी मानते हैं। कहानी संक्षेप में इस प्रकार है : बुधिया प्रसव वेदना से पीड़ित है परन्तु उसका पति माधो तथा ससुर घीसू दोनों आलू भूनकर खाने में व्यस्त हैं। वे बुधिया की खोज खबर भी नहीं लेते बल्कि अंदर न जाने के लिए बहाने बनाते हैं। ऐसा लगता है कि वे जन्म-जन्म के भूखे हैं। बुधिया जब से इस घर में आई थी, उसने व्यवस्था की नींव डालने का प्रयत्न किया था लेकिन बाप-बेटा और भी आराम परस्त हो गये थे। दोनों कामचोर थे। यही कारण था कि गांव में कोई उन्हें मज़दूरी के लिए भी न बुलाता। घीसू और माधो रात भर सोते रहे। सुबह उठे तो बुधिया प्राण त्याग चुकी थी।

अब दोनों 'कफ़न' के लिए पैसे मांगने निकले। लकड़ी आदि तो पहले ही इकट्ठी हो गई थी। पांच रुपये जल्दी ही जमा हो गए। बाप-बेटा अब कुछ और ही सोचने लगे थे। उन दोनों के मन में खोट आ गया था। सोच रहे थे कि सस्ता सा कपड़ा खरीद लेंगे... कपड़ा जल ही तो जाता है। कौन सा मरने वाले के साथ जाता है। वे कपड़ा खरीदने के लिए बाजार में घूमते रहे। फिर मदिरा की दुकान देखकर दोनों ने आंखों ही आंखों में मौन संकेत किए। दुकान से शराब खरीदी, कलेज़ियां खरीदीं। ताबड़ तोड़, कुज्जियां पीने लगे, कलेजियां खाने लगे। बीच-बीच में मोटे पेट वालों पर छींटाकशी, पुराने भोज की याद। अतृप्ति की टपकती हुई लार। बाप-बेटे की तकरार। अंत में दोनों नशे में चूर झूमते हुए अहाते में गिर पड़ते हैं। दरिद्र मनोवृति की सशक्त कहानी 'कफ़न' वस्तुत: ऐसे वर्ग की कहानी है, जो आर्थिक रूप से विपन्न होने के कारण बिना श्रम किये जैसे-तैसे जीवन यापन करने में विश्वास रखता है। घीसू ने साठ वर्ष काट दिये परन्तु कभी मेहनत नहीं की। इसके ठीक विपरीत जब भी उसे अवसर मिलता है, वह समाज के वैषम्य पर प्रहार करता है। ठाकुर की बारात का प्रसंग माधो को सुनाते हुए कहता है — 'अब कोई क्या खिलायेगा वो ज़माना दूसरा था। अब सबको किफ़ायत सूझती है। शादी ब्याह में मत खर्च करो, क्रिया-कर्म में मत खर्च करो। पूछो, गरीबों का माल बटोर-बटोर कर कहां रखोगे ? बटोरटने में तो कमी नहीं हैं, हां, खर्च करने में किफ़ायत सूझती है।'

'कफ़न' के पैसों से जब दोनों ने मदिरा-पान कर लिया, तो माधो को परलोक का कुछ अखरा। उसे भय था कि परलोक में यदि बुधिया ने कुछ पूछा तो वह क्या जवाब देगा। 'दुनिया का दस्तूर है, नहीं लोग बामनों को हजारों रुपये क्यों देते हैं। कौन कहता है। कौन देखता है, परलोक में मिलता है या नहीं।' बड़ी चतुराई से घीसू कहता है — 'बड़े आदमियों के पास धन है फूंकें हमारे पास फूंकने को क्या है ?'

माधो के मन में अनेक संशय उपजते हैं परन्तु घीसू उसे आश्वस्त करता है कि बुधिया को 'कफ़न' जरूर मिलेगा। वह यह भी जानता है कि इस बार लोग पैसे तो नहीं देंगे हां, 'कफ़न' खरीदकर जरूर दे देंगे। माधो बची-खुची कचौडियों को उठाकर भिखारी को दे देता है, तो घीसू दार्शनिक अंदाज में कहता है — 'ले जा, खूब खा और आशीर्वाद दे, जिसकी कमाई है, वह मर गई, मगर तेरा आशीर्वाद उसे जरूर पहुंचेगा। रोएं-रोएं से आशीर्वाद दे, बड़ी गाढ़ी कमाई के पैसे हैं।'

गाढ़ी कमाई के पैसे ? यह घीसू को मनोवृति ही है, जो उसे इस रूप में प्रस्तुत करती है। वह धनवान पर व्यंग्य-बाण भी बरसाता है, यथा — 'हां, बेटा बैकुण्ठ में जाएगी। किसी को सताया नहीं, किसी को दबाया नहीं। मरते-मरते हमारी जिंदगी की सबसे बड़ी लालसा पूरी कर गई। वह बैकुण्ठ में न जाएगी तो क्या ये मोटे-मोटे लोग जाएंगे, जो गरीबों को दोनों हाथों से लूटते हैं, और अपने आपको धोने के लिए गंगा नहाते हैं और मंदिरों में जल चढ़ाते हैं ?'

घीसू में मुंशी प्रेमचंद ने ऐसे पात्र की अवतारणा की है, जो बिना काम-काज किये जीवन यापन करना चाहता है, भले ही उसे आलू चुराकर ही अपना पेट भरना पड़े। उसे मजदूरी मिलती है तो भी वह करना नहीं चाहता। वह दूसरों की उदारता पर जीना चाहता है। ठाकुर की बारात में उसने जो भरपेट खाया था, वैसी तृप्ति कभी नहीं हुई। इसी प्रसंग के बहाने वह समाज में उत्पन्न हो रही संकीर्णता की भावना पर व्यंग्य कसता है। वह जानता है कि हर स्थिति में किस प्रकार अपने अनुकूल व्याख्यायित किया जा सकता है। जब-जब माधो उखड़ता है, तब-तब घीसू उसे तर्क से शांत करता है। यह तर्क अनुभव से अनुस्यूत है।

कोई मरता है तो मरे। घीसू को अपने कर्तव्य की परवाह भी नहीं। बुधिया प्रसूत होने वाली है। कमरे में अकेली है। आस-पास से किसी पड़ोसिन को भी नहीं बुलाते। उन्हें आलू खाने की पड़ी है। घीसू का बेटा माधो भी अपने पिता की तरह लापरवाह चित्रित किया गया है।

आदर्श के विखण्डन एवं आस्था के मोहभंग की कहानी

मुंशी प्रेमचंद की अधिकांश कहानियां आदर्शवादी अन्त वाली हैं परन्तु प्रस्तुत कहानी उनकी ऐसी कहानियों में से एक है, जहां बने-बनाए आदर्श चरमरा कर टूटते हैं तथा लेखक मोहभंग का साक्षात्कार करता है।

निम्न वर्ग के निर्धन पात्रों की कहानी। उनके व्यवहार में मर्यादा का अभाव है। घीसू और माधो को कोई पश्चाताप नहीं है। वह अभिनय करते हैं। कर्तव्य का स्वांग रचते हैं। 'कफ़न' के

लिए इकट्ठे पैसों से शराब पी जाते हैं। उन्हें बुधिया की ज़रा भी चिंता नहीं... जब वह जीवित थी, तो उन्होंने उपेक्षा की। जब स्वर्ग-सिधार गई, तो वह बड़ी-बड़ी दार्शनिक बातें करके कल्पना शोक में विचरते हैं तथा मात्र बुधिया की भलाई का स्वांग रचते हैं कि उसे स्वर्ग में शांति मिलेगी, क्योंकि मर कर भी वह उनकी अतृप्ति को शांत कर गई है।

घीसू धनवान लोगों पर व्यंग्य करने में भी नहीं चूकता। वास्तव में समाज की आर्थिक विषमता पर जितने फिकरे कसे गए हैं, वे वस्तुत: प्रेमचंद की अपनी वाणी है। प्रगतिशील प्रेमचंद का आदर्श भुरभुरा कर गिर जाता है। यही कारण है कि कहानी के अंत में ईदगाह, पंच परमेश्वर, बूढ़ी काकी आदि का आदर्शवादी अंत नहीं मिलता बल्कि एक घोर यथार्थवादी स्थिति का चित्रण मिलता है। घर में बुधिया का शव पड़ा है और वे दोनों 'कफ़न' के पैसों से मौज उड़ाते हैं। गांव के ज़मींदार का वितृष्णा एवं घृणापूर्ण सम्बोधन घीसू की गांव में दयनीय पहचान को रेखांकित करता है। भले ही घीसू और माधो से निकम्मे, निठल्ले पात्र समाज में प्राय: अधिकांश न मिलें लेकिन फिर भी इक्का-दुक्का ऐसे व्यक्ति अवश्य मिल जाएंगे जो या तो परिवेश के कारण ढीठ हो जाते हैं या फिर अनावश्यक सुख-सुविधा के मोहताज हो जाते हैं।

'कफ़न' कहानी वास्तव में आदर्शों के चरमराने तथा मोहभंग की कहानी है।

❐